AŞK
ÖZGÜRLÜK
TEK BAŞINALIK

"İlişkilerde Çözüm"

OSHO

2010 BUTİK YAYINCILIK VE KİŞİSEL GELİŞİM HİZ. TİC. LTD. ŞTİ
Bu kitabın tüm yayın hakları Türkiye'de BUTİK Yayınları'na aittir.

Tanıtım için yapılacak kısa alıntılar dışında
yayıncının izni olmaksızın hiçbir yolla çoğaltılamaz.

Eserin Orijinal ismi
"Love, Freedom, Aloneness"
olup eser bire bir olarak çevrilmiştir.

Osho; Osho International Foundation'ın (OIF)
tescilli markasıdır. www.osho.com/trademarks

Kitaptaki metinler Osho'nun canlı konuşmalarından seçmelerdir.
Osho'nun tüm konuşmaları kitaplara basılmış olarak ve ayrıca
orijinal konuşma kayıtları olarak mevcuttur.
Canlı konuşmalar ve metinleri online olarak www.osho.com adresi
üzerinden OSHO Library'den alınabilir.

Editör: Pantha Nirvano
İngilizce Orjinalinden Çeviren: Meral Bolak

Dizgi, Mizanpaj
Ajans Plaza Tanıtım ve İletişim Hizmetleri Ltd. Şti.
Tel: 0.212.612 85 22

Baskı, Cilt
İstanbul Matbaacılık Basılı Yayıncılık, Reklamcılık San. ve Dış Tic. Ltd. Şti.
Tel: 0216 466 74 96

BUTİK YAYINCILIK VE KİŞİSEL GELİŞİM HİZ. TİC. LTD. ŞTİ.
Davutpaşa Cad. Emintaş Kazım Dinçol San. Sit. No: 81/260
Topkapı - İstanbul Tel: 0212.612 05 00 Fax: 0212.612 05 80
www.butikyayincilik.com • info@butikyayincilik.com

İÇİNDEKİLER

SORULAR

- Aşkın insanı özgürleştirdiğini söylemiştin.
Ama normalde aşkın bağlılığa dönüştüğünü, ve
özgürleştireceği yerde bizi daha bağımlı kıldığını
görüyoruz. Bize bağlılık ve özgürlük hakkında
- Erkek arkadaşımın sevişme isteği gittikçe azalıyor
ve bu da beni üzüyor, çaresizliğim öyle bir noktaya
geliyor ki ona karşı saldırganlaşıyorum.
- Seks yaşamım son zamanlarda çok sakin –seks
istemediğimden ya da kadınlara yaklaşmaktan çekindiğim
için değil, ama bir türlü olmuyor. Bir kadınla hoşça vakit
geçiriyorum, ama iş sekse geldiğinde enerji değişiyor–
neredeyse uykum geliyor.
- Bağımlılığı aştığımı, içimde beslediğim duygunun
- Senin örnek toplum modelinde, tek bir büyük
komün mü var, yoksa bir dizi komün mü? Birden fazla
olursa birbirleriyle ilişkileri nasıl olacak? Değişik
komünlerden insanların özgürce fikir ve becerilerini

SORULAR

- Asla bir yere ait olmadım, bir "gruba" katılmadım,
kimseyle "bütünleşmedim." Acaba niçin hayatım

- Neden üzüntüm mutluluğumdan daha gerçekmiş gibi geliyor? Ben gerçek ve otantik olmayı öyle çok istiyorum ki, asla maske takmak istemiyorum, ama bu başkaları tarafından büyük ölçüde dışlanmak anlamına geliyor. Bu derece bir tekbaşınalık mümkün mü?
- Meditasyonda derine indikçe ve gerçekte kim olduğumu keşfettikçe, herhangi bir ilişkiyi yürütmekte gittikçe zorlanıyorum. Bu normal mi, yoksa biryerlerde hata mı yapıyorum?

ÖNSÖZ

Eflatun'un Sempozyum'unda Sokrat şöyle der:

Aşkın gizemlerini yaşayan birisi, bir yansıma ile değil, gerçeğin ta kendisi ile temasta olacaktır. İnsan doğasının bu nimetinden faydalanmak için aşktan daha iyi bir yardımcı bulunamaz.

Ben hayatım boyunca binlerce değişik şekilde aşktan söz ettim, ama mesaj hep aynı oldu. Tek bir temel gerçeğin hatırlanması gerekiyor: Aşk, sandığın gibi bir aşk değil. Ne Sokrat ne de ben o tür bir aşktan bahsetmiyoruz.

Senin bildiğin aşk biyolojik bir dürtüden ibaret; hormanlarınla kimyandan kaynaklanıyor. Kolaylıkla değişebilir – kimyandaki ufacık bir değişim "en yüce gerçek" sandığın o aşkın yok olmasına yetecektir. Sen tutkuya "aşk" diyorsun. Bu ayrımın hatırlanması gerekiyor.

Sokrat diyor ki, "Aşkın gizemlerini yaşayan birisi..." Tutkunun gizemli bir tarafı yok. O biyolojik bir oyun; her hayvan, her kuş, her ağaç ne olduğunu bilir onun. Gizemleri olan aşk, senin normalde aşina olduğun aşktan elbette ki tamamen farklı olacak.

Aşkın gizemlerini yaşayan birisi bir yansıma ile değil, gerçeğin ta kendisi ile temasta olacaktır.

Gerçeğin ta kendisi ile temasa yol açabilen bu aşk sadece senin bilincinden doğabilir – bedeninden değil, en derindeki benliğinden. Tutku bedeninden kaynaklanır, aşk ise bilincinden. Ama insanlar kendi bilinçlerini tanımazlar ve yanlış anlamalar sürer gider – bedensel tutkular aşk sanılır.

Dünyada çok az kişi aşkı tanımıştır. Bunlar çok huzurlu ve sessiz kimselerdir...ve o sessizlik ile huzur sayesinde en derindeki benlikleri, ruhları ile temasa geçerler. Ruhunla temasa geçtiğin zaman aşkın bir ilişkiye değil bir gölgeye dönüşür. Nereye gidersen git, kiminle gidersen git, seviyorsundur.

Şu anda, aşk dediğin şey tek bir kişiye odaklanmış ve sadece ona ait. Ama aşk ait olabilecek bir olgu değil. Onu avucuna alabilirsin ama sıkıştırmazsın. Ellerin kapandığı anda bomboş kalırlar. Açıldıkları anda da tüm evrenin kapıları sana açılır.

Sokrat haklı: Aşkı bilen gerçeği de bilir, çünkü onlar tek bir deneyimin değişik iki adıdır. Ve eğer sen gerçeği bilmiyorsan unutma ki bu, aşkı da bilmediğin anlamına gelir.

İnsan doğasının bu nimetinden faydalanmak için aşktan daha iyi bir yardımcı bulunamaz.

1. BÖLÜM

AŞK

İngilizce'deki aşk ("love") sözcüğünün
Sanskritçe'deki lobha sözcüğünden kaynaklandığını
duyunca şaşırabilirsin;
lobha açgözlülük anlamına gelir.
İngilizce'deki love sözcüğünün kökeninin
Sanskritçe'de açgözlülük anlamına gelen bir sözcükten
türemiş olması tamamen tesadüf olabilir,
ama bana kalırsa değildir.
Bunun arkasında daha gizemli bir şeyler olmalı,
simyasal birşeyler olmalı.
Aslında, hazmedilen açgözlülük aşka dönüşür.
Lobha, açgözlülük hazmedilince aşk olur.

Aşk paylaşmaktır; açgözlülük ise istiflemek.
Açgözlülük sadece istemek ve hiç vermemektir,
ve aşk ise sadece vermeyi bilir ve asla karşılık beklemez;
aşk koşulsuz paylaşımdır.
Lobha'nın İngilizce'de love haline gelmesi için
simyasal bir neden olmalı.
Lobha aşk oluyorsa işin içinde simya olmalı.

- 1 -
ÇİFTE KUMRULAR

Aşk, genelde çağrıştırdığı gibi değildir. Sıradan aşklar birer maskedir; arkalarında birisi saklanır. Gerçek aşk tamamen farklı bir olgudur. Sıradan aşkta talep vardır, gerçek aşkta ise paylaşım. Gerçek aşk talep nedir bilmez; sadece vermenin keyfini bilir.

Sıradan aşk fazlasıyla sahte davranır. Gerçek aşk numara yapmaz; neyse odur. Sıradan aşk neredeyse mide bulandırıcı bir kıvama gelir, yapış yapış, "çifte kumrular" diyeceğin bir hale bürünür. İnsanın içini kaldırır. Gerçek aşk besleyicidir, ruhu güçlendirir. Sıradan aşk sadece egonu besler – gerçek benliğini değil sahtesini. Unutma ki gerçek olmayan hep sahte olanı besler; ve gerçek olan da gerçeği.

Gerçek aşkın hizmetine gir – ki bu aşkın en saf halinin uşağı olmak anlamına gelir. Ver, elindekini paylaş, paylaş ve bundan keyif al. Bunu görevmiş gibi yapma – o zaman işin bütün keyfi kaçar. Ve asla karşındakine mecburiyetten bir şey yapıyormuş gibi hissetme, asla, bir dakika için bile. Aşk asla bir mecburiyet değildir. Tam tersine, birisi aşkını kabul edince sana bir iyilik yapmış olur.

Aşk asla ödüllendirilmeyi, hatta teşekkür edilmeyi bile beklemez. Eğer karşı taraftan teşekkür gelirse, aşk şaşırır – bu tatlı bir sürprizdir, çünkü ortada beklenti yoktur.

Gerçek aşkı hayal kırıklığına uğratamazsın, çünkü zaten

baştan beklenti yoktur. Ve gerçekdışı aşkı asla tatmin edemezsin çünkü öylesine büyük bir beklenti içindedir ki yapılan herşey az gelir. Bu beklenti kimsenin karşılayamayacağı kadar büyüktür. O nedenle gerçekdışı aşk hep sıkıntılara yol açar ve gerçek aşk her zaman tatmin eder.

Ve ben "Aşkın hizmetkarı ol" dediğimde sevdiğinin birinin uşağı ol demiyorum, hayır, asla. Ben aşk'a hizmet et diyorum. Saf haldeki aşk fikrine tapmak gerekir. Sevdiğin sadece o fikrin vücut bulduğu şekillerden bir tanesi ve yaradılış bu fikrin milyonlarca değişik şeklinden oluşuyor. Bunlardan birisi bir çiçek, diğeri ay, sevgilin bir başkası...çocuğun, annen, baban, hepsi birer şekil, hepsi aşk denizinin birer dalgası. Ama asla bir sevgiliye uşaklık etme. Sevgilinin sadece evrensel aşkın ufacık bir ifadesi olduğunu asla unutma.

Sevgili aracılığı ile aşka hizmet et, böylece sevgiliye bağlanmazsın. Ve insan sevgiliye bağlanmayınca aşk en yüce doruklarından birine ulaşır. İnsan bağlandığı anda aşağı düşmeye başlar. Bağlanmak bir türlü yer çekimidir – bağlanmamak ise bir lütuf. Gerçek olmayan aşk bağlanmaya verilen bir isimden ibarettir; gerçek aşk gayet kayıtsız kalır.

Gerçek olmayan aşk fazlasıyla ilgilidir – devamlı ilgi gösterir. Gerçek aşk ilgilidir ama gereksiz yere değil. Bir adamı gerçekten seviyorsan gerçek ihtiyaçları ile ilgilenirsin ama onun aptalca fantazilerine gereksiz bir ilgi göstermezsin. İhtiyaçlarına gerekli her türlü şefkati gösterirsin, ama onun hayal ürünü fantazilerine yüz vermek zorunda değilsin. Ona zarar verecek konularda kendisine yardımcı olmazsın. Örneğin egosunu tatmin etmezsin, o bunu talep etse bile. Gereğinden fazla ilgili ve bağlı kişi karşısındakinin egosunu okşar – bu da sevdiğini zehirliyorsun anlamına gelir. Gerçekten onunla ilgili isen bunun sahici bir ihtiyaç değil egonun bir kaprisi olduğunu görürsün; onu tatmin etmeye kalkmazsın.

Aşk şefkati bilir ama ilgiyi değil. Bazen sert davranır, çünkü bazen sert olmak gerekir. Bazen çok uzak durur. Eğer uzak durmak işe yarayacaksa, o da öyle yapar. Bazen çok soğuk durur; eğer soğuk durmak gerekiyorsa o da öyle yapar. İhtiyaç olunan her ne ise, aşk buna ilgi gösterir – ama kafayı takmaz. Gerçek olmayan ihtiyaçları yerine getirmeyecektir; karşısındakinde başgösteren zehirli fikirleri desteklemeyecektir.

Aşkı araştır, hakkında meditasyon ve denemeler yap. Aşk yaşamın en büyük deneyimidir ve aşk enerjisi ile deneyimlere girmeden yaşayanlar hayatın ne olduğunu asla öğrenemezler. Fazla derinlere inmeden yaşamın yüzeyinde kalırlar.

Benim öğretilerim aşk odaklıdır. Tanrı sözcüğünü kolaylıkla kullanabilirim – sorun değil – ama aşk sözcüğünü kullanamam. Eğer aşk ve Tanrı sözcükleri arasında bir seçim yapmam gerekirse aşkı seçerim; Tanrı'yı boşveririm çünkü aşkı tanıyan Tanrı'yı nasılsa bilir. Ama tam tersi geçerli değildir : Tanrı hakkında kafa yorup felsefe yapanlar aşkı asla tanıyamayabilirler – ve Tanrı'yı da tanıyamayabilirler.

- 2 -
GERÇEK VE SAHTE:
İLK ADIM

Kendini sev ve seyret – bugün, yarın, her zaman. Gautama Buda'nın en önemli öğretilerden birisi ile başlıyoruz: Kendini sev.

Dünyadaki tüm gelenekler size tam tersini öğretir – uygarlıklar, kültürler, dinler. Onlar şöyle der : Başkalarını sev, kendini sevme. Ve bu öğretinin ardında kurnaz bir strateji yatar.

Aşk ruhun gıdasıdır. Vücut için besin neyse ruh için aşk odur. Yemeyen vücut zayıf düşer, aşksız ruh da öyle. Ve hiçbir devlet, din, kurum insanların güçlü ruhlara sahip olmalarını istemez, çünkü spiritüel enerjiye sahip bir insan mutlaka isyankar olur.

Aşk insanı isyankar, devrimci yapar. Aşk sana yükseklere uçasın diye kanatlar verir. Aşk sayesinde anlayışın gelişir, böylece kimse seni kandıramaz, baskı altına alamaz, senden faydalanamaz. Bazı din adamlarıyla politikacılar senin kanını emerek yaşamlarını sürdürürler; başkalarını kullanarak yaşarlar.

Bazı din adamları ve politikacılar birer parazittir. Seni ruhen zayıf kılmak için yüzde yüz garantili, emin bir yöntem bulmuşlar, bu da sana kendini sevmememeyi öğretmek oluyor. Çünkü eğer insan kendini sevemezse başkasını da seve-mez. Öğreti gayet sinsi – diyorlar ki, "Başkalarını sev"...çünkü eğer kendini sevmezsen hiçbir şeyi sevemeyeceğini biliyorlar. Ama yine de "Başkalarını sev, insanlığı sev, Tanrı'yı sev. Tabiatı sev, karını, kocanı, çocuklarını, anababanı sev" deyip duruyorlar. Ama kendini sevme – çünkü onlara göre kendini sevmek bencilliktir. Kendini sevmeyi herşeyin ötesinde lanetlerler.

Ve öğretilerini çok mantıklı sunarlar. Derler ki, "Eğer kendini seversen egoist olursun; eğer kendini seversen narsist olursun." Bu doğru değil.

Kendini seven bir insanda ego olmaz. Kendini sevmeden başkalarını seversen, sevmeye çalışırsan, ego ortaya çıkar. Misyonerler, sosyal reformistler, topluma hizmet edenler dünyadaki en büyük egolara sahiptir – bu doğaldır, çünkü kendilerini üstün insan sanırlar. Sıradan değildirler – sıradan insanlar kendilerini severler. Onlarsa başkalarını severler, büyük idealleri severler, Tanrı'yı severler.

Ve tüm bu sevgileri sahtedir, çünkü hiçbir kökü yoktur.

Kendini seven insan gerçek aşka doğru ilk adımı atmış olur. Bu sessiz bir göle taş atmaya benzer : Önce taşın etrafında, hemen yakınında daireler oluşur – doğal olarak, yoksa başka nerde oluşacaklar? Ve sonra yayılmaya devam ederler, en uzak kıyıya ulaşırlar. Eğer taşın hemen yanındaki dairelerin oluşmasını engellersen başka dalga oluşmaz. O zaman uzak kıyılara ulaşan dalgalar yaratmayı bekleyemezsin; bu imkansızdır.

Din adamları ve politikacılar bu olgunun bilincindeler : İnsanların kendilerini sevmelerine engel ol ve böylece aşk kapasitelerini yok et. Ondan sonra aşk sanacakları herşey sahte olacaktır. Görev olabilir, ama aşk değil – ve görev de küfür gibi bir sözcüktür. Ana-babalar çocuklarına karşı olan görevlerini yerine getirirler ve sonra karşılığında, çocuklar ana-babalarına karşı olan görevlerini yerine getirirler. Kadın kocasına, koca karısına karşı görevlerini yerine getirir. Aşk bunun neresinde?

Aşk görev tanımaz. Görev bir yük, bir formalitedir. Aşk bir keyif, bir paylaşımdır; gayri resmidir. Seven kişi asla yaptıklarını yeterli bulmaz; hep daha fazlasının mümkün olduğunu düşünür. Seven kişi asla "Diğerine karşı yükümlülüğümü yerine getirdim" diye düşünmez. Tam tersine, "Aşkım kabul edildiği için ben yükümlülük altındayım. Armağanımı geri çevirmeyerek, kabul ederek beni ona mecbur bıraktı" diye düşünür.

Görev adamı şöyle düşünür, "Ben üstünüm, spiritüelim, olağandışıyım. Bak insanlara nasıl hizmet veriyorum!" İnsanlara hizmet edenler dünyadaki en sahte ve üstelik hilekar kişilerdir. Topluma hizmet edenlerden kurtulursak insanlığın sırtından bir yük kalkar, herkes hafifler, yeniden şarkı söyler, danseder.

Ama yüzyıllardır köklerin kesiliyor, zehirleniyor. Kendini sevmek konusunda gözün korkutuldu – halbuki aşka doğru atılan ilk adım ve ilk deneyim. Kendini seven bir insan kendine saygı duyar. Ve kendini sevip sayan bir insan başkalarını da sayar çünkü bilir ki : "Ben neysem başkaları da öyle. Benim aşktan, saygıdan, gururdan hoşlandığım gibi başkaları da hoşlanıyor." Temel özellikler konusunda birbirimizden farkımız olmadığını bilir; hepimiz biriz. Aynı kurala göre oynuyoruz. Buda der ki aynı sonsuz kanuna tabiyiz – aes dhammo sanantano. Ayrıntılarda farklılık gösterebiliriz – bu çeşitlilik yaratır, güzeldir – ama temelde hepimiz aynı doğaya aitiz.

Kendini seven insan aşktan öylesine keyif alır, öyle mutlu olur ki aşkı taşmaya, başkalarına ulaşmaya başlar. Ulaşmak zorundadır! Seversen paylaşmak zorundasındır. Sonsuza dek kendini sevemezsin, çünkü bir şeyi apaçık göreceksin: eğer bir kişiyi, kendini sevmek bu kadar keyifli ve güzelse, aşkını pek çok kişi ile paylaşmak kimbilir daha ne kadar zevkli olacak!

Yavaş yavaş dalgalar gittikçe daha uzaklara yayılır. İnsanları seversin, sonra hayvanları, kuşları, ağaçları, taşları sevmeye başlarsın. Tüm evreni kendi aşkınla doldurabilirsin. Tüm evreni aşk ile doldurmak için tek bir insan yeterlidir, tıpkı tek bir çakıltaşının koca bir gölü dalgalarla doldurmaya yetmesi gibi – ufacık bir çakıltaşı.

Sadece bir Buda kendini sev der. Hiçbir din adamı, hiçbir politikacı böyle söylemez, çünkü bu sömürüye dayalı düzenlerini temelinden sarsar. Eğer insana kendini sevmek yasaklanırsa, ruhu gittikçe zayıflar. Bedeni gelişebilir ama içinde bir gelişme olmaz çünkü ruhu beslenmez. Neredeyse ruhsuz bir beden olarak kalır veya içinde ancak bir ruh potansiyeli, olasılığı vardır. Ruh bir tohum şeklinde var olur – ve eğer üzerinde serpilecek aşk toprağını bulamazsan tohum olarak kalmaya mahkumdur. Bu aptalca "Kendini sevme" fikrine kapılırsan bulamazsın.

Sana aynı zamanda kendini sevmeyi öğretiyorum. Bunun ego ile ilgisi yok. Hatta, aşk öyle bir ışık ki içinde egonun karanlığı barınamaz. Başkalarını seversen, sevgin başkalarına odaklanırsa, karanlıkta yaşarsın. İlk önce ışığını kendine çevir, kendi kendini aydınlat. Bırak ışık içindeki karanlığı, zaafları dağıtsın. Bırak aşk seni güçlendirsin, spiritüel bir güç haline getirsin.

Ve ruhun güçlendiği anda ölmeyeceğini bilirsin, ölümsüz olursun, sonsuzluğa erişirsin. Aşk sana sonsuzluğu tattırır. Aşk zamanı aşabilen tek deneyimdir – aşıklar bu yüzden ölümden korkmazlar. Aşk ölüm tanımaz. Tek bir aşk dakikası sonsuzluktan fazladır.

Ama aşkın en baştan başlaması gerekir. Aşkın şu ilk adımla başlaması gerekir:

Kendini sev.

Kendini lanetleme. O kadar çok lanetlen
hepsini kabullendin. Şimdi kendine zarar veri
kendini yeterince değerli bulmuyor, Tanrı'nı
güzellik olarak görmüyor; hiç kimse kendine ihtiyaç olduğunu düşünmüyor. Bunlar zehirli fikirler, ama sen zehirlenmişsin. Daha ana sütünden zehirlendin sen – ve tüm geçmişin
bununla dolu. İnsanlık karanlık bir kendini lanetleme bulutunun altında yaşamakta uzun zamandır. Kendini suçlarsan
nasıl gelişirsin? Nasıl olgunlaşabilirsin? Ve eğer kendini lanetlersen varoluşa nasıl tapabilirsin? Varoluşun kendi içindeki parçasını sevemiyorsan başkalarınınkini de sevemezsin;
bu imkansız olur.

Senin içinde yaşayan Tanrı'ya büyük bir saygı duyduğun
takdirde bütünün bir parçası haline gelebilirsin. Sen ev sahibisin, Tanrı senin misafirin. Kendini severek şunu anlayacaksın : Tanrı seni bir araç olarak seçti. Bunu yaparak sana
saygı duydu, seni sevdi. Seni yaratarak sana olan sevgisini
gösterdi. Seni kazara yaratmadı; belli bir potansiyel, belli bir
kader, belli bir hedef ile yarattı. Evet, Tanrı insanı kendi
imajında yarattı. İnsan bir Tanrı olmalı. İnsan bir Tanrı olmadığı sürece rahat, huzur olmayacak.

Peki ama nasıl Tanrı olabilirsin? Din adamları senin günahkar olduğunu söylüyorlar. Onlar senin lanetli olduğunu,
cehenneme gitmeye mahkum olduğunu söylüyorlar. Ve seni
kendini sevme konusunda fena halde korkutuyorlar. Bu onların hilesi, aşkın kökünü kurutuyorlar. Çok kurnaz insanlar. Din adamlığı dünyadaki en hilekar meslek. Sonra diyor
ki, "Başkalarını sev." Şimdi o sevgi plastik, sentetik, sahte bir
gösteriden ibaret olacak.

Diyorlar ki, "İnsanlığı, ana yurdunu, ülkeni, hayatı, varoluşu sev." Büyük laflar, ama tamamen anlamsız. Sen hiç

...nlık ile karşılaştın mı? Hep insanlarla karşılaşıyorsun – .e ilk karşılaştığın insanı lanetliyorsun, o da sensin.

Kendine saygı duymadın, kendini sevmedin. Şimdi tüm yaşamın başkalarını lanetleyerek geçecek. İnsanlar bu nedenle herşeyde kusur arıyorlar. Kendilerinde kusur buluyorlar – başkalarında nasıl bulmasınlar? Üstelik bulmakla kalmayıp büyütüyorlar, koskocaman hale getiriyorlar. Bu tek çıkış yolu gibi görünüyor; bir şekilde, gururunu kurtarmak için, böyle yapmak zorundasın. İşte bu nedenle bu kadar çok eleştiri ve bu kadar az sevgi var.

Ben bunun Buda'nın en güçlü sutralarından biri olduğunu söylüyorum ve ancak aydınlanmış bir kişi sana böyle bir görüş sunabilir.

Diyor ki, Kendini sev...Bu radikal bir değişimin temelini oluşturabilir. Kendini sevmekten korkma. Tamamen sev ve şaşıracaksın: Tüm kendini suçlamalardan, kendine karşı saygısızlıklarından kurtulduğun gün, kendini değerli ve varoluşun sevgisine layık hissettiğin gün – işte o gün kutsal bir gün olacak. O günden itibaren insanları olduğu gibi göreceksin ve merhametli olacaksın. Ve bu sonradan edinilmiş türden bir merhamet olmayacak; doğal, içten bir duygu olacak.

Kendini seven insan kolaylıkla meditasyon yapabilir, çünkü meditasyon kendinle olmak demektir. Kendinden nefret edersen – ve ediyorsun, sana bu öğretildi, sen de inanıp uyguluyorsun –nasıl kendinle olabilirsin? Meditasyon kendi güzel tekbaşınalığının tadını çıkarmaktan başka bir şey değil. Kendini kutlamak; meditasyon işte bu demek.

Meditasyon bir ilişki değil; bir başkasına ihtiyaç yok, insan kendi kendine yetiyor. İnsan kendi ışığı ile aydınlanıyor, kendi zaferini yaşıyor. Sırf yaşadığı için, var olduğu için neşe duyuyor.

Dünyadaki en büyük mucize senin olman, benim olmam. Olmak en büyük mucize – ve meditasyon bu büyük mucizenin kapılarını açıyor. Ama ancak kendini seven bir insan meditasyon yapabilir; aksi takdirde hep kendinden kaçarsın, yüzleşmek istemezsin. Kim çirkin bir yüze bakmak ister ve kim çirkin bir varlığın içine girmek ister? Kim kendi çamuruna batmak, kendi karanlığına dalmak ister? Sen kendini cehennem gibi görürsen kendi içine girmek ister misin? Herşeyi güzel çiçeklerle örtmeye çalışırsın ve kendinden kaçıp durursun.

O yüzden insanlar devamlı etraflarında başkalarını istiyorlar. Kendi kendileriyle kalamıyorlar; başkalarıyla olmak istiyorlar. İnsanlar ne tür olursa olsun eş-dost peşindeler; kendilerinden kaçabildikleri sürece herşey olabilir. Üç saat bir sinemada oturup saçma sapan bir filmi seyredebiliyorlar. Saatlerce polisiye roman okuyup vakit harcıyorlar. Sırf kendilerini meşgul etmek adına aynı gazeteyi evire çevire okuyup duruyorlar. Zaman öldürmek için iskambil ve satranç oynuyorlar – sanki çok bol vakitleri varmış gibi!

Fazla vaktimiz yok bizim. Gelişmek, var olmak, keyif almak için yeterli zamanımız yok.

Ama bu yanlış bir yetiştirmenin yarattığı temel sorunlardan birisi: kendinden kaçıyorsun. İnsanlar saatlerce bir koltukta oturup televizyon seyrediyorlar. Ortalama Amerikalı günde ortalama beş saat televizyon seyrediyor ve bu hastalık tüm dünyaya yayılıyor. Peki ekranda ne görüyorsun? Eline ne geçiyor? Gözlerin yanıyor...

Ama bu hep böyle olmuş; televizyon yokken bile başka şeyler var. Sorun aynı: kendini çok çirkin bulduğun için kendinden bucak bucak kaçmak. Peki seni çirkinleştiren nedir? – sözde dindarlar, papalar, papazlar, shankaracharya'lar. Senin suratını yamultmaktan onlar sorumlu – ve başarılı oluyorlar; herkesi çirkinleştirdiler.

Her çocuk güzel doğar ve sonra bizler onun güzelliğini çarpıtmaya başlarız, pek çok yönden onu sakatlarız, felce uğratırız, dengesini bozarız. Eninde sonunda kendinden öyle iğrenir ki önüne gelenle beraber olacak hale gelir. Sırf kendinden kaçmak için fahişelere gidebilir.

Kendini sev, diyor Buda. Ve bu tüm dünyayı değiştirebilir. Tüm çirkin geçmişi silebilir. Yepyeni bir çağı açabilir, yeni bir insanlığın habercisi olabilir.

O nedenle ben sevginin üzerinde duruyorum – ama sevgi sende başlar, sonra çevrene yayılır. Kendiliğinden yayılmaya devam eder; yaymak için senin bir şey yapman gerekmez.

Kendini sev, diyor Buda, ve hemen sonra da ve izle diye ekliyor. Bu meditasyon – bu Buda'nın meditasyona verdiği ad. İlk şart kendini sevmek ve sonra izlemek. Kendini sevmezsen ve izlemeye başlarsan, intihar etmeye kalkabilirsin! Birçok Budist intihar etmeye niyetlenir çünkü sutra'nın ilk kısmına dikkat etmezler. Hemen ikinci kısma geçerler : "Kendini izle." Hatta, ben Dhammapada hakkında, Buda'nın bu sutra'ları hakkında, o ilk bölüme dikkat çeken tek bir yoruma dahi rastlamadım : Kendini sev!

Sokrat, "Kendini tanı," diyor. Buda, "Kendini sev" diyor ve Buda çok daha haklı çünkü kendini sevmezsen kendini tanıyamazsın – tanımak sonraki adımdır. Sevgi buna zemin hazırlar. Sevgi kendini tanıma ihtimalidir; sevgi kendini tanımanın doğru yoludur.

Bir keresinde Jagdish Kashyap adında bir Budist keşişi ile kalıyordum; artık yaşamıyor. Dhammapada hakkında konuşuyorduk ve bu sutraya rastladık ve o izlemek üzerine konuşmaya başladı, ilk bölümü adeta hiç okumamıştı bile. Geleneksel Budistler ilk bölüme hiç dikkat etmezler; okumadan geçer giderler.

Bhiskshu Jagdish Kashyap'a dedim ki, "Dur! Çok temel bir şeyi gözden kaçırıyorsun. İzlemek ikinci adım ve sen onu birinci yerine koyuyorsun. O ilk adım olamaz."

O zaman sutrayı tekrar okudu ve şaşkın gözlerle bakarak, "Dhammapada'yı tüm hayatım boyunca okumuşumdur ve bu sutrayı da milyonlarca kez okudum. Her sabah dua ederken Dhammapada'yı baştan sona tekrarlıyorum, hepsi ezberimde, ama "Kendini sev" sözünün meditasyonun ilk kısmı olduğunu ve izlemenin onun ardından geldiğini hiç düşünmemiştim," dedi.

Ve işte dünyadaki milyonlarca Budist'in durumu da aynen böyle – bu yeni Budistler için de geçerli, zira Batı'da Budizm hızla yayılıyor. Batı'da artık Buda'nın vakti geldi – şimdi Batı Buda'yı anlamaya hazır ve aynı hata orada da yapılıyor. Kendini sevmenin kendini tanıma ve izlemeye zemin hazırladığını kimse düşünemiyor...halbuki kendini sevmezsen kendinle yüzleşemezsin. Kaçarsın. İzlemenin kendisi de kendinden kaçış halini alabilir.

İlk adım: Kendini sev ve seyret – bugün, yarın, her zaman.

Kendi çevrende sevgi dolu bir enerji yarat. Bedenini sev, beynini sev. Tüm organizmanı, tüm mekanizmanı sev. "Sevgi," olduğu gibi kabullenmek anlamına geliyor. Bastırmaya çalışma. Bir şeyden nefret ettiğimizde bastırmaya çalışırız, bir şeylere karşıysak bastırırız. Baskı altına alma, çünkü bastırırsan nasıl izleyeceksin? Ayrıca düşmanla göz göze gelmekten hoşlanmayız; ancak sevdiklerimizin gözlerinin içine bakabiliriz. Kendini sevmiyorsan kendi gözlerinin içine, kendi yüzüne, kendi gerçeğine bakamazsın.

İzlemek meditasyondur, Buda'nın meditasyona verdiği isimdir. İzle Buda'nın parolasıdır. Diyor ki : Uyanık ol, tetikte ol, bilinçsiz olma. Uykuluymuş gibi davranma. Bir makine, bir robot gibi hareket etme. Çoğu insan böyle yapıyor.

Mike yeni dairesine taşınmıştı ve karşı komşusu ile tanışması gerektiğine karar verdi. Kapıyı çalıp da karşısında içini gösteren minicik bir gecelik giymiş genç güzel bir sarışın görünce pek sevindi.

Mike onun gözlerinin içine baktı ve "Merhaba, ben yeni şekerinizim – bir kaşık komşu rica edebilir miyim?" dedi.

İnsanlar bilinçsizce yaşıyorlar. Ne dediklerinin, ne yaptıklarının farkında değiller – izlemiyorlar. İnsanlar görmeden tahminde bulunuyorlar; hiçbir görüşleri yok, olamaz da. Ancak dikkatle izlersen görüşün olabilir; o zaman gözlerin kapalıyken bile görebilirsin. Şimdiki durumda gözlerin açıkken dahi göremiyorsun. Tahmin ediyorsun, çıkarsama yapıyorsun, yansıtıyorsun, yakıştırıyorsun.

Grace psikiyatrın koltuğuna uzanmıştı.

"Gözlerini kapat ve rahatla," dedi terapist, "Bir deney yapacağız."

Cebinden deri bir anahtar kılıfı çıkardı, açtı ve anahtarları salladı. "Bu sana ne hatırlatıyor?" diye sordu.

"Seks," diye fısıldadı Grace.

Sonra adam anahtarlığı kapattı ve kızın avucuna dokundu. Kız kaskatı kesildi.

"Ya bu?" diye sordu terapist.

"Seks" diye mırıldandı Grace, tedirgin bir şekilde.

"Şimdi aç gözlerini" dedi doktor, "ve yaptıklarımın neden sana seksi çağrıştırdığını anlat."

Kızın gözleri yavaşça açıldı. Grace doktorun elindeki anahtarlığı gördü ve kıpkırmızı kesildi.

"Ah – şey...başlangıçta", dedi, "O ilk duyduğum sesin sizin pantolon fermuarınızın açılmasından kaynaklandığını sanmıştım..."

Beynin devamlı yakıştırmalarda bulunuyor – kendini yansıtıyor. Beynin devamlı gerçeğe müdahale ediyor, ona kendine ait olmayan bir renk ve biçim veriyor. Beynin olanı olduğu gibi görmene asla izin vermiyor; sadece kendi görmek istediğini görmene izin veriyor.

Eskiden bilim adamları gözlerimizin, kulaklarımızın, burnumuzun ve diğer duyularımızın ve beynimizin gerçeğe uzanan koridorlar, köprüler olduğunu iddia ediyorlardı. Ama şimdi bu anlayış değişti. Şimdi duyularımızın ve beynimizin aslında gerçeğe giden köprüler olmadığını, aksine gerçeğe karşı duvar ördüklerini söylüyorlar. Gerçeğin ancak yüzde ikisi bu duvarlardan süzülüp sana erişiyor; gerçeğin yüzde doksansekizi dışarda kalıyor. Ve sana ulaşan o yüzde iki değişmiş oluyor. O kadar fazla engelden geçiyor, o kadar fazla ödün veriyor ki sana ulaştığında artık kendisi olmaktan çıkıyor.

Meditasyonda beyni bir kenara koyarsın, böylece gerçek ile çelişmez ve herşeyi olduğu gibi görürsün.

Beyin niçin devreye giriyor peki? Çünkü beyin toplumun icadı. O, toplumun senin içinde yaşayan casusu; unutma ki sana hizmet etmiyor! O senin beynin, ama sana hizmet etmiyor; sana karşı komplo kuruyor. Toplum tarafından şartlandırılıyor; toplum içine bir sürü şey doldurmuş. O senin beynin ama artık sana hizmet etmiyor, toplumun hizmetine girmiş durumda. Sen Hristiyansan o zaman kilisenin emrinde, eğer Hindu isen beynin de öyle, Budist isen beynin de Budist. Ve gerçek ne Hristiyan, ne Hindu ne de Budist; gerçek neyse o.

Bu beyni bir kenara koymalısın: komünist beyni, faşist beyni, Katolik beyni, Protestan beyni...Dünyada üç bin tane din var – büyük dinler, küçük dinler, ufak mezhepler ve mezhep içinde mezhepler – tam üç bin tane. Yani üç bin çeşit beyin var – ve gerçek bir tane, varoluş da tek!

Meditasyon şu demek : Beynini bir kenara koy ve izle. İlk adım – kendini sev – sana müthiş yardımcı olacak. Kendini severek toplumun içine yerleştirdiği zararlı şeylerin çoğunu yok etmiş olacaksın. Toplumdan ve şartlandırmalarından büyük ölçüde kurtulacaksın.

Ve ikinci adım, izle – sadece izle. Buda neyin izlenmesi gerektiğini söylemiyor – herşey! Yürürken yürümeni izle. Yerken yemeni izle. Duş yaparken, suyu izle, soğuk suyun üzerine dökülmesini, suyun dokunuşunu, soğukluğu, sırtının ürpermesini – herşeyi izle, bugün, yarın, her zaman.

Sonunda uykunu bile izleyecek duruma geleceksin. Bu izlemenin doruk noktasıdır. Beden uykuya dalar ve hala bir izleyen vardır, bedenin uyumasını izlemektedir. İşte bu izlemenin en üst noktasıdır. Şu anda tam tersi geçerli : Bedenin uyanık ama sen uyuyorsun. O zaman, sen uyanık olacaksın ve bedenin uyuyor olacak.

Bedenin dinlenmeye ihtiyacı var, ama bilincinin uyuması gerekmiyor. Bilincin bilinç; o uyanık ve açık, bu onun doğasında var. Beden yoruluyor çünkü beden yerçekimi kanununa tabi olarak yaşıyor. Seni yoran yerçekimi – o yüzden hızlı koşunca yoruluyorsun, merdiven çıkınca hemen yoruluyorsun, çünkü yerçekimi seni geri çekiyor. Aslında, ayakta durmak da yorucu, oturmak da – dümdüz yatay halde yattığın zaman beden biraz dinlenmiş oluyor çünkü o zaman yerçekimi ile uyumlu oluyorsun. Ayakta dikey pozisyonda iken yerçekimine karşı geliyorsun; kan beyne doğru, yani aksi yönde pompalanıyor; kalp daha fazla kan basmak zorunda kalıyor.

Ama bilinç yerçekimine uymak zorunda değil; o nedenle hiç yorulmuyor. Yerçekiminin bilinç üzerinde hiçbir yaptırım gücü yok; o bir taş değil, ağırlığı yok. O tamamen farklı bir kurala göre çalışıyor: şükran kanunu, veya Doğu'daki adıyla, havalanma kanunu. Yerçekimi aşağı çeker, havalanma ise yukarı.

Beden devamlı aşağıya çekiliyor – o yüzden sonuçta mezarda yatmak zorunda kalacak. Bu onun son dinlenmesi olacak. Bedenin geldiği yere, toprağa dönmesi gerekiyor, tüm kargaşa sona erdi, artık kavga yok. Bedeninin atomları gerçek huzura ancak mezarda kavuşacak.

Ruh gittikçe yukarı yükseliyor. Sen daha fazla izledikçe kanatların oluşacak – o zaman tüm gökyüzü senin olacak. İnsan toprakla gökyüzünün, bedenle ruhun buluşmasıdır.

- 3 -
BENCİLLİĞİN YARARLARI

Unutma ki bencil değilsen özveride bulunmazsın. Ancak gerçekten çok bencil birisi bencillikten arınabilir. Ama bunu anlamak lazım çünkü kulağa çelişkiliymiş gibi geliyor.

Bencil olmak ne demek? En temel şey kendine odaklanmak. Diğeri de hep kendi mutluluğunu ön planda tutmak. Eğer kendine odaklanmışsan, her yaptığın iş bencilce olur. Gidip insanlara hizmet edebilirsin ama bu sadece hoşuna gittiği için, bundan zevk aldığın, sana mutluluk verdiği için yaparsın – kendine yararı olduğu için. Bir görev yapmıyorsun; insanlığa hizmet ettiğin falan yok. Büyük bir fedakarlıkta bulunmuyorsun. Bunların hepsi saçma kavramlar. Sen sadece kendine göre mutlu oluyorsun – bu sana iyi geliyor. Hastaneye gidip hastalarla ilgileniyorsun, ya da fakirlere yardım ediyorsun, ama bundan hoşlanıyorsun. Bu şekilde gelişiyorsun. Mutlu ve huzurlusun, kendinden memnunsun.

Kendine odaklı insan hep kendi mutluluğunu arar. İşin güzelliği de budur, çünkü sen mutluluk peşinde koştukça başkalarının mutlu olmalarına yardımcı olursun. Çünkü bu dünyada mutlu olmanın tek yolu budur. Eğer çevrendeki herkes mutsuzsa sen mutlu olamazsın çünkü insan bir ada değildir. İnsan büyük bir kıtanın bir parçasıdır. Mutlu olmayı istiyorsan etrafındakilerin mutlu olmalarına yardımcı olman gerekiyor. O zaman – ve ancak o zaman – sen de mutlu olabilirsin.

Çevrende mutluluk atmosferi yaratmalısın. Eğer herkes mutsuzsa sen nasıl mutlu olabilirsin? Etkilenirsin. Sen taş değilsin, gayet hassas bir varlıksın, çok duyarlısın. Eğer etrafındaki herkes mutsuzsa onların mutsuzluğu seni etkileyecektir. Mutsuzluk herhangi bir hastalık kadar bulaşıcıdır. Eğer başkalarının mutlu olmalarına yardımcı olursan sonunda mutlu olmak için kendine yardımcı olmuş olursun. Mutluluğu ile yakından ilgili bir kimse hep başkalarının mutluluğu ile de ilgilenir – ama onlar için değil. Aslında o kendini düşünür, o nedenle onlara yardımcı olur. Eğer dünyadaki herkese bencil olmaları öğretilse tüm dünya mutlu olacak. Mutsuzluk olanaksız olacak.

Herkese bencil olmayı öğretsinler – bundan bencilliğin tam tersi doğacaktır. Sonuçta bu da bencillik ile aynı şeydir – başta öyle değilmiş gibi gelebilir, ama eninde sonunda seni tatmin etmeye yarayacaktır. Ve o zaman mutluluk çoğaltılabilir : Etrafında ne kadar mutlu insan varsa senin payına da o kadar mutluluk düşer. Şahane şekilde mutlu olabilirsin.

Ve mutlu insan öyle mutludur ki mutlu olmak adına rahat bırakılmak ister. Kendi özel hayatının korunmasını ister. Çiçeklerle ve şiirle ve müzikle yaşamak ister. Ne diye savaşa gitsin, öldürsün ve öldürülsün? Niye cani olsun veya intihar etsin? Bunu ancak bencil olmayan insanlar yapabilir, çünkü onlar asla bu mutluluğu tatmamışlardır. Sadece varolmanın, bunu kutlamanın nasıl bir deneyim olduğunu hiç bilmezler. Hiç dansetmemişler, hiç yaşamı içlerine çekmemişlerdir. Hiç yüce olana erişememişlerdir; bunu ancak derin mutluluğa, gerçek huzur ve tatmine kavuşanlar yapabilir.

Bencil olmayan insanın kökeni, merkezi yoktur. Derin

bir nevroza düşmüştür. Doğaya karşıdır; sağlıklı olamaz. Yaşamın, varoluşun, yaradılışın akıntısına karşı ters gitmektedir – bencilliğinden arınmaya çalışmaktadır. Ama bunu başaramaz – çünkü ancak bencil bir insan bencillikten arınabilir.

Mutluluğa sahip olduğunda onu paylaşabilirsin; sahip olmayınca nasıl paylaşabilirsin? Paylaşmak için önce elinde olması gerekir. Bencil olmayan insan hep ciddidir, aslında hasta ve acı içindedir. Kendi yaşamını ıskalamıştır. Ve unutma, hayatı ıskaladığında cinayet işlemek veya intihar etmek istersin. Bir insan mutsuzsa yok etmek ister.

Mutsuzluk yıkıcıdır; mutluluk yaratıcıdır. Sadece bir tür yaratıcılık vardır ve o da mutluluktan, neşeden, keyiften doğar. Mutluysan birşeyler yaratmak istersin – belki çocuklar için bir oyuncak, belki bir şiir, belki bir tablo, herhangi birşey. Yaşamdan çok keyif alıyorsan bunu nasıl ifade edeceksin? Birşey yaratırsın – öyle ya da böyle. Ama eğer mutsuzsan birşeyleri ezip yoketmek istersin. Politikacı olmak istersin, asker olmak istersin – yıkıcı olabileceğin bir durum yaratmak istersin.

İşte bu yüzden arada sırada dünyada bir yerlerde savaş çıkıyor. Ve bütün politikacılar barıştan sözedip duruyorlar – savaşa hazırlanıyorlar ve barıştan sözediyorlar. Aslında diyorlar ki, "Barışı korumak için savaşa giriyoruz." Çok mantıksız! Eğer savaşa hazırlanıyorsan, barışı nasıl koruyacaksın? Barışı korumak için barışa hazırlanmak gerekir.

İşte bu yüzden dünyadaki yeni nesil yerleşik kurumlar için büyük tehdit oluşturuyor. Onlar sadece mutlu olmakla ilgileniyorlar. Aşkla, meditasyonla, müzikle, dansla ilgileniyorlar...Tüm dünyadaki politikacılar pür dikkat kesildi. Yeni nesil politika ile ilgilenmiyor – sağla veya solla. Hayır, hem de hiç ilgilenmiyorlar. Onlar komünist değil; hiçbir izm'le ilgileri yok.

Mutlu bir insan kendine aittir. Neden herhangi bir kuruma ait olsun? Bu mutsuz bir insanın seçimidir : bir kuruma ait olmak, bir güruhun parçası olmak. Çünkü kendi içinde bir kökeni yoktur, ait değildir – ve onda çok ama çok derin bir endişe yaratır: Ait olmalıdır. Onun yerine geçecek bir yer bulur. Gidip bir politik partiye veya herhangi birşeye yazılır – mesela bir dine. İşte o zaman ait olduğunu hisseder: İçinde kök saldığı bir kalabalığa aittir.

İnsan sadece kendi içine kök salmalı çünkü insanın kendinden geçen yol varoluşun ta dibine iner. Eğer bir gruba aitsen önün tıkanır; oradan sonra herhangi bir gelişim imkansızdır. Bu bir çıkmaz sokak, bir sondur.

O yüzden sana bencil olmamayı öğretmiyorum çünkü biliyorum ki eğer bencilsen otomatik olarak, kendiliğinden bencilliğinden sıyrılacaksın. Eğer bencil değilsen kendini ıskaladın demektir; şimdi başka kimseyle ilişki kurmayacaksın – temel iletişim eksik. İlk adımı ıskalamışsın.

Dünyayı ve toplumu ve ütopyaları ve Karl Marx'ı unut. Bunların hepsini unut gitsin. Sen buraya bir süreliğine varolmak için geldin. Keyfine bak, eğlen, mutlu ol, danset, ve sev; ve bu aşkından ve neşenden, bencilliğinden enerji akıp taşacak. Bunu başkalarıyla paylaşabileceksin.

Aşk bence en bencil şeylerden biri.

- 4 -
HİÇBİR ŞEYE
BAĞLI OLMAMAK

Aşk bağlılıktan özgür olmanın tek yolu. Herşeyi seversen hiçbir şeye ait olmazsın.

...Bir kadının aşkına tutsak olan adam ile bir adamın aşkına tutsak kadın, özgürlüğün değerli tacını giymek için eşit derecede uygunsuzdur. Ama aşk ile birleşen, ayrılamayan, birbirinden ayırdedilemeyen kadın ve erkek bu ödülü hakederler.

Mirdad'ın Kitabı'ından, Mikhail Naimy.

Mirdad'ın Kitabı en sevdiğim kitap. Mirdad hayali bir karakter, ama Mirdad'ın her sözü ve her hareketi müthiş önemli. Bu bir roman olarak değil kutsal kitap olarak okunmalı – belki de tek kutsal kitap.

Ve bu paragrafta Mirdad'ın anlayışını, farkındalığını, görüşünü ancak sezebiliyorsun. Diyor ki, Aşk bağlılıktan özgür olmanın tek yolu...ve sen hep aşkın tek bağlılık olduğunu duymuştun! Tüm dinler bu noktada, aşkın tek bağlılık olduğu konusunda hemfikir.

Ben Mirdad'a katılıyorum:

Aşk bağlılıktan özgür olmanın tek yolu. Herşeyi seversen hiçbir şeye ait olmazsın.

Aslında insanın bağlılık olgusunu anlaması gerekiyor.

Neden bir şeylere tutunuyorsun? Çünkü onu kaybedeceğini sanıyorsun. Belki birisi onu elinden alacak. Bugün avucunda olanın yarın olmayacağından korkuyorsun sen.

Yarın ne olacağını kim bilebilir? Sevdiğin kişi her kimse – ikisi de mümkün: Daha yakınlaşabilirsin, veya uzaklaşabilirsin. Yine birer yabancı olabilirsin veya onunla öylesine bütünleşirsin ki iki kişi olduğunuzu söylemek bile yanlış olur; tabii iki ayrı beden vardır ama kalpler birdir ve kalbin şarkısı aynıdır ve etrafınızı bir mutluluk bulutu sarar. Sen bu mutluluğun içinde yokolursun : Sen sen değilsin, ben ben değilim. Aşk öyle bir bütündür, öyle büyük ve üstündür ki sen kendin olarak kalamazsın; kendini ortadan kaldırman gerekir.

Peki bu yok olmada kim bağlanacak ve kime? Herşey olduğu gibi. Aşk tam anlamıyla çiçek açtığında, herşey olduğu gibidir. Gelecek korkusu gündeme gelmez; o yüzden bağlılık, tutunma, evlilik, herhangi bir kontrat söz konusu olmaz.

Evlilik dediğin bir iş anlaşmasından başka nedir ki? "Birbirimize belediye memuru önünde bağlılık yemini ediyoruz" – aşka hakaret ediyorsun! Kanuna uyuyorsun, o da varolan en aşağılık şey, ve üstelik en çirkini. Sen aşkı mahkemeye çıkararak asla affedilemeyecek bir suç işliyorsun. Mahkemede belediye memurunun huzurunda "Evlenmek istiyoruz ve evli kalacağız. Bu sözü biz kanuna veriyoruz : Ayrılmayacağız ve birbirimizi aldatmayacağız." Bunun aşka büyük bir hakaret olduğunu düşünmüyor musun? Kanunu aşkın üstünde tutmuş olmuyor musun?

Kanun sevmesini bilmeyenler içindir. Kanun körler içindir, gözleri olanlar için değil. Kanun kalbin dilini unutanlar ve sadece aklın dilini bilenlere özgüdür. Mirdad'ın söyledikleri öyle değerli ki iyice anlaşılmalı – sırf entellektüel veya sırf duygusal düzeyde değil, bir bütün olarak. Tüm varlığınla onu içmelisin:

Aşk bağlılıktan özgür olmanın tek yolu...çünkü sevdiğin zaman başka bir şey düşünemezsin bile. Herşeyi seversen hiçbir şeye ait olmazsın. Her an yeni bir zafer, yeni güzellikler, yeni şarkılar getirir; her an sana yeni danslar sunar. Belki partnerin değişir, ama aşk aynıdır.

Bağlılık, partnerin asla değişmemesi arzusudur. Bunun için mahkemeye, topluma hesap vermek zorundasın – bir sürü aptalca formalite. Ve eğer bu formalitelere karşı çıkarsan aralarında yaşamak zorunda kaldığın insanların gözünde bütün onur ve saygınlığını yitirirsin.

Aşk bağlılık nedir bilmez çünkü aşk saygınlığını yitirme ihtimalini tanımaz. Aşkın kendi bir onurdur, saygınlığın ta kendisidir; buna karşı hiçbir şey yapamazsın. Ben partnerler değişemez demiyorum, ama bunun önemli olmadığını söylüyorum. Partnerler değişirse ama aşk bir nehir gibi akmaya devam ederse, o zaman dünya bugünkünden çok daha fazla sevgiyle dolacak. Bugün açık kalmış musluk gibi – damla damla akıyor. Kimsenin susuzluğunu gideremiyor. Aşkın deniz gibi olması lazım, öyle halka açık tuvaletteki musluk damlası gibi değil. Ve tüm evlilikler de halka açık.

Aşk evrenseldir. Aşk sırf birkaç kişiyi davet edip kutlama yapmaz, aşk yıldızları ve güneşi ve çiçekleri ve kuşları çağırır; tüm yaradılış bu kutlamaya davetlidir.

Aşkın başka şeye ihtiyacı yoktur – yıldızlarla dolu bir gece, başka ne istersin? Sadece birkaç dost...ve tüm evren dostun. Ben bana karşı olan bir ağaca henüz hiç rastlamadım. Pek çok dağa çıktım ama hiçbiri bana düşmanca davranmadı. Tüm yaradılış dostun.

Senin kendi aşk anlayışın tam olarak yerine gelince bağlılık diye bir kavram kalmaz ortada. Partner değiştirebilirsin, bu kimseleri terkettiğin anlamına gelmez. Aynı partnere geri dönebilirsin, önyargı diye birşey kalmaz.

İnsan kendisini tıpkı kumsalda oynayan, deniz kabuğuyla renkli taşlar toplayan ve bundan büyük bir hazine bulmuşçasına müthiş keyif alan bir çocuk gibi görmeli. İnsan hayattaki küçük şeylerden keyif alabilse, özgürce yaşayıp başkalarının özgürce yaşamasına engel olmasa, bu dünya bambaşka bir yer olurdu. O zaman bir güzelliği, zarafeti olurdu; ışıl ışıl olur, her kalp ateş gibi yanardı. Ve bu ateşi bir kez tadınca alevler yanmayı sürdürür. Aşkın alevleri aynen birer ağaç gibi büyür; aşkın alevleri tıpkı ağaçlar gibi çiçek ve meyva sunar.

Ama senin aşk sandığın aşk değil. O nedenle bu denli acaip deneyimler yaşanıyor. Birisi sana diyor ki, "Ne kadar güzelsin! Seni çok seviyorum, dünyada senin gibi bir kadın yok." Ve sen asla karşı çıkmıyorsun, "Böyle şeyler söylemeye hakkın yok, çünkü dünyadaki bütün kadınları tanımıyorsun." Böyle güzel sözler sarfedilince insan mantıksızlığına hiç aldırmıyor.

İnsanlar bunları filmlerden, romanlardan öğreniyorlar – bütün bu diyaloglar geçiyor ve hepsi anlamsız. Tek anlamları var, o da "Hadi yatağa gel!" Ama bizler uygar kişiler olduğumuz için bir şekilde giriş yapmadan, ön konuşmaya girmeden direkt olarak "Hadi yatalım!" diyemiyoruz. Kadın karakola koşup "Bu adam bana çirkin tekliflerde bulundu!" diyecek. Ama medeni yoldan gidecek olursan önce dondurma ikram et – bu kalbi serinletir – gül al, tatlı sözler sarfet...O zaman her iki taraf da bilir ki bu iş sonunda bir akşamdan kalmalıkla, başağrısıyla, migrenle sonuçlanacak ve sabah birbirlerine tuhaf tuhaf bakacaklar: Yatakta ne işleri vardı? Biri sanki okuyormuş gibi yapıp gazetenin arkasına saklanacak, ve öbürü çay veya kahve yapmaya girişecek, sırf olan biteni unutmak adına.

Ve sonra Mirdad diyor ki:

Bir kadının aşkına tutsak olan adam ile bir adamın aşkına tutsak kadın, özgürlüğün değerli tacını giymek için eşit derecede uygunsuzdur.

Aşk bağlılığa dönüştüğü anda ilişki haline gelir. Aşk taleplerde bulunduğu anda hapishaneye benzer. Özgürlüğünü elinden alır; göklerde uçamazsın, kafeslenmişsindir. Ve insan merak ediyor...özellikle de ben ediyorum. İnsanlar beni merak ediyorlar, odamda tek başıma ne yaptığımı merak ediyorlar. Ben de onları merak ediyorum – bu insanlar çifter çifter ne yapıyorlar ki? Tek başıma en azından kafam rahat. Eğer bir başkası varsa sorun çıkıyor; mutlaka bir olay oluyor. Bir kişi daha olunca huzur kalmıyor. O birşeyler soracak, söyleyecek, yapacak, ya da seni yapmaya zorlayacak. Üstelik, aynı kişi aynı şeyleri yapacak, her Allahın günü...

Çift yatağı icat eden her kimse insanlığa büyük kötülük etmiş. Yatakta bile özgürlük yok! Hareket edemezsin; öbür tarafın doludur. Üstelik yatağın çoğunu o kaplamaktadır. Eğer kendine ufacık bir yer bulursan şanslısın – ve unutma, o gittikçe genişleyecek. Ne tuhaf bir dünya ki kadınlar genişledikçe erkekler ufalıyor. Üstelik kabahat erkeklerin – kadınları şişmanlatıyorlar, hamile bırakıyorlar. Sorunlar gittikçe artıyor. Bir kadınla adamı yanyana koyunca bir süre sonra üçüncüsü geliyor. Gelmezse komşular meraklanıyor: "Sorun nedir? Neden çocuk olmuyor?"

Pek çok insanla pek çok yerde yaşadım. Hep şaşırdım – neden insanlar başkalarının başına dert açmaya bu kadar hevesli oluyor? Birisi bekarsa meraklanırlar: "Neden evlenmiyorsun?" – sanki evlilik uyulması gereken evrensel bir kanunmuş gibi. Herkes tarafından taciz edilince insan evlenmenin daha iyi olacağını düşünüyor – en azından bu insanlar susacak. Ama yanılıyorsun : Evlenince de sormaya başlıyorlar, "Çocuk yolda mı?"

Şimdi, bu çok zor bir problem. Sizin elinizde değil ki; çocuk olur, olmayabilir – ve kendi istediğinde gelecektir. Ama insanlar seni taciz eder..."Çocuk olmayan ev yuva sayılmaz." Doğru – çünkü çocuksuz ev sessiz mabedi andırır; çocuk olunca ev tımarhaneye döner! Ve pek çok çocukta olduğu gibi sorunlar gittikçe artar.

Ben hayat boyu odamda kendi başıma oturuyorum. Kimseyi rahatsız etmiyorum, kimseye "Neden evlenmedin, neden çocuk sahibi olmadın" diye sormuyorum. Çünkü böyle sorular sormanın medenice birşey olmadığını düşünüyorum, başkalarının işine burnunu sokmak oluyor.

Ve insanlar karılarıyla, çocuklarıyla yaşamaya devam ediyorlar – ve ailene her yeni katılan üye herşeyi yeniden altüst ettiği için sen gittikçe daha az duyarlı oluyorsun. Daha az duyuyor, görüyor, kokluyor, tadını alıyorsun.

Tüm duyularını tam kapasite kullanmıyorsun. O nedenle birisi ilk kez aşık olduğunda yüzünün ışıldadığını görürsün. Yürüyüşünde bir tazelik, bir yenilik vardır; kravatı güzel bağlanmıştır, kıyafeti ütülüdür. Birşeyler olmuştur. Ama uzun sürmez. Bir iki hafta içinde aynı sıkıntı çöker; yeniden toz tutmaya başladığını görürsün. Işık gitmiştir; adam gene ayaklarını sürümektedir. Çiçekler gene açıyordur, ama o bunda bir güzellik görmez. Yıldızlar gene davetkardır, ama o gökyüzüne bakmaz.

Hiç kafalarını kaldırıp da bakmamış milyonlarca insan vardır; adeta üstlerine bir yıldız düşeceğinden korkuyormuş gibi gözleri toprağa dikilidir. Yıldızların altında uyumak isteyen çok az insan vardır – boşluktan, yalnızlıktan, karanlıktan korkarlar.

Ve milyonlarca insan aynen devam eder, içten içe yalnız

kalsalardı, aşk ve evlilikle hiç uğraşmasalardı ne olurdu diye merak ederek...ama iş işten geçmiştir. Geri dönemezsin; tekrar bekar olamazsın. Hatta hapishaneye öylesine alışmışsındır ki terk etmek istemezsin. O bir tür güvenlik sunar; mutsuz olsan bile ev sıcaklığı vardır. Yorgan çürümüştür, ama çifte yatak – en azından mutsuzluğunda yalnız değilsindir, birisi onu paylaşmaktadır. Aslında birisi o mutsuzluğu senin için yaratırken aynısını sen de onun için yapıyorsun.

Aşkın özgürlük verici bir kalitede olması lazım, sana zincir vurması değil; sana kanat takıp mümkün olduğunca yükseklere uçmanı sağlaması lazım.

Aşk ile birleşen, ayrılamayan, birbirinden ayırdedilemeyen kadın ve erkek bu ödülü hakkederler.

Bu Mirdad'ın Kitabı sonsuza dek yaşayacak türden, dünyada tek bir insan kalsa bile. Ama onu yazan adam tamamen unutuldu. Mirdad hayal ürünü, Mirdad kahramanın adı. Kitabı yazan adam...adı Mikhail Naimy, ama adı önemli değil. Kitabı kendinden daha önemli. Tüm yaşamı boyunca benzer bir şey daha yaratmaya çalışmış ama başaramamış. Başka bir sürü kitap yazmış, ama Mirdad'ın Kitabı kitapların Everest'i. Diğerleri ufak birer tepe, pek önemleri yok.

Eğer aşktan iki ruhun birleşmesini anlıyorsak – sırf kadın ve erkek hormonlarının seksüel, biyolojik birleşmesi değil – o zaman aşk sana nefis kanatlar, yaşamla ilgili harika fikirler verebilir. Ve aşıklar ilk kez dost olabilirler. Aksi takdirde her zaman gizlice birbirlerine düşman olmuşlardır.

Dinler ve dünyadan kaçan sözde azizler, yaşamla yüzleşip başedemeyen korkaklar, tek spiritütüelliğin aşk olduğu fikrini sabote etmişlerdir. Seksi lanetlerler ve böylece aşkı da lanetlerler, çünkü insanlar aşk ile seksin aynı şey olduğunu sanıyorlar. Değil aslında. Seks biyolojik enerjinin çok ufak bir parçası. Aşk tüm varlığın, ruhun. Cinselliğin kendini devam ettirmeye çalışan ırkın, toplumun bir gereksinimi olduğunu anlaman gerekiyor – istersen buna katılabilirsin. Ama aşktan kaçamazsın. Aşktan kaçtığın anda tüm yaratıcılığın ölür ve tüm duyuların duyarsızlaşır; üstüne bir toz bulutu çöker. Yaşayan ölü haline gelirsin.

Evet, nefes alıyorsun ve yemek yiyorsun ve ölüm gelip de seni hayat boyu taşıdığın sıkıntıdan kurtarana kadar her gün ofise gidiyorsun.

Eğer elindeki sadece seksse o zaman hiçbir şeyin yok demektir; o zaman sen biyolojinin, evrenin elinde üremek için bir araçsın. Bir makine, bir fabrikasın. Ama eğer aşkı gerçek varlığın bir başka insanı sevmeyi derin bir dostluk iki kalbin tek olacak kadar uyumlu bir dansı olarak algılayabiliyorsan başka bir spiritüelliğe ihtiyacın yok. Sen gerekeni bulmuşsun.

Aşk seni en yüce deneyime ulaştırır – Tanrı veya Gerçek. Bunlar birer isimden ibaret. Aslında yüce olanın ismi yok; o adsız, ama aşkın yolu ona çıkar.

Sadece cinselliği düşünüp aşkın hiç farkına varmıyorsan mahvolursun. Evet, çocuk yaparsın ve mutsuz olursun ve iskambil oynarsın ve sinemaya gidersin ve maç izlersin ve tamamen anlamsız, sıkıcı, savaş gibi deneyimler ile birlikte varoluşçuların "angst" dedikleri süregelen bir endişe yaşarsın. Ama asla varoluşun gerçek güzelliğini, evrenin huzurunu yaşayamazsın.

Aşk bunu mümkün kılar.

Ama unutma, aşk sınır tanımaz. Aşk kıskanç olamaz, çünkü aşk sahiplenmez. Sevdiğin için bir insanı sahiplendiğin fikri çok çirkin. Birisine sahipsin – bu demektir ki onu öldürdün ve bir ticari bir mala dönüştürdün.

Sadece eşyalara sahip olunur. Aşk özgürlük verir. Aşk özgürlüktür.

SORULAR

- **Lütfen kendini sağlıklı bir şekilde sevmek ile egoistçe gurur arasındaki farktan bahseder misin?**

İkisi arasında büyük fark var, aynı gibi gözükseler de. Kendini sağlıklı şekilde sevmek, büyük bir spiritüel değer. Kendini sevmeyen insan asla başka birini sevemez. Aşkın ilk kıpırtısını kendi kalbinde hissetmen lazım. Bunu kendin için hissetmezsen başkası için hiç hissedemezsin; çünkü diğer herkes senden uzakta kalıyor.

İnsanın bedenini sevmesi lazım, insanın ruhunu sevmesi lazım, insanın kendini bütünüyle sevmesi lazım. Ve bu çok doğal; aksi takdirde hayatta kalamazsın. Ve bu çok güzel çünkü seni güzelleştiriyor. Kendini seven insan zarif, kibar oluyor. Kendini seven insan sevmeyenden daha huzurlu, meditasyona daha eğilimli, ibadete daha yatkın oluyor.

Evini sevmezsen temizlemezsin; evini sevmezsen boyatmazsın; sevmezsen bahçesine bakmazsın. Kendini seversen etrafını güzel bir bahçe ile çevirirsin. Potansiyelini artırmaya çalışırsın, içinde dile getirilmeyi bekleyenleri dışarı çıkarırsın. Seversen kendini ödüllendirirsin, beslersin.

Ve eğer kendini seversen görüp şaşıracaksın : Başkaları seni sevecek. Hiç kimse kendini sevmeyeni sevmez. Sen kendini bile sevemiyorsan başka kim o zahmete girer ki?

Ve kendini sevmeyen kişi kayıtsız kalamaz. Kendini sevmeyen, nefret eder – etmek zorundadır; yaşamda tarafsızlık olmaz. Eğer sevmiyorsan, bu o sevgisiz durumda kalacağın anlamına gelmez. Hayır, sen nefret edeceksin. Ve kendinden nefret eden kişi yıkıcı olur. Kendinden nefret eden herkesten nefret eder – çok öfkeli ve şiddetli ve devamlı kızgın olacaktır. Kendinden nefret eden insan, başkalarının onu sevmesini nasıl bekleyebilir? Tüm hayatı mahvolacaktır. Kendini sevmek büyük bir spiritüel değerdir.

Ben kendini sevmeyi öğretiyorum. Ama unutma, kendini sevmek egoistçe bir gurur demek değildir, hem de hiç. Hatta tam tersi anlama gelir. Kendini seven insan, hiç egosu olmadığını keşfeder. Aşk egoyu her zaman eritir – bu, simyanın öğrenilmesi, anlaşılması, yaşanması gereken sırlarından biridir. Aşk her zaman egoyu, benliği eritir. Sevince benlik yokolur. Bir kadını seversin, ve en azından ona gerçek bir aşk duyduğun o birkaç dakika içinde ne benlik kalır, ne ego.

Ego ve aşk birlikte varolamaz. Aydınlık ve karanlık gibidirler: ışık gelince karanlık yokolur. Kendini seversen şaşıracaksın – kendini sevmek, benliğinin yokolması anlamına gelecek. Kendini severken benlik diye bir şey kalmaz. İşte bu bir paradoks: Kendine duyduğun sevgi, egodan tamamen arınmış oluyor. Bu bencillik değil – çünkü ışık olunca karanlık kalmıyor ve ne zaman sevgi olsa ego da kalmıyor. Aşk donmuş benliği eritiyor. Benlik bir buz kütlesi gibi, aşk da sabah güneşi. Aşkın sıcaklığı...ve benlik erimeye başlar. Kendini daha çok sevdikçe egonun gittikçe azaldığını göreceksin ve sonra bu bir meditasyona, tanrısallığa doğru bir sıçrayışa dönüşecek.

Ve sen bunu biliyorsun! Kendini sevme konusunu bilmeyebilirsin, çünkü kendini hiç sevmedin. Ama başkalarını sevdin; arada bunu hissetmiş olmalısın. Bir anlığına senin olmadığın ve sadece aşkın varolduğu nadir anlar yaşamış olmalısın. Sadece aşkın enerjisi akar, bir merkezi yoktur, hiçbir yerden gelip hiçbir yere gider. İki sevgili birlikte otururken onlar birer hiç, birer sıfırdır – ve aşkın güzelliği budur, benliğini tamamen alır götürür.

O yüzden unutma, egoistçe gurur asla kendini sevmek değildir. Tam tersidir. Kendini sevemeyen insan egoist olur. Psikoanalizde buna narsisizm denir.

Narsisus'un hikayesini duymuş olmalısınız. Kendine aşık

olmuştu. Durgun bir su birikintisine bakarken kendi görüntüsüne âşık oldu.

Şimdi farkı görün: Kendini seven kişi görüntüsünü değil kendini sever. Aynaya ihtiyaç yoktur; o içini dışını iyi bilir. Sen kendini, varolduğunu bilmiyor musun? Varolduğuna dair kanıt mı gerekiyor? Ayna olmasa, varlığından şüpheye mi düşeceksin?

Narsisus kendi görüntüsüne âşık oldu – kendine değil. Bu gerçek kendini sevmek değil. O yansıyan görüntüye âşık oldu; yani diğerine. İkiye bölünmüştü. Bir tür şizofreni geçiriyordu. İki kişiye bölünmüştü – seven ve sevilen. Kendi aşk nesnesi olmuştu – ve işte âşık olduklarını sanan pek çok kişinin yaşadığı budur.

Bir kadını sevince dikkat et – narsisizmden ibaret olabilir. Kadının yüzü ve gözleri ve sözleri, kendi yansımanı gördüğün bir göl gibidir belki de. Benim gözlemim şöyle : Yüz aşktan doksandokuzu narsistik. İnsanlar karşılarındakini sevmiyorlar. O kişinin kendilerini beğenmesini, ilgisini, övgülerini seviyorlar. Kadın adamı pohpohluyor, adam da kadını – bu karşılıklı iltifatlaşma oluyor. Kadın diyor ki, "Dünyada senden yakışıklısı yok. Sen bir mucizesin! Sen Tanrı'nın yarattığı en muhteşem şeysin. Büyük İskender bile senin yanında solda sıfır kalır." Ve sen şişiniyorsun, göğsün geriliyor, başın dönüyor – içinde saman var ama dönüyor. Ve sen de kadına, "Sen Tanrı'nın en güzel varlığısın. Kleopatra senin yanında bir hiç. Tanrı'nın senden daha mükemmelini yaratabileceğine inanmıyorum. Bir daha asla bu kadar güzel bir kadın dünya yüzüne gelmeyecek."

Senin aşk dediğin bu işte! Bu narsisizm – adam bir su birikintisine dönüşüyor ve kadını yansıtıyor ve kadın bir su birikintisine dönüşüp adamı yansıtıyor. Aslında, su gerçeği yansıtmakla kalmayıp süslüyor da, binbir şekilde onu gittikçe daha güzel gösteriyor. Buna insanlar aşk diyorlar. Bu aşk değil; karşılıklı ego tatmini.

Gerçek aşk ego falan tanımaz. Gerçek aşk önce kendini sevmekle başlar.

Elbette, bu beden sana ait bu varlık sensin – keyfine var, coşkusunu yaşa! Burada ego veya gurur sorunu yok çünkü kendini başka kimseyle karşılaştırmıyorsun. Ego karşılaştırma ile işin içine giriyor. Kendini sevmede karşılaştırma olmaz – sen sensin, hepsi bu. Birilerinden daha üstün olduğunu iddia etmiyorsun; hiçbir karşılaştırma yapmıyorsun. Ortada karşılaştırma olunca bil ki bu aşk değil; bu işte hile var, herşey egonun sinsi bir stratejisinden ibaret.

Ego karşılaştırma ile beslenir. Sen bir kadına "Seni seviyorum" dediğinde bu bir anlama gelir; ama bir kadına "Kleopatra senin yanında çok sönük kalırdı" dersen bu bambaşka bir anlam taşır – hatta tam tersi demektir. Ne diye Kleopatra'yı işin içine sokuyorsun? Bu kadını Kleopatra olmaksızın sevemez misin? Kleopatra egoyu şişirmek için söz konusu oluyor. Sen bu adamı sev – ne diye Büyük İskender'den bahsediyorsun?

Aşk karşılaştırma nedir bilmez; aşk hiç karşılaştırma yapmadan sever.

O yüzden ne zaman bir karşılaştırma yapılsa bu egodan kaynaklanan gururu gösterir. Bu narsisizmdir. Ve eğer ortada karşılaştırma yoksa unutma ki bu aşktır, ister kendine ister başkasına karşı.

Gerçek aşkta bölünme olmaz. Sevenler birbirinin içine erir. Egoistçe aşkta büyük bir bölünme vardır, seven ve sevilen ayrılır. Gerçek aşkta ilişki yoktur. Tekrarlayayım : Gerçek aşkta ilişki yoktur, çünkü ilişki kurulacak iki insan yoktur. Gerçek aşkta sadece sevgi olur, bir çiçek açma, güzel bir koku, bir erime, bir birleşme yaşanır. Sadece egoistçe aşkta iki kişi vardır, seven ve sevilen. Ve ne zaman seven ile sevilen olsa aşk yokolur. Aşk olduğu zaman seven ve sevilen birlikte aşkın içinde kaybolur.

Aşk öyle müthiş bir olgudur ki; sen onun içine ayakta kalamazsın. Gerçek aşk hep şimdiki zamanda yaşanır. Egoistçe aşk hep ya geçmişe ya da geleceğe ait olur. Gerçek aşkta tutku dolu bir soğukluk vardır. Bu kulağa çelişkili gelebilir, ama yaşamdaki tüm büyük doğrular çelişkilidir; ben de bu yüzden buna tutkulu soğukluk diyorum. Sıcaklık vardır, ama ısı yoktur. Elbette sıcaklık mevcuttur, ama gayet kontrollü, sakin, dingin bir ortamda varolur. Aşk insanın ateşini düşürür. Ama eğer bu gerçek aşk değil de egoistçe aşk ise o zaman ısı çok yükselir. O zaman tutku ateş gibi olur, hiçbir serinlik vermez.

Eğer bunları unutmazsan yargılayacak kriterin olur. Ama insan önce kendiyle başlamalı, başka çaresi yok. İnsanın olduğu yerden başlaması lazım.

Kendini sev, çok sev ve bu aşk sayesinde gururun, egon ve tüm o saçmalık yokolacak. Ve onlar gidince aşkın başkalarına uzanacak. Bu da bir ilişki değil bir paylaşım olacak. Obje/sübje ilişkisi yerine bir erime, bir birliktelik yaşanacak. Ateşli olmayacak, serin bir tutku olacak. Hem serin hem sıcak olacak. Sana yaşamın çelişkisini tattıracak.

• **Aşk neden bu kadar acı veriyor?**

Aşk acı veriyor çünkü mutluluk yolunu açıyor. Aşk acı veriyor çünkü değişime yol açıyor; aşk bir mutasyon. Her türlü değişim acı verir çünkü yeni uğruna eski geride bırakılır. Eski olan tanıdıktır, güvenlidir, korunaklıdır, yeni olan ise tamamen bir bilinmezdir. Daha önce keşfedilmemiş denizlere yelken açarsın. Yeni söz konusu olunca aklını kullanamazsın; eskisinde ise akıl işe yarar. Akıl ancak eskisinde çalışır; yenisinde hiçbir işe yaramaz.

O yüzden korku başgösterir. Eski, rahat, güvenli, kolayına giden dünyayı geride bırakınca acı ortaya çıkar. Ana rahminden dışarı çıkan çocuk aynı acıyı duyar. Yumurtadan çıkan kuş aynı acıyı duyar. İlk kez uçmaya çalışan kuş da öyle. Bilinmeyene duyulan korku ile tanıdık olanın güvencesi, bilinmeyenin yarattığı güvensizlik, bilinmeyenin öngörülmezliği insanı çok korkutur.

Ve değişim benlikten başlayıp benliğin olmadığı bir yere varacağı için acısı çok derindir. Ama acı olmadan zevk olmaz. Altını saf hale getireceksen ateşten geçireceksin.

Aşk ateştir.

Aşkın acısı yüzünden milyonlarca insan aşksız hayatlar yaşıyor. Onlar da acı çekiyor, üstelik acıları hep boşa gidiyor. Aşk için çekilen acılar boşa gitmez. Aşk acısı çekmek yaratıcıdır; seni daha üstün bilinç düzeylerine taşır. Aşk olmadan acı çekmek hiçbir işe yaramaz; bir yere varmazsın, aynı çıkmaz sokakta dolanır durursun.

Aşksız yaşayan insan narsisttir, dışarıya kapalıdır. Sadece kendini tanır. Peki başkasını tanımamışsa kendini ne kadar tanıyabilecek? Çünkü sadece bir başkası insana ayna hizmeti verebilir. Başkasını tanımadan kendini asla tanıyamazsın. Aşk kendini tanıma konusunda gayet temel bir olaydır. Bir başkasını derin aşkla sevmeyen, yoğun tutku hissetmeyen, zevkin doruklarına çıkmayan, bunları hiç tanımayan kişi kendini de tanıyamaz, çünkü kendi yansımasını görecek bir aynası yoktur.

İlişki bir aynadır ve aşk ne kadar safsa, aşk ne kadar yüceyse, ayna da o kadar iyi ve temiz olur. Ama böyle yüce bir aşk senden açık olmanı bekler. Zırhını çıkarman gerekir; bu acı verir. Devamlı tetikte olmaman gerekir. Durmadan hesap yapmayı bırakmalısın. Risk almalısın. Tehlike içinde yaşamalısın. Karşındaki seni incitebilir; kırılgan olunca bu korku olacaktır. Karşındaki seni reddedebilir; aşık olunca bu korku olacaktır.

Karşındankinde gördüğün o kendi yansımanı çirkin bulabilirsin – bu endişeden kaynaklanmaktadır; aynadan uzak dur! Ama aynadan uzak durunca güzelleşmeyeceksin. Bu durumdan kaçınca da herhangi bir gelişme göstermeyeceksin. Bu zorluğu yaşaman gerekiyor.

İnsanın aşkın içine girmesi gerekir. Bu Tanrı'ya doğru atılan ilk adımdır ve onsuz olmaz. Aşk adımını atlamaya çalışanlar Tanrı'ya asla ulaşamazlar. Bu adım kesinlikle gereklidir, çünkü ancak diğerinin varlığı seni uyandırınca bütünüyle kendinin farkına varırsın, varlığın onunki ile zenginleşir, kendi kapalı, narsistik dünyandan dışarı çıkarsın.

Aşk gökyüzüne benzer. Aşık olmak kanatlanmaktır. Ama elbette uçsuz bucaksız gökler insanı ürkütür.

Egodan vazgeçmek çok acı verecektir çünkü bize hep egoyu beslememiz öğretildi. Egonun tek hazinemiz olduğunu sanıyoruz. Bugüne dek onu koruduk, süsledik, devamlı cilaladık. Aşk kapıyı çalınca aşık olmak için tek yapılması gereken egoyu bir tarafa kaldırmak. Elbette acı verecektir. Yaşam boyu üzerinde çalıştın, bu eseri yarattın – bu çirkin egoyu, "ben yaradılıştan ayrı duruyorum" fikrini.

Bu fikir çirkin çünkü yanlış. Bu fikir hayalden ibaret, ama toplumumuz her insanın bir varlık değil bir insan olduğu fikri üzerine kurulu.

Gerçek şu ki dünyada tek bir insan bile yok; sadece varlık var. Sen yoksun – bir ego olarak yoksun, bütünden ayrı değilsin. Sen bütünün bir parçasısın. Bütün senin içine giriyor, senin içinde nefes alıyor, nabzı sende atıyor, bütün senin hayatın.

Aşk sana ilk kez egon dışında birşey ile aynı frekansta olmayı tattırır. Aşk sana asla egonun parçası olmamış birisi ile uyum sağlayabileceğin konusunda ilk dersi verir. Bir kadınla uyum sağlayabiliyorsan, bir dostunla, bir adamla, çocuğunla veya annenle uyum içindeysen, neden tüm insanlarla uyum içinde olmayasın? Ve eğer tek bir kişi ile uyum sağlamak sana bu kadar keyif veriyorsa, tüm insanlarla uyum içinde olmak kimbilir ne kadar hoş olurdu?Eğer tüm insanlarla uyum içinde olabiliyorsan neden hayvanlarla ve kuşlarla ve ağaçlarla da uyum içinde olmayasın? Bir adım seni bir sonrakine götürüyor.

Aşk bir merdiven. Tek bir kişiyle başlıyor, bütünle son buluyor. Aşk başlangıç. Tanrı da son. Aşktan korkmak, aşkın doğum sancılarını çekmekten ürkmek karanlık bir hücrede kalmaya benzer. Modern insan karanlık bir hücrede yaşıyor. Bu narsistik – narsisizm modern aklın en büyük takıntısı. Ve sonra anlamsız sorunlar var. Yaratıcı olan sorunlar vardır çünkü seni daha yüksek bir farkındalığa taşırlar. Seni hiçbir yere götürmeyen sorunlar da vardır; seni eski haline bağımlı halde bırakırlar. Aşk sorun yaratır. Aşktan kaçarak bu sorunlardan da kaçabilirsin – ama bunlar çok temel sorunlar! Onlarla yüzleşilmesi gerekiyor; yaşanmaları ve aşılmaları gerekiyor. Ve aşmak için içinden geçmek lazım. Aşk yapmaya değer olan tek şey. Diğer herşey ikinci planda kalıyor. Eğer aşka faydası varsa, iyidir. Diğer herşey birer araç, aşk ise sonuç. O yüzden ne kadar acı olursa olsun aşka adım at.

Eğer birçok insanın yaptığı gibi aşktan kaçarsan kendinle başbaşa kalırsın. O zaman hayatın bir yolculuk olmaz, o zaman hayatın denize akan bir nehre benzemez; hayatın durgun, pis bir havuza benzer ve yakında içinde çamurdan başka birşey kalmayacaktır. Temiz kalması için akması gerekir. Nehirler aktıkları için temiz kalırlar. Akıntı sayesinde hep bakir kalırlar.

Bir aşık hep bakirdir – tüm aşıklar bakirdir. Sevmeyen insanlar bakir kalamazlar; durgundur onlar; eninde sonunda içmeye başlarlar – genelde çok geçmeden – çünkü gidecek yerleri yoktur. Yaşamları ölüdür.

Modern insan işte bu noktada duruyor ve bu yüzden, nevrozlar, türlü çeşitli delilikler almış başlarını gidiyorlar. Ruhsal hastalıklar salgın boyutuna ulaştı. Artık öyle birkaç kişi ruh hastası değil; gerçek şu ki bütün dünya bir tımarhaneye döndü. Tüm insanlık bir tür nevroz geçiriyor ve bu nevroz senin kendi narsist durgunluğundan kaynaklanıyor. Herkes ayrı bir birey olma hayalini besliyor; sonra da deliriyor. Ve bu delilik anlamsız, verimsiz, yaratıcı değil. Veya insanlar intihar ediyor. Bu intiharlar da verimsiz ve yaratıcılıktan uzak.

Belki kendini yüksek bir yerden atarak veya zehir içerek veya kendini vurarak intihar etmiyorsun, ama çok yavaş bir süreç sayesinde de intihar edebilirsin ve işte olan budur. Çok az insan birdenbire kendini öldürür. Diğerleri yavaş bir intiharı seçiyor, zamanla ölüyorlar. Ama intihar eğilimi neredeyse evrensel hale geldi.

Böyle yaşanmaz. Ve bunun temel nedeni de aşkın dilini unutmuş olmamız. Artık aşk denen maceraya atılacak kadar cesaretimiz yok.

O nedenle insanlar seksle ilgileniyorlar, çünkü seks risk taşımıyor. Anlık bir olay, fazla ilgilenmen gerekmiyor. Aşk bir ilgi olayı; birbirine kenetleniyorsun. Anlık değil. Bir kez temeli atıldı mı sonsuza dek sürebilir. Yaşam boyu devam edebilir. Aşkın yakınlığa ihtiyacı var ve ancak yakınlaşınca karşındaki sana ayna vazifesi görebilir. Birisiyle sırf cinsellik için birleştiğinde aslında birleşmiş olmuyorsun; hatta onun ruhunu tamamen ıskalamış oluyorsun. Bedenini kullanıp kaçtın, diğeri de aynısını yaptı. Asla birbirinin gerçek yüzünü görecek kadar yakınlaşmadın.

Aşk Zen'deki en büyük koan'dır.

Acı verir, ama bundan kaçma. Kaçarsan gelişmek için en büyük fırsatı kaçırmış olursun. İçine gir, aşk acısını çek, çünkü acı sayesinde büyük zevke ulaşılır. Evet, dertler var, ama dertten zevk doğar. Evet, egon ölmüş olacak, ama bu sayede Tanrı olarak, bir buda olarak yeniden doğacaksın. Ve aşk sana ilk kez Tao'yu, Sufizm'i, Zen'i tattıracak. Aşk sana ilk kez yaşamın bir anlamı olduğunu ispat edecek. Yaşamın anlamsız olduğunu öne sürenler, aşkı tanımayan insanlar. Aslında demek istedikleri şu, yaşamlarında aşkı ıskalamışlar.

Bırak acı olsun, ıstırap çek. Karanlık geceden sonra nasılsa gün doğar.

Benim tüm yaklaşımım aşk üzerine kurulu. Aşkı ve de sadece aşkı öğretiyorum ben. Tanrı'yı boşver; o içi boş bir sözcükten ibaret. Duaları boşver çünkü onlar da başkalarının sana empoze ettiği ritüellerden ibaret. Aşk ise kimsenin dayatması olmayan doğal bir dua. Sen onunla birlikte doğuyorsun. Aşk gerçek Tanrı – teologların Tanrı'sı değil, ama Buda'nın, İsa'nın, Sufi'lerin Tanrı'sı. Aşk senin bireyselliğini yok eden ve sonsuza ulaşmanı sağlayan bir araç, bir yöntem. Bir çiy damlası gibi yok ol ve denize dönüş – ama önce aşkın kapısından geçmelisin.

Ve tabiiki insan çiy damlası misali yokolmaya başlayınca ve uzun zaman bir çiydamlası gibi yaşamışken, bu acı verir, çünkü insan şöyle düşünür "Ben buyum ve şimdi bu bitiyor. Ölüyorum." Sen ölmüyorsun, sadece bir yanılgın ölüyor. Sen kendini o yanılgı ile özdeşleştirdin, evet, ama yanılgı yine de yanılgıdır. Ve ancak o ortadan kaybolunca sen kim olduğunu görebileceksin. Ve bu görüş seni zevkin, keyfin doruklarına taşıyacak.

- **Niçin Delfi'deki Eski Yunan tapınağında "Kendini Sev" değil de "Kendini Tanı" yazıyor acaba?**

Eski Yunan aklı bilgi ile fazlasıyla meşgul. Eski Yunan beyni bilgi ve nasıl bilinir üzerine kurulu. Bu yüzden Eski Yunanlılar büyük felsefeci, düşünür, mantıkçılar yetiştirdiler – çok rasyonel beyinlere sahiptiler, ama tek tutkuları bilgi idi.

Bana göre bu dünyada iki türlü akıl var: Yunan ve Hindu aklı. Yunan aklının tutkusu bilmek, Hindu'nunki ise var olmak. Hindu tutkusu bilmek ile fazla ilgilenmez, ama var olmakla çok ilgilidir. Sat, var olmak, arayışın ta kendisidir – ben kimim? Burada amaç mantıklı bir bilgi elde etmek değil, ta ki tadına varana kadar, ona dönüşene kadar kendi var oluşuna bürünmek – çünkü aslında bilmenin başka yolu yok. Hindu'lara soracak olursan var olmaktan başka bilmenin bir yolu yok. Aşkı nasıl bilebilirsin? Tek çaresi aşık olmak. Sevgili ol ve öğren. Ve eğer deneyimin dışında kalıp izleyici tavrı alıyorsan o zaman aşk hakkında bilgi edinebilirsin, ama kendini asla öğrenemezsin.

Yunan aklı tüm bilimsel gelişmelerin öncüsüdür. Modern bilim Yunan aklının bir yan ürünüdür. Modern bilim tutkudan arınmış, yabancılaşmış, izleyen, tarafsız, önyargılı olmayı gerektirir. Objektif ol, kişisel olma – bilim adamı olmak istiyorsan temel şartlar bunlar. Kişisel olma, duygularının seni yönlendirmesine izin verme; tutkularına yenilme, hiçbir tez ile yakından ilgilenme. Sadece gerçeği izle – içine fazla girme, dışında kal. Katılımcı olma. İşte bu Yunan tutkusu : bilgi için tutkudan arınmış bir arayış.

Bu işe yaramadı değil, ama sadece tek bir yönde, maddeler konusunda. Bu şekilde maddeyi tanırsın. Bu şekilde asla aklı çözemezsin. Bilinci bu şekilde anlayamazsın. Dışarıyı anlayabilirsin, ama içeriyi değil – çünkü içeride zaten işin içindesin. Onun dışında kalmanın yolu yok, zaten oradasın. İçerisi sensin – oradan nasıl çıkabilirsin? Ben bir taşı, bir kayayı, bir nehri ilgisizce izleyebilirim çünkü onlardan ayrıyım. Kendimi nasıl ilgisizce izleyebilirim ki? Ben işin içindeyim. Dışında kalamam. Kendimi bir nesneye dönüştüremem. Ben özneyim ve öyle kalacağım – ne yaparsam yapayım, ben bilenim, bilinen değil.

İşte böylece Yunan aklı zamanla maddeye kaymıştır. Delfi'deki tapınakta yazan söz, Kendini Tanı, tüm bilimsel gelişimin kaynağı oldu. Ama zaman içinde, tutkusuz bilgi fikrinin ta kendisi Batı aklını kendi varlığından uzaklaştırdı.

Hindu aklı, dünyadaki diğer zeka türü, farklı bir yöndedir. Bu, var olmanın yönüdür. Upanishads'da büyük usta Udallak, oğlu ve müridi Swetketu'ya şöyle der : "Bu sensin" – Tatwamasi, Swetketu. Bu sensin – bu ve sen arasında bir farklılık yok. Bu senin gerçeğin; sen gerçeksin – fark yok. Bir kayayı tanır gibi bunu tanımanın imkanı yok. Başka şeyleri bildiğin gibi bunu bilemezsin; sadece bu olabilirsin.

Delfi'deki tapınakta tabii ki Kendini Tanı yazar. Bu söz Yunan aklını ifade ediyor. Tapınak Yunanistan'da olduğu için yazı Yunanlı. Bu tapınak Hindistan'da olsaydı orada Kendin Ol yazardı – çünkü bu sensin. Hindu aklı gittikçe insanın kendi varlığına   yaklaşmıştır – o nedenle bilimsel olmaktan uzaklaşmıştır. Dindar oldu, ama bilimsel değil. İçine döndü, ama bu sefer dış dünya ile tüm ilişkisini kopardı. Hindu aklının içi çok zenginleşti, ama dışarısı aşırı fakirleşti.

Önemli bir sentez gerekiyor, Hindu ve Yunan aklı arasında bir sentez. Bu dünya için en büyük nimet olabilir. Bu zamana kadar bu mümkün olamadı, ama şimdi temel şartlar mevcut ve bir sentez mümkün. Doğu ve Batı belli belirsiz bir yakınlaşma içinde. Doğulu insanlar Batı'ya gidip bilim öğreniyorlar, bilim adamı oluyorlar ve Batı'da arayış içinde olanlar Doğu'ya gidip din nedir onu öğreniyorlar. Müthiş bir kaynaşma ve bütünleşme yaşanıyor.

Gelecekte Doğu, Doğu olarak kalmayacak, Batı da Batı

olarak. Dünya global bir köy haline gelecek – tüm ayrımların yok olacağı küçük bir yer. Ve o zaman tarihte ilk kez bu büyük sentez gerçekleşecek, bugüne kadarkilerin en büyüğü – aşırı uçlara gitmeden, eğer dışarı çıkıp da bilgi peşine düşersen kendi varlığındaki köklerini yitirmekten korkmadan, veya kendi varlığında arayışa geçersen dış dünya ile, bilimsel boyutla bağını koparmaktan korkmadan. İkisi birlikte gidebilir ve ne zaman bu olsa insan hem kanatlanır hem de en yükseklere kadar uçabilir.

Benim gördüğüm kadarıyla, Hindular ile Yunanlılar eşit derecede tek yönlü düşünüyor. Her biri gerçeğin bir yarısını oluşturuyor. Din yarısı; bilim diğer yarısı. Din ile bilimi büyük bir bütünde birleştirecek birşeyler olmalı, o zaman bilim dini reddetmeyecek ve din bilimi lanetlemeyecek.

"Niçin Delfi'deki Eski Yunan tapınağında "Kendini Sev" değil de "Kendini Tanı" yazıyor acaba?" Kendini Sev ancak sen kendin olarak var olursan, kendin olursan mümkündür. Aksi takdirde münkün değildir. Aksi takdirde tek çare kendini tanımaya çalışmaya devam etmek ve bunu dışarıdan bakarak yapmak; dışarıdan kim olduğunu izlemek ve bunu da içgüdüsel değil tarafsız olarak yapmak.

Yunan aklı müthiş bir mantıksal kapasite geliştirdi. Aristo tüm mantığın ve felsefenin babası oldu. Doğu aklı mantıksız görünür – öyledir. Meditasyon üzerinde bu kadar durulması mantıksızdır çünkü meditasyon der ki ancak akıl devre dışı kalınca, düşünceler durunca ve ortada dikkatini dağıtacak tek bir düşünce bile kalmayıp da tamamen kendi varlığın ile kaynaşınca, işte ancak o zaman bilebilirsin. Sadece o zaman. Ve Yunan aklı da der ki ancak düşüncelerin berrakken, mantıklıyken, sistematikken bilebilirsin. Hindu aklı şöyle der, Düşünceler tamamen yokolunca, işte ancak o zaman bilme imkânı doğar. İkisi tamamen farklıdır, aksi yönlere doğru hareket ederler; ama ikisinin sentezini yapmak mümkündür.

İnsan madde üzerinde çalışırken aklını kullanabilir; o durumda mantık harika bir araçtır. Ve aynı kişi meditasyon odasına girip de akıl-dışı duruma geçtiğinde aklını bir kenara koyabilir. Çünkü sen akıl değilsin – o tıpkı elim, kolum gibi bir araç. Yürümek istiyorsam bacaklarımı kullanıyorum, yürümek istemiyorsam kullanmıyorum. Aynen bu şekilde madde hakkında bilgi edinmek istediğinde aklını mantık çerçevesinde kullanabilirsin. Bu gayet doğru olur, oraya uyar. Ve içine doğru döndüğünde onu kenara koy. Şimdi bacaklar gerekmiyor; düşünmek gerekmiyor. Şimdi derin ve sessiz düşünce dışı duruma geçiyorsun.

Ve bu ikisini aynı kişi yaşayabilir – bunu söylerken kendi deneyimimden bahsediyorum. Ben ikisini de yapıyorum. Gerektiğinde bir Eski Yunanlı kadar mantıklı olabilirim. Gerek olmadığında ise bir Hindu kadar absürd ve mantıksız olabilirim. Yani söylediğimi uyguluyorum ve bu bir varsayım değil. Ben bunu yaşıyorum.

Beyin kullanılıp bir kenara konabilir. O bir alettir, çok güzel bir alet; ona bu kadar bağımlı olmanın alemi yok. Ona o kadar fazla takılmak çok gereksiz. O zaman bir hastalığa dönüşüyor. Oturmak isteyip de oturamayan çünkü "Bacaklarım var – nasıl oturabilirim?" diyen bir adamı düşünün. Veya, sessiz ve sakin kalmak isteyen ama kalamayan çünkü "Benim bir beynim var" diyen bir adamı düşünün. Bu aynı şeydir.

İnsan o kadar becerikli olmalı ki beynin her türlü fonksiyonu kenara konup kapatılabilmeli. Bu yapılabilir, yapılmıştır, ama büyük boyutta değil. Fakat gittikçe daha çok yapılacak – ben burada seninle bunu yapmaya çalışıyorum. Seninle konuşuyorum, sorunlarını tartışıyorum – bu mantıklı, bu aklını kullanmak oluyor. Ve sonra sana diyorum ki, "Aklını kenara koy ve derin meditasyona geç. Dansediyorsan, dansa kendini öylesine ver ki tek bir düşüncen bile kalmasın; tüm enerjin o dans olsun. Veya şarkı söyle, o zaman sadece şarkı söyle. Veya otur, o zaman sadece otur – Zazen'de ol, başka birşey yapma. Sessiz ol, tamamen sessiz." Bunlar çelişkili şeyler.

Her sabah meditasyon yapıyorsun ve her sabah gelip beni dinliyorsun. Her sabah beni dinliyorsun ve sonra gidip meditasyon yapıyorsun. Bu çelişkili. Ben sırf Yunan kafasında olsam seninle konuşur, mantıklı bir iletişim kurardım, ama o zaman meditasyon yap demezdim. Bu aptallık. Ben sırf Hindu kafasında olsam seninle konuşmanın anlamı olmazdı. Şöyle diyebilirim, "Git meditasyon yap, çünkü konuşmanın ne anlamı var ki? İnsanın sessiz kalması lazım." Ben her iki kafadayım. Ve ümidim bu : senin de böyle olman – çünkü o zaman hayat muhteşem şekilde zenginleşiyor. O zaman hiçbir şeyi yitirmiyorsun. O zaman herşeyi içine alıyorsun; o zaman harika bir orkestraya dönüşüyorsun. O zaman tüm zıtlıklar sende buluşuyor.

Yunanlılar için, "kendini sev" fikri absürd sayılırdı, çünkü derlerdi ki – ve bunu mantık çerçevesinde söylerlerdi – sevgi ancak iki insan arasında olabilir. Başka birini sevebilirsin, düşmanını bile sevebilirsin, ama kendini nasıl sevebilirsin? Orada sadece sen varsın, tek başına. Aşk ancak bir ikili, iki kutup arasında olabilir; kendini nasıl sevebilirsin? Yunan aklına göre, kendini sevme fikri absürd birşeydir : Aşk için, bir başkası gerekir.

Hindu aklına göre, Upanishads'da derler ki sen karını kendisi için sevmezsin; karını sen kendin için seversin. Onun sayesinde kendini seversin. Çünkü o sana zevk veriyor, onu bu nedenle seviyorsun – ama aslında, sen kendi zevkine tutkunsun. Oğlunu seviyorsun, arkadaşını seviyorsun, ama onlar için değil kendin için. Aslında oğlun seni mutlu ediyor, dostun sana teselli veriyor. Sen de bunların peşindesin. O yüzden Upanishads senin aslında kendini sevdiğini söylüyor. Başkalarını sevdiğini, sevsen bile bu kendini sevmenin bir başka yolu, daha dolambaçlı bir yolu.

Hindular der ki başka bir olasılık yok; sadece kendini sevebilirsin. Ve Yunanlılar der ki kendini sevmen mümkün değil çünkü bunun için en az iki kişi lazım.

Bana sorarsanız ben hem Hindu hem Yunanlıyım. Bana soracak olursanız aşkın bir çelişki olduğunu söylerim. Çok çelişkili bir olgu. Onu tek bir kutuba indirgemeye çalışmayın; her iki kutuba da ihtiyaç var. Diğerine ihtiyaç var, ama derin bir aşkta diğeri kayboluyor. İki aşığı izlerseniz, onlar hem iki hem tek kişi. Aşkın çelişkisi bu, güzelliği de bu – evet, iki kişiler, iki kişi; ve aynı zamanda iki kişi değiller, tek kişi onlar. Eğer bu teklik yoksa aşk mümkün olmaz. Aşk adı altında başka birşey yapıyor olabilirler. Hala iki kişi iseler ve aynı zamanda tek kişi olmuyorlarsa, o zaman ortada aşk yok. Ve eğer tek başınaysan ve başkası yoksa, o zaman da aşk mümkün olmaz.

Aşk çelişkili bir olgudur. Başta iki kişi gerekir ve sonunda tek olarak var olmak için iki kişiye ihtiyaç olur. Bu en derin muammadır; en karmaşık bilmecedir.

• **Aşkı nasıl daha güzel yaşayabilirim?**

Aşk kendi başına yeterlidir. Olduğu gibi mükemmeldir zaten; daha mükemmel olmasına gerek yoktur. Bunu istemek bile aşk ve aşkın doğası konusunda bir yanlış anlama olduğunu gösterir. Mükemmel bir yuvarlak olabilir mi? Tüm yuvarlaklar mükemmeldir; değillerse o zaman yuvarlak veya daire şeklinde değildirler. Bir dairenin mükemmel olacağı baştan kabul edilen bir gerçektir ve aynı şey aşk için de geçerlidir. Daha az sevemezsin, daha fazla da – çünkü aşk miktarla ölçülmez. O bir değerdir ve ölçülemez.

Senin sorun gösteriyor ki sen gerçek aşkı hiç tatmamışsın

ve sevgisizliğini "aşkı daha güzel yaşamak" isteği ile maskelemeye çalışıyorsun. Aşkı tanıyan birisi bu soruyu sormazdı. Aşkı anlamak lazım, ama biyolojik bir istek olarak değil – buna cinsel arzu diyoruz. Bu tüm hayvanlarda olan bir şey; özel bir yanı yok; ağaçlarda bile var. Doğa bu sayede neslin devamını sağlıyor. Spiritüel veya özellikle insana özgü bir tarafı yok. O yüzden önce aşk ile cinsel istek arasında kesin bir ayrım yapmak gerekiyor. Cinsel istek kör bir tutkudur; aşk meditasyon halindeki sessiz, sakin kalbin parfümüdür. Aşkın biyoloji veya kimya veya hormonlarla hiçbir alakası yok.

Aşk bilincin yükseklere uçması, madde ve bedeni aşmasıdır. Aşkı herşeyi aşan birşey olarak algılayabildiğin anda aşk artık temel bir soru olmaktan çıkar. Temel soru bedeni nasıl aşacağın, kendi içinde ama senin ötende olan bir şeyi nasıl anlayacağın olmalı – ölçülebilen herşeyin ötesinde olan bir şeyi. Madde sözcüğünün anlamı budur. Sanskritçe bir kökenden, matra'dan gelir ve ölçü anlamını taşır; ölçülebilen demektir. Metre kelimesi de aynı kökenden gelir. Temel sorun ölçülebileni aşıp ölçülemeyene girmektir. Bir başka deyişle, maddeyi aşıp gözlerini daha derin bir bilince doğru yöneltmektir. Ve bilincin sınırı yoktur – bilinçlendikçe önünde daha ne kadar yol olduğunu gittikçe daha iyi görürsün. Bir zirveye ulaştığında önünde bir başka zirve belirir. Bu sonsuz bir yolculuktur.

Aşk yükselen bilincin yan ürünüdür. Bir çiçeğin kokusuna benzer. Onu köklerde arama; orada yok. Senin köklerin biyoloji; çiçeklerin ise bilinç. Bilincin açık bir lotus çiçeğini andırdıkça müthiş bir deneyim seni çok şaşırtacak, buna ancak aşk diyebiliriz. Öylesine neşe, mutluluk duyarsın ki her bir hücren büyük bir haz içinde dans eder. Tıpkı yağmak isteyen bir yağmur bulutuna benzersin.

İçin mutlulukla dolup taştığında içinde şiddetli bir paylaşma arzusu doğar. Bu paylaşım aşktır.

Mutluluk mertebesine erişmemiş birinden alabileceğin bir şey değildir – bu da dünyanın dramı işte. Herkes sevilmeyi bekliyor, ve severmiş gibi yapıyor. Sevemezsin çünkü bilinç nedir bilmiyorsun. Satyam'ı, shivam'ı, sundaam'ı bilmiyorsun; gerçeği bilmiyorsun, yüce olan ile deneyimin yok ve güzelliğin kokusunu tanımıyorsun. Verecek neyin var ki senin? İçin öylesine bomboş ki...Varlığında hiçbir şey yetişmiyor, hiçbir şey yeşermiyor. İçinde hiç çiçek yok; senin baharın henüz gelmemiş.

Aşk bir yan üründür. Bahar gelip de aniden çiçek açmaya başladığında ve içindeki potansiyel kokuyu dışarıya saldığında – işte o kokuyu, o değeri, o güzelliği paylaşmak aşktır.

Seni incitmek istemem ama elimden birşey gelmiyor, sana gerçeği söylemek zorundayım: Sen aşkın ne olduğunu bilmiyorsun. Bilemezsin çünkü henüz bilincinin derinliklerine inmemişsin. Henüz kendi deneyimini yaşamamışsın, kim olduğun hakkında hiç bir fikrin yok. Bu körlükte, bu cehalette, bu bilinçsizlikte aşk filizlenmez. Sen bir çölde yaşıyorsun. Bu karanlıkta, bu çölde aşkın çiçek vermesine imkan yok.

Önce ışıkla ve neşeyle dolman lazım – öyle dolacaksın ki taşacaksın. Bu taşan enerji aşktır. O zaman aşk dünyadaki en mükemmel şeydir. Asla azı veya çoğu olmaz.

Ama biz aşırı nevrotik ve psikolojik açıdan hastalıklı yetiştirildiğimizden içsel gelişim yollarımızın hepsi tıkanmıştır. Sana baştan mükemmeliyetçi olma öğretiliyor ve sonra doğal olarak mükemmeliyetçi fikirlerini herşeye uygulamaya kalkıyorsun, aşka bile.

Daha geçen gün bir sözle karşılaştım : Mükemmeliyetçi, çok büyük zahmetlere giren ve başkalarına daha da fazla zahmet veren kişiye denir. Ve bunun sonucu çok mutsuz bir dünyadır!

Herkes mükemmel olmaya çalışıyor. Ve birisi mükemmel olmaya çalışınca diğer herkesin de mükemmel olmasını istemeye başlıyor. İnsanları yargılıyor, aşağılıyor. Senin sözde azizlerinin çağlar boyunca yaptıkları budur. Dinin sana yaptığı budur – senin benliğini bir mükemmeliyet fikri ile zehirledi.

Kusursuz olamayacağın için, suçluluk duymaya başlarsın, kendine olan saygını kaybedersin. Ve kendine saygısını kaybeden kişi insan olmanın getirdiği tüm saygınlığı yitirir. Gururun ezilir, kusursuzluk gibi güzel sözlerle insanlığın yok edilir.

İnsanoğlu mükemmel olamaz. Evet, bu insanın yaşayabileceği bir deneyim, ama sıradan algılamanın ötesinde. İnsan yüce olanı biraz olsa da yaşamamışsa kusursuzluğu bilemez.

Kusursuzluk bir disiplin değildir; uygulayabileceğin bir şey değildir. Bunu deneyerek veya prova ederek elde edemezsin. Ama herkese böyle öğretiliyor ve sonuçta dünya kendi içlerinin boş olduğunu bilen ama boş laftan ibaret bir sürü özelliğe sahipmiş gibi davranan ikiyüzlülerle doluyor.

Birisine "Seni seviyorum" dediğinde bunun ne anlama geldiğini hiç düşündün mü? Bu sadece iki cins arasındaki biyolojik bir çekimden mi ibaret? O zaman hayvansal iştahını doyurduktan sonra o sözde aşk yok olacak. Bu sadece bir açlıktı ve artık doydun. Dünyanın en güzel kadını gibi görünen kadın veya tıpkı Büyük İskender'e benzeyen adam – şimdi bundan nasıl kurtulurum diye düşünüyorsun!

Paddy'nin sevgilisi Maureen'e yazdığı aşağıdaki mektubu okumak çok aydınlatıcı olacak:

Sevgili Maureen'ciğim,

Senin için en yüksek dağlara tırmanır, en azgın denizleri bile aşar gelirim. Yanında tek bir dakika geçirebilmek için her türlü zorluğu göze alırım.

Seni sonsuza dek seven, Paddy

(Eğer yağmur yağmazsa Cuma akşamı seni görmeye geleceğim.)

Birine "Seni seviyorum" derken ne dediğini bilmiyorsun. Bunun aşk denen o güzel sözcüğün ardına saklanmış şehvet olduğunun farkında değilsin. O kaybolacak. Tamamen anlık bir istek.

Aşk sonsuzdur. Dünyayı dolduran bilinçsiz insanların değil budaların deneyimine girer. Aşkın ne olduğunu sadece birkaç kişi bilir ve bunlar en farkında, en aydınlanmış, insan bilincinin doruğuna erişmiş kişilerdir.

Eğer aşkı gerçekten tanımak istiyorsan, aşkı unut ve meditasyonu hatırla. Bahçende güllerin açmasını istiyorsan gülleri boşver ve gül ağacına önem ver. Onu besle, su ver, yeterli ışık almasını sağla. Eğer herşey doğru yapılırsa zamanı geldiğinde güller   açacaktır. Erken açmalarını sağlayamazsın, onları zorlayamazsın. Ve bir gülden daha kusursuz olmasını isteyemezsin.

Hiç mükemmel olmayan bir gül gördün mü? Daha ne istiyorsun? Her bir gül kendi başına mükemmeldir. Rüzgarda, yağmurda, güneşte danseder…o müthiş güzelliği, katıksız hazzı görmüyor musun? O küçücük bir tek gül varoluşun gizli ihtişamını yansıtır.

Aşk senin varlığında açan güldür. Ama kendini hazırla – karanlığı ve bilinçsizliği kov içinden. Daha uyanık ve farkında ol ve aşk kendiliğinden gelecektir. Endişe etmene gerek yok. Ve ne zaman gelirse gelsin hep mükemmeldir.

Aşk spiritüel bir deneyim – seksle ve bedenle ilgisi yok, ama en derindeki varlığınla ilgisi çok. Fakat sen henüz kendi tapınağına adım atmış değilsin. Kim olduğunu hiç bilmiyorsun ve aşkı nasıl daha güzel yaşayabileceğini merak ediyorsun. Önce kendin ol; önce kendini tanı ve aşk bir ödül olarak gelecektir. Öteden gelen bir ödüldür bu. Üzerine çiçek misali yağar...varlığını doldurur. Ve yağmaya devam eder ve beraberinde müthiş bir paylaşma isteği getirir.

İnsan lisanında bu paylaşım ancak aşk sözcüğü ile ifade edilebilir. Fazla bir şey söylemez, ama doğru yolu gösterir.

Aşk bir uyanıklığın, bilincin gölgesidir. Daha bilinçli ol ve sen bilinçlendikçe aşk sana gelecek. Gelen bir misafir ve kendisi sadece onu kabul etmeye hazır olanlara geliyor. Sen daha onu tanımaya bile hazır değilsin! Aşk gelip kapını çalsa onu tanımayacaksın. Aşk kapını vurduğunda belki de binbir özür sıralayacaksın; kapını açmayacaksın. Ve kapını açsan bile yine de aşkı tanımayacaksın çünkü daha önce aşkı hiç görmedin; onu nasıl tanıyabilirsin?

Ancak bildiğin bir şeyi tanıyabilirsin. Aşk ilk kez gelip varlığını doldurduğunda tamamen altüst olup şaşırıyorsun. Neler olduğunu bilmiyorsun. Kalbinin dansettiğini, cennetten gelen müzikle çepeçevre sarıldığını biliyorsun, burnuna daha önce tanımadığın güzel kokular geliyor. Ama tüm bu deneyimleri alt alta koyup bunun belki de aşk olduğunu anlamak biraz vakit alır. Yavaş yavaş içine siner.

Sadece mistikler aşkı tanırlar. Onların dışında aşkı yaşayan başka bir insan türü olmamıştır. Aşk tamamen mistiklerin tekelindedir. Eğer aşkı tanımak istiyorsan mistiğin dünyasına girmelisin.

İsa "Tanrı sevgidir" diyor. O gizemli bir mezhebin, eski bir mistik geleneğinin, Essene'lerin bir parçası idi. Ama belki de onların okulundan mezun olmadı, çünkü söylediği tam olarak doğru değil. Tanrı sevgi değil, sevgi Tanrı'dır – ve aradaki fark çok büyük; sadece kelimelerin yerlerinin değişmesi değil. Tanrı sevgidir dediğin anda sevginin sadece Tanrı'ya özgü olduğunu söylüyorsun. Tanrı aynı zamanda bilgelik, merhamet, affetmek, yani sevgi dışında milyonlarca şey olabilir; sevgi Tanrı'nın özelliklerinden birisi sadece.

Ve hatta, onu Tanrı'nın ufacık bir özelliği yapmak bile çok mantıksız, çünkü eğer Tanrı sevgi ise o zaman kendisi "adaletli" olamaz. Tanrı sevgi ise o zaman günahkarları sonsuza dek cehenneme mahkum edecek kadar acımasız olamaz. Tanrı sevgi ise o zaman Tanrı kanun olamaz. Büyük Sufi mistiği Ömer Hayyam, "Ben kendim olmaya devam edeceğim. Din adamlarına ve vaazlara kulak asmayacağım çünkü Tanrı'nın sevgisinin yeterince büyük olduğuna inanıyorum; onun sevgisinden daha büyük bir günah işleyemem. O zaman ne diye endişeleneyim? Bizim ellerimiz ufak ve günahlarımız da küçük. Fazla uzağa gidemiyoruz; Tanrı'nın sevgisinin affedemeyeceği günahları nasıl işleyebiliriz? Eğer Tanrı sevgi ise o zaman kıyamet günü gelip çattığında ermişleri ayıklayıp milyonlarca insanı sonsuza dek cehenneme atmak üzere orada bulunamaz," diyerek İsa'dan daha büyük bir anlayış sergilemiştir.

Essene'lerin öğretileri bunun tam tersiydi; İsa onları yanlış yansıtıyor. Belki de öğretilerini, fazla önemsememişti. Onlar, "Sevgi Tanrı'dır" diyordu. Arada müthiş fark var. Bu durumda Tanrı sevginin bir özelliği haline geliyor; böylece Tanrı o muhteşem aşk deneyiminin sadece bir parçası oluyor. Ve Tanrı bir insan değil aşkı tadanların bir deneyimi oluyor. Yani Tanrı aşka, sevgiye göre ikinci planda kalıyor. Ve ben sana diyorum ki, Essene'ler haklıydı. Aşk en büyük değer, en verimli çiçektir. Ötesinde hiçbir şey yoktur; o yüzden, onu daha güzel yaşayamazsın.

Aslında, aşka ulaşmadan önce yok olman gerekiyor. Aşk olduğunda sen olmayacaksın.

Kabir adındaki büyük Doğulu mistik çok önemli bir söz sarfetmiştir. Bu sözü ancak en üst gerçekliğe ulaşmış, yaşamış, içine girmiş birisi söyleyebilir. Şöyle : "Gerçeği arıyordum, ama ne tuhaftır ki arayan orada olduğu sürece gerçek bulunamıyordu. Ve gerçek bulunduğunda etrafıma bakındım...ben orada yoktum. Gerçek bulunduğunda, arayan artık yoktu; ve arayan orada olunca gerçek ortada yoktu."

Gerçek ve onu arayan birlikte varolamaz. Sen ve aşk da öyle. Birlikte yaşaman imkansızdır : Ya sen, ya da aşk, seç bakalım. Yokolmaya, kaynaşıp erimeye, ardında sadece saf bir bilinç bırakmaya razı isen aşk filizlenecektir. Onu mükemmel hale getiremezsin çünkü sen orada olmayacaksın. Ve zaten aşkın mükemmelliğe ihtiyacı yok; o baştan kusursuz.

Fakat aşk herkesin kullanıp da kimsenin anlamadığı kelimelerden birisi. Ana babalar çocuklarına "Seni seviyoruz" diyorlar – ve bu insanlar çocuklarını mahvediyorlar. Bu insanlar çocuklarına her türlü önyargıyı, batıl inancı aşılıyorlar. Bu insanlar çocuklarının sırtına nesiller boyu taşıdıkları bir sürü saçmalığı yüklüyor ve bir sonraki nesil de bu yükü kendinden sonra gelene devrediyor. Delilik sürüp gidiyor...çığ gibi büyüyor.

Yine de tüm ana babalar çocuklarını sevdiklerini zannediyorlar. Eğer çocuklarını gerçekten sevseler çocuklarının kendileri gibi olmalarını istemezler, çünkü kendileri mutsuzdan başka bir şey değil. Yaşam deneyimleri nedir ki? Sırf mutsuzluk, acı çekmek...yaşam onlar için bir armağan değil bir lanet. Ve yine de çocuklarının aynen kendileri gibi olmasını istiyorlar.

Bir ailenin misafiri idim. Akşam bahçelerinde oturuyordum. Güneş batıyordu ve sessiz, güzel bir akşamdı. Kuşlar ağaçlarına geri dönüyorlardı ve ailenin küçük çocuğu yanımda oturuyordu. Ona sordum : "Sen kim olduğunu biliyor musun?" Çocuklar yetişkinlerden daha açık sözlü, daha anlayışlı olurlar çünkü büyükler çeşitli ideolojilerle, dinle bozulmuştur, yozlaşmıştır, kirlenmiştir. O küçük çocuk bana baktı ve "Bana çok zor bir soru soruyorsun" dedi.

"Bunda ne zorluk var?" dedim.

Dedi ki, "Zor tarafı şu, ben annemle babamın tek çocuğuyum ve eskiden beri, ne zaman eve misafir gelse, birisi gözlerimin babama benzediğini söyler, diğeri burnumu anneminkine benzetir, bir başkası yüzümün amcama benzediğini söyler. O yüzden ben kim olduğumu bilmiyorum, çünkü kimse bir yerimin de bana benzediğini söylemiyor."

Ama işte her çocuğa bu yapılıyor. Çocuğun kendi deneyimini yaşamasına izin vermiyorsun ve kendi olmasına da. Çocuğa kendi gerçekleşmemiş beklentilerini yükleyip duruyorsun. Her ebeveyn çocuğunun kendi kopyası olmasını istiyor.

Her çocuğun kendine ait bir kaderi var: eğer senin kopyan olursa asla kendisi olamayacak. Ve eğer kendin olamazsan asla tatmin olmazsın; asla varoluş ile rahat bir ilişki kuramazsın. Hep bir şeyler eksikmiş duygusuna kapılırsın.

Annenle baban seni seviyor ve ayrıca sana kendilerini sevmen gerektiğini söylüyorlar çünkü biri anan diğeri baban. Bu garip bir olgu ve kimse farkında değil. Sırf anasısın diye çocuğun seni sevmesi gerekmiyor. Senin sevilmeye değer olman lazım; anne olman yeterli değil. Baba olabilirsin, ama bu otomatikman sevilmeye değer olmanı gerektirmiyor. Sen bir babasın diye çocukta müthiş bir sevgi hissi oluşmak zorunda değil. Ama bu bekleniyor...ve zavallı çocuk ne yapacağını bilemiyor. Numara yapmaya başlıyor; tek çıkış yolu bu. İçinden gelmese de gülümsüyor; sevgi, saygı gösterip teşekkür ediyor – ve bunların hepsi sahte. En başından rol yapıp ikiyüzlü oluyor, bir politikacı gibi.

Hepimiz ana-babaların, öğretmenlerin, din adamlarının bizi bozduğu, yozlaştırdığı, kendimizden uzaklaştırdığı, yabancılaştırdığı bu dünyada yaşıyoruz. Ben sana kendi merkezini geri vermeye çabalıyorum. Ben bu merkeze odaklanmaya "meditasyon" diyorum. Ben senin sadece kendin olmanı istiyorum, kendine saygın olsun, varoluşun sana ihtiyacı olduğunu bilmenin gururunu taşı – ve sonra kendini aramaya başlayabilirsin. Önce merkeze gel ve sonra kim olduğunu keşfetmeye başla.

İnsanın orijinal yüzünü tanıması sevgi ve coşku dolu bir yaşamın başlangıcına işaret eder. Bol sevgi verebileceksin – çünkü bu tükenecek birşey değil. Ölçülemez, tüketilemez. Ve sen verdikçe verme kapasiten artacak.

Yaşamdaki en büyük deneyim, kayıtsız şartsız, bir teşekkür bile beklemeden vermektir. Aksine, gerçek, otantik bir sevgi veren kişi, bu sevgiyi kabul eden kişiye teşekkürü borç bilir. Sonuçta reddedilebilirdi.

Kabul eden herkese bu minnet duygusu içinde sevgi vermeye başlayınca, bir imparatora dönüştüğünü görüp hayret edeceksin – artık her kapıya vurup sevgi dilenen o dilenci sen değilsin. Ve o kapılarına vurduğun insanlar sana sevgi veremezler; kendileri de birer dilenci onların. Dilenciler birbirinden sevgi istiyor ve öfkelenip bunalıyorlar, çünkü sevgi gelmiyor. Ama böyle olması normal. Sevgi dilencilerin değil imparatorların dünyasına aittir. Ve insan sevgisini kayıtsız şartsız dağıtacak duruma geldiğinde artık bir imparatordur.

Sonra daha da büyük bir sürpriz bekler seni : Herkese, yabancılara bile sevgi göstermeye başlayınca mesele kime verdiğin değildir – vermenin keyfi öylesine büyüktür ki alanın kim olduğu kimin umurundadır? Varlığında bu yer açılınca her bir kimseye ve her şeye vermeye başlarsın – sadece insanlara değil hayvanlara, ağaçlara, uzaktaki yıldızlara, çünkü en uzaktaki yıldıza bile sevecen bir bakışla sevgi iletilebilir. Tek bir dokunuşla sevgi ağaca aktarılabilir. Tek bir kelime söylemeden...tamamen sessizlik içinde anlatılabilir. Söylemek gerekmez, o kendini belli eder. Sevginin kendine has en derinlere, varlığının en dibine erişme yöntemleri vardır.

Önce için sevgi dolsun, sonra paylaşma başlayacak. Ve sonra harika sürpriz...yani, verdikçe bilinmeyen kaynaklardan, birtakım köşelerden, tanımadığın insanlardan, ağaçlardan, nehirlerden, dağlardan sana sevgi akmaya başlayacak. Varoluşun köşe bucağından üzerine sevgi yağacak. Sen verdikçe fazlasını alacaksın. Yaşam bir sevgi dansına dönüşecek.

2. BÖLÜM

İLİŞKİ KURMAKTAN BAŞLAYIP ANLAYIP KABUL ETMEYE GİTMEK

Artık kimseye bağımlı olmadığını farkettiğin an
içinde derin bir sessizlik, ferahlama
ve rahatlama duyarsın.
Bu sevmekten vazgeçtiğin anlamına gelmez.
Aksine, ilk kez yeni bir değere,
aşkın yeni bir boyutuna kavuşmuş oluyorsun
–biyolojik olmayan, diğer tüm ilişkilerden
daha dostça bir aşka.
İşte bu nedenle dostluk lafını hiç kullanmıyorum ben,
çünkü o "gemi" çok insanı batırdı.

- 5 -
BİTMEYEN BALAYI

Aşk bir ilişki değildir. Aşk iletişim kurar, ama bir ilişki değildir. İlişki tamamlanmış birşeydir. İlişki bir isimdir; nokta konmuştur, balayı bitmiştir. Artık ortada heyecan, coşku kalmamıştır, artık hepsi sona ermiştir. Sen bunu sürdürebilirsin, sırf verdiğin sözü tutmak uğruna. Rahat olduğu, kolayına gittiği, evdeki düzeni sevdiğin için sürdürebilirsin. Başka yapacak şeyin olmadığı için sürdürebilirsin. Eğer düzeni bozacak olursan başına bir sürü dert açılacağını bildiğin için sürdürebilirsin...İlişki bitmiş, sonuçlanmış, kapanmış bir şey anlamına gelir.

Aşk asla bir ilişki değildir; aşk anlayıp kabul etmektir. Hep akan, hiç durmayan bir nehre benzer. Aşkın sonu yoktur; balayı başlar ama hiç bitmez. Bir noktada başlayıp belli bir noktada biten bir roman değildir. Süregelen bir olgudur. Aşıkların işi biter, ama aşk devam eder – aşk süreklidir. O bir fiildir, isim değil.

Peki anlayıp kabul etmenin güzelliğini niçin ilişkiye indirgiyoruz? Niye bu kadar telaş ediyoruz? Çünkü anlayıp kabullenmek güven verici değildir ve ilişki bir güvencedir. İlişkinin belli bir kararlılığı vardır; anlayıp kabullenmek sadece iki yabancının karşılaşmasıdır, belki bir gece kalır sabah bana müsaade der ve gidersin. Yarın ne olacağını kim bilebilir? Ve bizler öyle korkuyoruz ki bunu sağlama almak, sonu görülebilir hale getirmek istiyoruz. Yarının kendi fikirle-

rimize uygun gelişmesini istiyoruz; özgürlüğe hiç fırsat tanı-
mıyoruz. O yüzden bütün fiilleri hemen birer isme indirgi-
yoruz.

Bir adama veya kadına aşıksın ve aklına hemen evlenmek
geliyor. İşi resmileştireceksin. Neden? Aşk ile kanunların ne
ilgisi var? Kanun aşka karışıyor çünkü bu aşk değil. Bu sa-
dece bir fantazi ve sen fantazinin yok olacağını biliyorsun.
Yokolmadan işi sağlama bağla, yok olmadan birşeyler yap
ki ayrılmak imkansız olsun.

Daha iyi bir dünyada, meditasyona daha açık insanlarla,
yeryüzüne daha fazla aydınlanma yayılmış iken insanlar se-
vecek, hem de çok sevecekler, ama bu aşkları ilişki değil an-
layıp kabullenme bazında yaşanacak. Ve ben aşklarının an-
lık olacağını söylemiyorum. Onların aşkının seninkinden
çok daha derin, kaliteli, şiirsel olacağına ve içinde tanrısal-
lık barındıracağına dair her türlü olasılık mevcut. Üstelik
büyük olasılıkla o aşk senin sözde ilişkinden çok daha uzun
sürecek. Ama bu aşk kanunun, belediyenin, polisin garanti-
si altında yaşanmayacak. Garanti içten verilecek. Kalpten
bir söz olacak bu, sessiz bir birleşme olacak.

Eğer birisiyle birlikte olmaktan hoşlanıyorsan, daha da
fazla beraber olmayı arzularsın. Yakınlıktan zevk alıyorsan
bunu derinlemesine yaşamak istersin. Ve sadece uzun süreli
yakınlıklardan sonra açan birkaç aşk çiçeği var. Mevsimsel çi-
çekler de var; altı haftada açıp güneş altında yaşıyorlar, ama
bundan altı hafta sonra sonsuza dek yokoluyorlar. Açmaları
yıllar alan çiçekler var ve hatta açmaları uzun yıllar alan çi-
çekler de mevcut. Uzadıkça derinleşiyor. Ama bunun bir
kalpten diğerine verilen bir söz olması lazım. Dile getirilme-
sine bile gerek yok, çünkü sözcüklerle ifade etmek onu kir-
letir. Sessiz bir anlaşma olmalı bu; göz göze, kalp kalbe kar-
şı.

İlişkiyi boşver ve anlayıp kabullenmeyi öğren.

Bir ilişkiye girdin mi birbirine özen göstermez oluyorsun
– pek çok aşkı işte bu olay mahvediyor. Kadın adamı, adam

kadını tanıdığını sanıyor. Kimsenin bir şey bildiği yok! Diğerini tanımak imkansızdır, o bir muamma olarak kalır. Ve karşındakine özen göstermemek saygısızlıktır, hakarettir. Karını tanıdığını zannetmek çok büyük vefasızlıktır. Sen o kadını nasıl tanıyabilirsin? O adamı nasıl bilebilirsin? Bunlar birer süreçtir. Dün tanıdığın kadın bugün burada yoktur. Köprülerin altından çok sular akmıştır; o şimdi tamamen farklı birisidir. Yeniden anlamaya çalış, baştan başla, özensiz olma.

Ve dün gece yattığın adam, sabah onun yüzüne tekrar bak. Artık aynı insan değil o, çok şey değişti. Bir eşya ile bir insan arasındaki fark işte burada. Odadaki eşyalar aynı, ama adamla kadın artık aynı kişiler değil. Yeni baştan araştır, baştan başla. Ben anlayıp kabullenmekle bunu kastediyorum.

Anlayıp kabullenmek hep yeniden başlamak anlamına gelir, sürekli tanımaya çalışırsın. Tekrar tekrar diğer insanın kişilik özelliklerini keşfetmeye uğraşırsın. Onun en derin hislerine, varlığının en uç noktalarına ulaşmaya çabalarsın. Çözülemez bir muammayı çözmeye çalışırsın. Aşkın keyfi buradadır işte: bilincin araştırılması.

Ve eğer anlayıp kabullenebilirsen ve bunu ilişkiye indirgemezsen, o zaman diğeri sana ayna görevi yapar. Onu araştırırken farkında olmadan kendini de araştırmış oluyorsun. Karşındakinin derinine inerken, duygu ve düşüncelerini, en derin duygularını anlarken kendininkileri de anlayacaksın. Aşıklar birbirlerine ayna tutarlar ve sonra aşk meditasyona dönüşür.

İlişki çirkindir, anlayıp kabullenmek güzeldir.

İlişkide insanlar birbirini görmez olur. Bir düşün, karınla en son ne zaman göz göze geldin? Kocana en son ne zaman baktın? Belki yıllar evvel. Kim kendi karısına bakar ki? Sen onu zaten tanıdığını varsayıyorsun; başka bakacak ne var? Tanıdığın insanlardan çok yabancılarla ilgileniyorsun – bedenlerinin topografisini, tepkilerini biliyorsun, olup biten herşeyin tekrar olacağını biliyorsun. Bu kendini tekrarlayan bir daire.

Ama öyle değil, aslında değil. Hiçbir şey kendini tekrarlamaz; herşey her gün yenilenir. Eskiyen senin gözlerin, varsayımların, aynan toz tutuyor ve karşındakini yansıtamaz hale geliyorsun.

İşte bu yüzden anla ve kabullen diyorum. Bunu söylerken, bitmeyen bir balayından sözediyorum. Birbirini araştırmaya, yeni sevgi yöntemleri bulmaya, birlikte olmanın yeni yollarını aramaya devam et. Ve herkes öyle sonsuz, tüketilemez, anlaşılamaz birer gizem ki "Onu tanıyorum" demek mümkün değil. En fazla şunu söyleyebilirsin: "Elimden geleni yaptım, ama gizemi çözemedim."

Aslında onu ne kadar tanırsan sana o kadar gizemli gelir. Bu şekilde aşk sürekli bir maceraya dönüşür.

- 6 -
CİNSEL İSTEKTEN AŞKA
VE SONRA SEVMEYE GİDEN YOL

Aşk sıradan insan zihni için neredeyse imkansız bir durumdur. Aşk ancak insan varolmayı kavradığında mümkündür, daha önce değil. Ondan önce başka bir şeydir. Biz ona aşk diyoruz ama bazen adına aşk demek aptallık oluyor.

Bir kadına aşık olunur çünkü adam onun yürüyüşünü veya sesini, "merhaba" deyişini veya gözlerini beğenir. Daha geçen gün bir kadının bir adam hakkında söylediklerini okuyordum: "Dünyanın en güzel kaşlarına sahip." Bunda bir terslik yok – kaşları güzel olabilir – ama eğer kaşlara aşık olursan o zaman eninde sonunda hayal kırıklığına uğrayacaksın, çünkü kaşlar insanın çok önemsiz bir tarafı.

Ve insanlar işte böyle önemsiz şeylere aşık oluyor! Endam, kaş göz...bunlar önemsiz şeyler. Çünkü bir insanla yaşarken bedeninin ölçüleri ile yaşamıyorsun; kaşlarıyla veya saçının rengi ile yaşamıyorsun. Bir insanla beraber yaşarken o insan uçsuz bucaksızdır...neredeyse sözlerle anlatılamaz ve bu önemsiz ufak tefek detaylar eninde sonunda anlamsız hale gelir. Ama o zaman insan aniden şaşırır: Şimdi ne yapmalı?

Bütün aşklar romantik başlar. Balayı sona erdiğinde her-şey bitmiştir çünkü insan sırf romantik hayallerle yaşaya-maz. İnsan gerçeklerle yaşamak zorundadır – ve gerçekler tamamen farklıdır. Bir insana bakınca onun bütününü gör-müyorsun; sadece yüzeyi görüyorsun. Bu, sırf rengi için bir arabaya aşık olmaya benziyor. Kapağını kaldırıp kaportaya bakmadın; belki içinde motoru eksik, veya başka bir arızası var. Sonuçta renk bir işe yaramayacak.

İki insan biraraya gelince içlerindeki gerçekler çakışır ve dışarıdaki şeyler anlamsızlaşır. Kaşlar ve saçlar ve saç biçimi ne işe yarayacak? Onları neredeyse unutursun. Nasılsa ora-da oldukları için artık çekici gelmezler sana. Ve o insanı da-ha iyi tanıdıkça daha çok korkarsın çünkü o zaman o insa-nın deliliğini görmeye başlarsın, o da seninkini görür. İkiniz birden aldatılmış gibi hissedip öfkelenirsiniz. Birbirinizden öç almaya başlarsınız, sanki ortada bir aldatma veya kazık-lama varmış gibi. Aslında kimsenin aldattığı falan yok, her ne kadar herkes aldanıyor olsa da.

Anlaşılması gereken temel şeylerden birisi şudur, birini sevince onu avucunun içinde olmadığı için seversin. Şimdi avucunda, peki o zaman aşk nasıl yaşayacak?

Fakir olduğun için zengin olmak istedin – tüm o zengin olma arzun fakirliğin yüzündendi. Şimdi zenginsin ama umurunda değil bu. Veya şöyle düşün. Karnın aç, o yüzden yemekten başka şey düşünemez durumdasın. Ama açlığın geçip karnın doyduğunda yemek kimin umurunda? Kim umursar yemeği?

Aynısı senin sözde aşkın için de geçerli. Bir kadının peşi-ne düşersin ve o kendini geri çeker, senden kaçar. Sen gittik-çe kızışırsın, ve sonra biraz daha peşine düşersin. Ve bu oyu-nun bir parçasıdır. Her kadın kaçması gerektiğini içgüdüsel olarak bilir, o yüzden kovalamaca sürer gider. Tabii ki onu unutacağın kadar uzağa kaçmaz – gözünün önünde kalır, hem davetkar, çekici, ilginç görünür hem de kaçar.

Önce adam kadını kovalar, kadın kaçmaya çalışır. Adam kadını yakaladığı anda durum birdenbire değişir. O zaman adam kaçar, kadın kovalar – "Nereye gidiyorsun? Kiminle konuşuyordun? Niye geciktin? Kiminle beraberdin?"

Ve sorun şudur, onlar birbirlerini tanımadıkları için beğendiler. Bilinmeyen çekici geldi. Şimdi iyice tanışıyorlar. Bir çok kez seviştiler ve artık bu bir tekrar haline geldi – en fazla bir alışkanlığa, bir tür gevşemeye dönüştü, ama romantikliğin izi kalmadı. Sonra ikisi de sıkılıyor. Kadın da, erkek de birer alışkanlık oluyorlar. Bu alışkanlık yüzünden ayrı yaşayamıyorlar ve romantik halleri bittiği için birlikte yapamıyorlar.

İşte bu noktada bunun aşk olup olmadığını anlamak gerekir. Ve kendini kandırmamalısın; net olmalısın. Eğer aşk ise, veya içinde bir parça aşk varsa, tüm bunlar geçecek. O zaman bunların doğal olduğunu anlayacaksın. Öfkelenecek bir şey yok. Ve onu hala seviyorsun. Onu tanıyor bile olsan hala seviyorsun.

Aslında aşk varsa o insanı tanıdığın için daha fazla seversin. Aşk varsa sürer. Yoksa yok olur gider. İkisi de iyidir.

Sıradan bir düşünce tarzı için benim aşk dediğim şey imkansızdır. Onu ancak kendiyle bütünleşmiş bir insan yaşayabilir. Aşk, bütünleşmiş varlıklara özgüdür. O romantizm değildir, o tür saçmalıklarla ilgisi yoktur. Direkt olarak insanın içine gider ve ruhunun içine bakar. Aşk o zaman diğer insanın en derindeki varlığı ile elele vermek olur – ama o zaman tamamen farklıdır. Her aşk bu duruma gelebilir, gelmelidir, ama yüz aşktan doksandokuzu asla bu noktaya erişmez. Çalkantılar ve sorunlar öyle büyüktür ki herşeyi mahveder.

Ama ben insanın yapışması lazım demiyorum. Uyanık ve farkında olmak gerekiyor. Eğer senin aşkın bu saçma sapan şeylerden oluşuyorsa, yok olmaya mahkumdur. Ama eğer gerçekse, o zaman bütün o çalkantıları aşacaktır. İzle ve gör...

Sorun aşk değil. Sorun senin farkındalığın. Bu durum senin farkındalığını geliştirip kendin hakkında daha uyanık olmanı sağlayabilir. Belki bu aşk yok olur ama bir sonraki daha iyi olacaktır; daha bilinçli bir seçim yapacaksındır. Veya belki bu aşk, daha iyi bir bilinç sayesinde, değişime uğrayacaktır. O yüzden ne olursa olsun insanın olasılıklara açık olması gerekiyor.

Aşk üç boyutludur. Birisi hayvansal bunların; sadece cinsel dürtüden, fiziksel bir olgudan ibaret. Diğeri insanca; cinsel arzudan, cinsellikten, ten hazzından öte bir duygu. Diğerini bir araç gibi kullanıp sömürmek anlamına gelmiyor. İlki bir sömürü; karşındakini kullanıyorsun. İkincide karşındakini kullanmıyorsun, ikiniz eşitsiniz. Diğeri senin kadar kendi içinde bir bütün ve aşk sömürü değil birbirinizin varlığını, müziğini, coşkusunu, yaşamın şiirselliğini paylaşmak oluyor. Bu karşılıklı bir paylaşım.

İlki sahiplenir, ikincisinde bu yoktur. İlki bir bağ yaratır, ikincisi özgürlük sunar. Ve aşkın üçüncü boyutu tanrısaldır: sevecek bir obje olmadığında, aşk hiçbir şekilde bir ilişki halini almadığında, aşk senin varlığına özgü bir durum olduğunda. Sadece seviyorsun – belli birine aşık değilsin, sadece bir sevgi halindesin, o yüzden her yaptığını severek yapıyorsun; her karşılaştığına sevecen davranıyorsun. Bir kayaya dokunurken bile adeta sevgiline dokunur gibi davranıyorsun; ağaçlara bakarken bile gözlerin aşk dolu.

İlk boyutta diğer insan bir araç olarak kullanılıyor, ikincisinde bir araç olmuyor; üçüncüde artık diğeri yok. İlki bir bağ yaratıyor, ikincisi özgürlük sunuyor, üçüncüsü ikisinin de ötesine geçiyor; o tüm ikililerin üstüne çıkıyor. Artık seven ve sevilen yok, sadece aşk var.

Bu aşkın en üst düzeyidir ve yaşamın amacı buna erişmek olmalı. İnsanların büyük çoğunluğu ilk boyutta takılı kalıyorlar. Çok ender kişi ikinci boyuta giriyor ve benim üçüncü dediğim olgu en zor rastlananı. Ancak bir Buda, bir İsa...Çok az kişi sayılabilir, üçüncü boyuta erişenler bir elin parmaklarını geçmez. Ama eğer gözlerini o uzak yıldıza dikersen mümkün olabilir. Ve mümkün olunca sen tam anlamıyla tatmin olursun. O zaman hayatında hiçbir şey eksik olmaz, ve bu tastamamlık sana sonsuz keyif verir. Ölüm bile onu yok edemez.

BIRAK ARADA
MESAFE KALSIN...

Khalil Gibran'ın Ermiş'inde Almustafa şöyle der:
"Bırak birlikteliğinizde mesafeler kalsın.
Ve cennetin rüzgarları aranızda dansetsin.
Birbirinizi sevin, ama aşktan bağlar üretmeyin:
Bırak aşk ruhlarınızın kıyıları arasında gidip gelen bir deniz gibi kalsın."
Eğer beraberliğin cinsel arzulardan ibaret değilse, aşkın her geçen gün derinleşecek. Cinsel dürtüler herşeyi alçaltır, çünkü birlikte kalıp kalmaman biyolojinin hiç umurunda değildir. Onun işi üremektir; bunun için de aşk gerekmez. Hiç aşk olmadan da çocuk yapabilirsin.

Ben her türlü hayvanı gözlemliyorum. Ormanlarda, dağlarda yaşadım ve hep şaşırmışımdır – ne zaman sevişseler pek mutsuz görünürler. Hiç neşeyle sevişen hayvan görmedim; adeta bilinmeyen bir güç onları bunu yapmaya zorluyor gibi. Kendi seçimleri değil; özgürce değil esaret altında sevişiyorlar. Bu da onları mutsuz kılıyor.

Aynısını insanlarda da gördüm. Hiç uzun yola beraber çıkmış karı kocaya rastladın mı? Karı koca olduklarını bilmeyebilirsin, ama mutsuz görünüyorlarsa öyle olduğuna emin olabilirsin.

Delhi'den Srinagar'a gidiyordum. Havalandırması olan tren vagonunda iki koltuk vardı ve birisi bana ayrılmıştı. Bir çift geldi, güzel bir genç kadınla güzel genç bir adam. O ufacık yerde birlikte oturamazlardı, o yüzden adam kadını bırakıp kendine başka vagonda yer buldu. Ama her istasyonda duruşta gelip tatlı, meyva, çiçek getiriyordu.

Bu manzarayı izlemekteydim. Kadına, "Ne kadar zamandır evlisiniz?" diye sordum.

"Yedi yıl oluyor," dedi.

Dedim ki, "Bana yalan söyleme! Başkalarını kandırabilirsin, ama beni kandıramazsın. Evli değilsin."

Kadın çok şaşırdı. Bir yabancı...üstelik hiç konuşmadan sadece izleyen biri. "Nasıl bildin?" diye sordu.

"Bunda şaşacak bir şey yok, çok basit. Eğer o kocan olsaydı, bir kez ortadan kaybolduktan sonra eğer ineceğiniz istasyonda yanına geri gelirse kendini şanslı sayardın!" dedim.

Kadın, "Sen beni tanımıyorsun, ben de seni," dedi. "Ama dediğin doğru. O benim sevgilim. Kendisi kocamın arkadaşı."

"O zaman herşey anlaşılıyor," dedim.

Karılarla kocalar arasında neler oluyor? Aşk yok ve herkes aşkın ne olduğunu bilirmiş gibi bu durumu kabulleniyor. Sadece cinsel dürtüler var. Kısa sürede birbirlerinden bıkıyorlar. Biyoloji seni üreme uğruna kandırıyor ve kısa zamanda hiçbir yenilik kalmıyor – aynı surat, aynı coğrafya, aynı topografi. Bunları kimbilir kaç kez inceledin? Evlilik yüzünden bütün dünya mutsuz ve dünya hala bu mutsuzluğun nedenini anlayamıyor.

Aşk en esrarengiz olgulardan biri. Almustafa bu aşktan sözediyor. Bundan sıkılamazsın, çünkü cinsel dürtüden ibaret değil.

Almustafa, "bırak birlikteliğinde mesafeler kalsın" diyor. Birlikte ol ama birbirini ezmeye çalışma, sahip çıkmaya uğraşma ve karşındakinin bireyselliğini mahvetme.

Birlikte yaşadığında bırak arada mesafe kalsın...Koca eve geç geliyor; kadının neden geciktiğini, nereden geldiğini sorgulaması için hiçbir neden yok. Adamın kendi hayatı var, o bir birey. İki özgür birey birlikte yaşıyor ve kimse diğerinin alanına girmiyor. Kadın eve geç gelirse "Neredeydin?" diye sormanın alemi yok. Sen kimsin ki? – onun kendi alanı, kendi özgürlüğü var.

Ama bu her gün, her evde yaşanıyor. Ufak meseleler yüzünden tartışıyorlar, ama asıl sorun birbirlerine mesafe tanımaya hazır olmamalarından kaynaklanıyor.

Beğeniler farklıdır. Kocan bir şeyi beğenir, sen beğenmezsin. Bu illa kavga başlamasını gerektirmez, karı kocasınız diye zevkleriniz aynı olmak zorunda değil. Ve tüm o sorular...akşam evine gelen her kocanın aklından, "Ne soracak? Ben ne diyeceğim?" diye geçer. Ve kadın ne soracağını bilir, adam da ne cevap vereceğini ve tüm o cevaplar palavradır, uydurmacadır. Adam onu aldatıyordur.

Bu ne biçim aşk böyle, devamlı şüphe içinde, devamlı kıskançlık krizinde? Karın seni başka bir kadınla görürse – sadece konuşup gülerken – bu akşamın berbat olması için yeterli oluyor. Pişman olursun; birkaç kahkahanın bedeli fazlasıyla yüksek olur. Adam karısını bir başka erkekle görürse ve kadın neşeli, mutlu görünüyorsa bu olay bir çalkantı yaratmaya yeter de artar bile.

İnsanlar aşkın ne olduğunu bilmediklerinin farkında değiller. Aşk asla şüphelenmez, asla kıskanmaz. Aşk asla diğerinin özgürlüğüne karışmaz. Asla kendi isteğini diğerine zorla kabul ettirmez. Aşk özgürlük sunar, ve bu özgürlük ancak ilişkide mesafe varsa mümkün olur.

Khalil Gibran'ın güzelliği budur...müthiş bir görüş açıklığı. Aşk varsa adam kadınının mutlu olduğunu görmekten mutlu olmalıdır, çünkü aşk kadınının mutlu olmasını ister. Aşk kocanın neşeli olmasını ister. Eğer adam bir kadınla konuşuyorsa ve neşelenmişse karısı mutlu olmalıdır, kavga söz konusu bile olmamalıdır. Yaşamlarını daha mutlu kılmak için birliktedirler, ama tam tersi olmaktadır. Karı kocalar adeta birbirlerinin hayatını cehenneme çevirmek için biraraya gelmiş gibiler. Bunun nedeni, aşkın ne olduğunu bile anlamamalarıdır.

Fakat "bırak birlikteliğinde mesafeler kalsın"... Bu bir çelişki değil. Birbirine daha fazla yer açtıkça daha çok biraraya gelirsin. Birbirine daha fazla özgürlük verdikçe daha yakınlaşırsın. Yakın düşman değil yakın dost olursun.

Ve cennetin rüzgarları aranızda dansetsin.

Fazla içiçe olmanın, özgürlüğe yer vermemenin aşkı yok ettiği varoluşun temel kurallarından biridir. Onu eziyorsun, büyüyüp serpilecek yer bırakmıyorsun.

Bilim adamları hayvanların kendi alanlarını belirlemeye öncelik verdiğini gözlemlemişlerdir. Köpeklerin şu veya bu direğe işediğini görmüşsündür – bunun boşuna olduğunu mu sanıyorsun? Değildir. Sınır çiziyorlar – "Burası benim alanım." Sidiğin kokusu bir başka köpeğin o alana girmesini önler. Eğer bir başka köpek sadece sınıra yaklaşırsa o alanı sahiplenen köpek buna aldırmaz. Ama bir adım daha atarsa kavga çıkar.

Tüm vahşi hayvanlar böyle davranır. Bir aslan bile onun alanına girmezsen sana saldırmaz – sen bir centilmensin. Ama eğer onun alanına girersen kim olursan ol seni öldürecektir.

İnsanoğlunun alanını belirleme önceliğini henüz keşfetmiş değiliz. Bunu hissediyorsun mutlaka, ama bilimsel olarak kanıtlanmadı. Bombay gibi bir şehirde trenle yol alırken içerisi çok kalabalık olur...herkes ayaktadır, çok az kişi oturabilmiştir. Ama ayaktaki insanları izle – birbirlerine çok yakın durdukları halde dokunmamaya özen gösterirler.

Dünya gittikçe kalabalıklaştıkça gittikçe daha çok insan deliriyor, intihar ediyor, cinayet işliyor, bunun nedeni de basit: kendilerine ait bir yerleri yok. Hiç olmazsa aşıklar daha duyarlı olmalı ve birbirlerinin alanına saygı göstermeli.

En sevdiğim kitaplardan birini Rabindranath Tagore yazmış – Akhari Kavita, "Son Şiir." Şiir kitabı değil, bir roman – ama çok tuhaf bir roman, müthiş görüşler sunuyor.

Genç bir çift birbirlerine aşık oluyorlar, ve hemen evlenmek istiyorlar. Kadın diyor ki, "Bir şartla..." Çok kültürlü, sofistike, zengin birisi o.

Adam, "Her şart kabulümdür, ama sensiz yaşayamam," diyor.

Kadın, "Önce şartı bir dinle; sonra üzerinde düşün. Sıradan bir şart değil bu. Şöyle ki, aynı evde yaşamayacağız. Benim geniş bir arazim var, içinde güzel bir göl, ağaçlar, bahçeler ve çimenler olan. Sana kendi evimin tam karşısında bir ev yaptıracağım," diyor.

Adam diyor ki, "O zaman evliliğin ne anlamı kaldı?"

Kadın, "Evlilik birbirini yok etmek demek değil," diye cevap veriyor. "Ben sana kendi yerini veriyorum, benim yerim de ayrı. Arada sırada, bahçede yürürken karşılaşabiliriz. Arada sırada, gölde tekneyle gezerken karşılaşabiliriz – tesadüfen. Veya bazen ben seni çaya davet edebilirim, ya da sen beni."

Adam, "Bu çok saçma bir fikir," diyor.

Kadın, "O zaman sen unut evliliği," diyor. "Tek doğru fikir bu – ancak o zaman aşkımız büyüyebilir, çünkü hep taze ve yeni kalırız. Asla birbirimize özen göstermekten vazgeçmeyiz. İkimizin de birbirimizin davetlerini reddetme hakkımız var; özgürlüklerimiz hiç kısıtlanmıyor. Bu iki özgürlük arasında güzel aşk olgusu büyür."

Adam elbette anlamıyor ve vazgeçiyor. Ama Rabindranath aynı Khalil Gibran'ın anlayışına sahip...ve aynı dönemde yazıyorlardı.

Eğer bu mümkünse – hem mesafe hem birliktelik – o zaman cennetin rüzgarları aranızda danseder.

Biribirinizi sevin, ama aşktan bağlar üretmeyin. Aşk bir armağan olmalı, ama bedeli olmamalı. Yoksa kısa zamanda en uzak yıldızlar kadar uzaklaşırsın, beraber olduğun halde. Aranda hiçbir anlayış köprüsü kalmaz; bunun için mesafe bırakmadın ki.

Bırak aşk ruhlarınızın kıyıları arasında gidip gelen bir deniz gibi kalsın.

Durağan birşey yaratma. İşi rutin hale getirme. Bırak aşk ruhlarınızın kıyıları arasında gidip gelen bir deniz gibi kalsın.

Eğer özgürlük ve aşka sahip olursan başka şeye ihtiyacın kalmaz. Elde etmişsindir – sana yaşam işte bunun için verildi.

- 8 -
İLİŞKİDE "KOAN"

En iyi "koan" aşktır, ilişkidir. Bir ilişki, hiçbir ipucu verilmeyen bir bilmecedir. Nasıl idare etmeye çalışırsan çalış, sonuçta asla idare edemezsin. Bunu bugüne kadar kimse başaramadı. Öyle bir şekilde yapılıyor ki tamamen akıl karıştırıyor. Sen ne kadar çok çözmeye çalışırsan o kadar esrarengiz bir hale bürünüyor. Anlamaya çalıştıkça anlaşılamaz hale geliyor.

Bu Zen ustalarının müritlerine verdikleri koan'dan çok daha büyüktür, çünkü onların koan'ı meditasyon odaklıdır – insan tek başınadır. Sana ilişkinin koan'ı verildiğinde iş çok daha karmaşık hale gelir, çünkü iki kişisindir – farklı yapılarda, farklı şartlanmış, birbirinin zıddı, birbirini farklı yönlere çeken, birbirini yönetmeye, karşısındakine sahip çıkmaya, ona üstünlük sağlamaya çalışan iki kişi...binbir tane sorun vardır.

Meditasyon yaparken tek sorun sessiz kalabilmektir, düşüncelere yakalanmamak değil. İlişkide ise binbir problem çıkar. Sessiz isen sorun olur. Karının yanında sessizce oturursan görürsün – hemen üstüne sıçrayacaktır: "Niçin sessizsin? Ne demek istiyorsun?" Veya konuşursun ve başın gene derde girer – ne dersen de, hep yanlış anlaşılırsın.

Hiçbir ilişki sorunsuz bir noktaya erişemez. Veya eğer bir ilişkinin artık ortada hiçbir sorun olmadığı bir noktaya vardığını görürsen bil ki artık o bir ilişki değildir. İlişki yok olmuştur – kavgacılar yorulmuştur, herşeyi olduğu gibi kabullenmeye başlamışlardır. Canları sıkılıyordur; artık kavga etmek istemiyorlardır. Kabullenmişler ve daha iyiye götürmeye çalışmaktan vazgeçmişlerdir.

Veya geçmişte, insanlar zorla farklı türde bir uyum sağlamaya çalıştılar. O nedenle tarih boyunca kadınlar baskı altına alındı – bu işleri düzene sokmanın bir yoluydu. Kadını erkeği takip etmeye zorlasan sorun çıkmaz. Ama bu da ilişki değildir. Kadın artık bağımsız bir birey olmaktan çıkınca sorun ortadan yok olur – ama kadın da yok olur o zaman. O durumda kullanılan bir eşya konumuna gelir; o zaman coşku ölür ve adam başka bir kadın aramaya başlar.

Eğer mutlu bir evliliğe rastlayacak olursan, yüzeyde gördüğüne hemen aldanma. Biraz daha derine inersen şaşırıp kalırsın. Böyle bir mutlu evlilik hakkında bir hikaye duydum...

Fakir bir çiftçi artık evlenmesi gerektiğini düşündü, böylece katırına binip bir eş bulmak üzere şehre indi. Bir süre sonra bir kadınla tanıştı ve evlendiler. Sonra ikisi birden katıra binip çiftliğin yolunu tuttular. Bir süre sonra katır pes etti ve kıpırdamayı reddetti. Çiftçi katırdan indi, büyük bir sopa buldu ve tekrar hareket edene kadar katıra vurdu.

"Bu ilkti," dedi çiftçi.

Birkaç kilometre sonra katır yine durdu ve aynı manzara tekrarlandı. Dayaktan sonra, katır gene yola koyulduğunda, çiftçi, "Bu ikinci oldu," dedi.

Birkaç kilometre sonra katır üçüncü kere durdu. Çiftçi indi, karısını indirdi ve sonra bir tabanca çıkarıp katırı alnından vurdu ve anında öldürdü.

"Bu aptalca bir şeydi!" diye bağırdı karısı. "O değerli bir hayvandı ve sırf senin sinirine dokunuyor diye onu öldürdün! Bu aptallık, üstelik hainlik..." ve bir süre bu şekilde devam etti. Nefes almak için durduğunda çiftçi, "Bu ilkti," dedi.

Ve derler ki, bundan sonra sonsuza kadar evli ve mutlu olarak yaşadılar!

Bu da bir çözüm elbette, geçmişte işler böyle yürürmüş. Gelecekte tam tersi olacak – koca karısının peşinden gelmek zorunda kalacak. Ama aynı şey sonuçta.

İlişki bir koan'dır. Ve eğer kendinle ilgili temel bir şeyi çözmediysen onu da çözemezsin. Aşk sorunu ancak meditasyon sorunu çözüldüğünde hallolur, daha önce değil. Çünkü aslında meditasyona eğilimi olmayan iki kişidir sorunu yaratan. Aklı karışmış, kim olduklarını bilmeyen iki kişi – doğal olarak birbirlerinin karmaşasını çoğaltıp büyütüyorlar.

Meditasyona ulaşılmazsa aşk mutsuzluk getirir. Tek başına yaşamayı, sebepsiz yere sadece varoluşunun keyfine varmayı öğrendiğin zaman iki insanın beraberliği gibi daha karmaşık olan ikinci sorunu da çözebilme ihtimalin doğar. Ancak meditasyona eğilimli iki kişi aşk yaşayabilir – ve o zaman aşk bir bilmece olmayacaktır. Ama o zaman bu bir ilişki de olmayacaktır, yani sizin anladığınız anlamda bir ilişki. Bu bir sevgi hali olacaktır, ilişki değil.

Ben ilişki sorununu anlıyorum. Ama insanlara bu sorunları üstlenme konusunda cesaret veriyorum çünkü bunlar sayesinde temel sorunun farkına varacaksın – şöyle ki, sen ruhunun ta derinliklerinde bir bilmecesin. Ve karşındaki sadece bir ayna. Kendi sorunlarını direkt olarak anlamak zordur, ama ilişki içinde onları anlamak çok kolaylaşır. Sana bir ayna tutulur; sen aynada yüzünü görürsün, diğeri de senin aynanda kendi yüzünü görür. Ve ikisi de öfkelidir, çünkü ikisi de çirkin birer surat görür. Ve doğal olarak birbirlerine bağırırlar, çünkü onların mantığına göre olay şöyledir: "Beni çirkin gösteren bu ayna, yani sensin. Yoksa ben çok güzel bir insanım."

Aşıkların çözmeye çalışıp da çözemedikleri mesele budur. Tekrar tekrar söyledikleri şudur: "Ben çok güzelim, ama sen beni çirkinleştiriyorsun."

Seni kimse çirkinleştirmiyor – sen gerçekten çirkinsin. Kusura bakma ama öyle. Karşındakine minnet duy, teşekkür et, çünkü onun sayesinde yüzünü görüyorsun. Hiç kızma. Ve kendi derinlerine in, daha derin meditasyon yap.

Fakat olay şu ki insan ne zaman aşık olsa meditasyonu tamamen unutuyor. Ben etrafıma bakıyorum – ne zaman birkaç kişi eksik olsa onlara ne olduğunu biliyorum. Başlarına aşk geldi. Şimdi buraya ihtiyaçları olduğunu düşünmüyorlar. Ne zaman ki aşk başlarına çözemedikleri bir sürü dert açacak, o zaman gelecekler. O zaman gelip "Osho, ne yapsak acaba?" diye soracaklar.

Aşık olduğunda meditasyonu unutma. Aşk hiçbir şeyin çözümü değil. Aşk sadece sana kim olduğunu, nerede durduğunu gösterecek. Ve aşkın seni tetikte tutması iyi bir şey – içindeki tüm kargaşa ve kaosun farkındasın.İşte şimdi tam meditasyon vakti! Eğer aşk ve meditasyon elele yürürse, ikiniz de kanatlanır, dengeye kavuşursunuz.

Ve tam tersi de olabilir. İnsan ne zaman derin meditasyona girse aşktan kaçmaya başlar, çünkü aşkı dolu dizgin yaşarsa meditasyonun engelleneceğini sanır – bu da yanlıştır. Meditasyon engellenmez, aşk ona yardımcı olur. Neden yardımcı olur? Çünkü aşk sana nerelerde hala sorun olduğunu gösterir. Aşk olmayınca sorunların bilincine varmazsın. Ama bu onları çözdüğün anlamına gelmez. Ortada ayna yoksa bu senin bir suratın olmadığı anlamına gelmez.

Aşk ve meditasyon elele yürümelidir. Bu seninle paylaşmak istediğim en temel mesajlardan biri : Aşk ve meditasyon elele yürümelidir. Sev ve meditasyon yap, meditasyon yap ve sev – ve yavaş yavaş içinde yeni bir uyum doğduğunu göreceksin. Seni ancak bu uyum tatmin edebilir.

SORULAR

- **Bir kadının gerçekten aşık mı olduğunu yoksa oyun mu oynadığını nasıl anlayabilirim?**

Bu zor! Şimdiye kadar bunu kimse bilemedi çünkü aslında aşk bir oyun. Bu onun gerçeği! Eğer sana aşık olan bu kadının oyun mu oynadığını veya gerçekten aşık mı olduğunu anlamak için bekliyor, izliyor, düşünüyor ve analizler yapıyorsan, sen asla bir kadını sevemezsin – çünkü aşk bir oyun, tam bir oyun.

Onun gerçek olmasını istemek için bir neden yok. Oyunu oyna, bu onun gerçeği. Ve eğer fazlasıyla gerçeğin peşine düşmüş birisiysen, o zaman aşk sana göre değil. O bir rüya, bir fantazi, bir hikaye – romantik edebiyat ve şiir o. Fazlasıyla gerçeğin peşine düşmüş birisiysen, gerçeği kafaya taktıysan, o zaman aşk sana göre değil. O zaman meditasyon yap.

Ve ben soruyu soranın bu tip birisi olmadığını biliyorum– onun meditasyon yapması mümkün değil, en azından bu yaşamında! Kadınlarla ilgili pek çok karması var. O yüzden devamlı meditasyonu düşünüyor ve hep farklı kadınlarla gezip tozuyor. Gezdiği kadınlar da bana gelip diyorlar ki, "Gerçekten bana aşık mı? Ne yapsam acaba?" Ve şimdi o bu soruyu soruyor!

Ama bu sorunu bir noktada herkes yaşar, çünkü bunu kestirmenin imkanı yoktur. Bizler birer yabancıyız – gerçekten öyle ve kazara karşılaşıyoruz. Yolda birdenbire rastlaşıyoruz, ne kim olduğumuzu biliyoruz ne de karşımızdakinin kim olduğunu. Yolda karşılaşan iki yabancı, kendilerini yalnız hissediyorlar, birbirlerinin elini tutuyorlar – ve aşık olduklarını zannediyorlar.

Birbirlerine ihtiyaçları var elbette, ama bunun aşk olduğundan nasıl emin olacaklar?

Güzel bir espri anlatacağım, buna kulak ver :

Bir kadın gece geç vakit Akdeniz'de bir kasabaya geldi, ama kalacak tek bir otel odası bile bulamadı. "Üzgünüm," dedi resepsiyondaki görevli, "ama son odamızı az evvel bir İtalyan tuttu."

"Oda numarası kaç?" diye sordu kadın çaresizlik içinde. "Belki kendisiyle anlaşabilirim."

Görevli ona oda numarasını verdi, kadın da yukarı çıkıp kapıya vurdu. İtalyan onu içeri buyur etti

"Bak bayım," dedi kadın, "Seni tanımıyorum ve sen de beni, ama uyuyacak bir yere şiddetle ihtiyacım var. Eğer şu köşedeki koltuğu kullanmama izin verirsen söz veriyorum seni hiç rahatsız etmem."

İtalyan bir an düşündü ve sonra, "Tamam," dedi. Kadın koltukta kıvrıldı ve İtalyan yatağına döndü. Ama koltuk çok rahatsızdı ve birkaç dakika sonra kadın sessizce yatağa yaklaşıp İtalyan'ın kolunu dürttü. "Bak, bayım," dedi, "Seni tanımıyorum ve sen de beni, ama o koltukta uyumak imkansız. Şurada, yatağın köşesinde uyusam olur mu?"

"Tamam," dedi İtalyan, "yatağın köşesi senin olsun."

Kadın yattı, ama birkaç dakika sonra üşüdü. Tekrar İtalyan'ı dürttü.

"Bak, bayım," dedi, "Seni tanımıyorum ve sen de beni, ama burası çok soğuk. Seninle battaniyenin altına girsem olur mu?"

Kadın oraya güzelce yerleşti, ama erkeğin bedenine yakın olunca canı seks çekti. Yine İtalyan'ı dürttü.

"Bak, bayım," dedi, "Seni tanımıyorum ve sen de beni, ama ufak bir parti yapmaya ne dersin?"

İtalyan bunalmış halde yatakta dikildi. "Bana bak kadın," diye bağırdı, "Ben seni tanımam, sen de beni tanımazsın. Gecenin bir vaktinde kimi bulup da partiye davet edeceğiz ki?"

Ama işte olay budur: "Sen beni tanımazsın, ben de seni tanımam." Tamamen tesadüflerden ibaret. Ortada ihtiyaçlar var; insanlar kendilerini yalnız hissediyorlar; birilerinin bu yalnızlığı gidermesini istiyorlar. Buna aşk diyorlar. Sevgi gösteriyorlar çünkü karşılarındakini tavlamasının tek yolu bu. O da buna aşk diyor çünkü seni tavlamasının tek yolu bu. Ama bunun gerçekten aşk olup olmadığını kim bilebilir? Aslında, aşk bir oyundur.

Evet, gerçek bir aşk olma ihtimali var, ama bu ancak kimseye ihtiyaç duymadığında başına gelir – işin zorluğu burada. Bir bankaya gidip de para istersen vermezler. Paraya ihtiyacın yoksa, yeterince paran varsa, onlar sana gelip daha fazlasını vermek isterler. Sana ihtiyacın olmayanı vermeye hazırlar; ihtiyacın olanı vermeye hazır değiller.

Kimseye ihtiyacın olmadığında, kendi kendine yettiğinde, yalnızken gayet mutlu ve mesut olduğunda, işte o zaman aşk mümkündür. Ama o zaman da karşındakinin aşkının gerçek olup olmadığını bilemezsin – sadece tek bir şeyden emin olabilirsin : kendi aşkının gerçekliğinden. Diğeri hakkında nasıl emin olabilirsin ki? Ama zaten buna gerek yoktur.

Diğerinin aşkının gerçek olup olmadığı konusundaki bu bitmez tükenmez endişe bir şeye işaret ediyor: kendi aşkının gerçek olmadığına. Yoksa, kimin umurunda olurdu? Ne diye buna kafa yorasın? Sürdüğü sürece keyfini çıkar, beraber olabiliyorken ol! Bu bir masal, ama masallara ihtiyacın var.

Nietzsche, insan öyle ki, yalanlar olmadan yaşayamaz, derdi. İnsan gerçekle yaşayamaz; gerçek ona fazla gelir. Yalanlara ihtiyacın var – yalanlar belli etmeden sistemini cilalarlar. Onlar birer ciladır – bir kadına rastlarsın, dersin ki, "Ne kadar güzelsin! Hiç bu kadar güzel birini görmemiştim." Bunlar cilalayıcı yalanlardır – sen de bunu bilirsin! Aynı şeyi daha önce başka kadınlara da söyledin, ve gelecekte de söyleyeceksin. Ve kadın da sana bugüne kadar çekici bulduğu tek erkeğin sen olduğunu söyler. Bunlar yalandır. Bu yalanların ardında ihtiyaçtan başka birşey yoktur. Kadının içindeki boşluğu doldurmasını istersin; onun varlığı ile bu kocaman deliği kapatmak istersin. O da bunu ister. Birbirinizi birer araç olarak kullanmak istiyorsunuz.

Bu yüzden aşıklar, sözde aşıklar, hep çelişki içindedir – çünkü kimse kullanılmak istemez, çünkü bir insanı kulanınca onu eşya yerine koyarsın, onu bir mala indirgemiş olursun. Ve her kadın bir erkekle seviştikten sonra biraz hüzün duyar, kendini aldatılmış, kandırılmış hisseder, çünkü adam arkasını döner ve uyur – iş bitmiştir!

Pek çok kadın bana seviştikten sonra ağladığını söyledi – çünkü sevişme sonrasında erkekler ilgilerini kaybediyor. İlgisi bir ihtiyaç uğruna göstermişti; sonra dönüp uyudu ve kadına ne olduğu hiç umurunda değil. Ve erkekler de aldatılmış hissediyorlar. Zamanla kadının kendilerini başka bir amaçla sevdiğinden şüpheleniyorlar – para, güç, güvence. İlgi ekonomik olabilir, ama aşk değil.

Ama bu doğru. Bu ancak böyle olabilir; başka türlü olamaz. Senin gibi, uyurgezer gibi yaşayınca, olabilecek tek şey bu. Ama bu yüzden kadının seni gerçekten sevip sevmediğini düşünüp endişelenme. Uyku halinde bir başkasının sevgisine ihtiyacın var – yalan olsa bile ihtiyacın var. Keyfini çıkar! Gerginlik yaratma. Ve biraz daha uyanık olmaya çalış.

Bir gün gerçek anlamda uyandığında aşkı yaşayabileceksin – ama o zaman sadece kendi aşkından emin olacaksın. Ama bu yeterli! Gerisi kimin umurunda? Çünkü şu anda sen sadece başkalarını kullanmak istiyorsun; kendi başına gerçekten mutlu olabildiğinde kimseyi kullanmak istemeyeceksin. Tek istediğin paylaşmak olacak. İçin öyle dolu ki dışarı taşıyorsun, ve bunu biriyle paylaşmak istiyorsun. Ve birisinin bunu kabul etmesinden minnet duyacaksın. İşte bu kadar!

Şu anda karşındakinin seni gerçekten sevip sevmediği konusunda fazlasıyla endişelisin çünkü kendi aşkından emin değilsin. Bu böyle. Ve kendi değerinden emin değilsin. Birisinin seni gerçekten sevebileceğine inanamıyorsun; kendinde hiçbir şey göremiyorsun. Sen kendini sevemiyorsun; başka birisi seni nasıl sevsin? Bu gerçekdışı, imkansız görünüyor.

Sen kendini seviyor musun? Bu soruyu sormadın bile. İnsanlar kendilerinden nefret ediyorlar ve kendilerini lanetliyorlar – devamlı kendilerini suçluyorlar; berbat bir insan olduklarını düşünüyorlar. Karşındaki senin gibi berbat birini nasıl sevebilir. Hayır, kimse seni gerçekten sevemez – seni kandırıyor olmalı; ortada bir başka neden olmalı. Kadın birşeylerin peşinde mutlaka; adam da öyle.

Sen kendi berbatlığını, değersizliğini biliyorsun – aşk söz konusu bile değil. Ve bir kadın gelip de sana bayıldığını söyleyince ona güvenemiyorsun. Sen bir kadına gidip ona taptığını söyleyince, eğer o kendinden nefret ediyorsa sana nasıl inanabilir? Endişeleri yaratan insanın kendine duyduğu nefret.

Diğeri hakkında emin olmanın yolu yok. Önce kendinden emin ol. Ve kendinden emin olan birisi tüm dünyadan emindir. Senin içinin en derin yerinde duyduğun özgüven, yaptığın ve sana yapılan herşeye yansır. Kendinle barışıksan asla böyle şeylerden endişe duymazsın. Kabullenirsin.

Eğer birisi seni severse bunu kabullenirsin çünkü kendini seviyorsundur. Kendinle mutlusun; başka biri seninle mutlu – ne güzel! Bu seni sarhoş etmez, egonu aşırı şişirmez. Sadece keyfine bakarsın; bir başkası daha senden keyif almaktadır – ne güzel! Sürdüğü sürece bu masalı elinden geldiğince güzel yaşa – sonsuza dek sürmeyecek.

Bu da sorun yaratır. Bir aşk bittiği zaman onun yalan olduğunu düşünmeye başlarsın – o nedenle bitmiştir. Hayır, bu şart değil – hiç şart değil. İçinde belki bir gerçek pırıltısı vardı, ama bu gerçeği koruyup tutamadın, karşındaki de öyle. Onu öldürdün. O oradaydı ve sen onu öldürdün. Aşk yaşamaya elverişli değildin. Aşka ihtiyacın vardı, ama yaşayacak kapasiten yoktu. Böylece bir kadına ya da adama rastlarsın; herşey gayet iyi gider, pürüzsüz ve çok güzel gider – başta. İşler rayına oturduğu anda herşey tatsızlaşır. Ne kadar kurulu düzene geçersen o kadar sorun çıkar. Bu aşkı öldürür.

Gördüğüm kadarıyla, her aşkın başlangıcında bir ışık vardır, ama aşıklar onu öldürüyor. İçlerindeki tüm karanlığı alıp bu ışığa dalıyorlar. İçine dalıp onu mahvediyorlar. Sonra da yalan olduğunu düşünüyorlar. Halbuki onu öldürdüler! Yalan değildi – kendileri birer yalan. Işık gerçekti.

O yüzden diğeri hakkında endişelenme; aşkın gerçekliği hakkında kafa yorma. Aşk varken zevkine var. Bir rüya bile olsa güzeldir. Ve gittikçe daha uyanık olmaya, bu uyku halinden çıkmaya çalış.

Farkındalığa eriştiğinde kalbinde tamamen farklı türde bir aşk doğacak – kesinlikle gerçek, sonsuzluğun bir parçası olan bir aşk. Ama bu bir ihtiyaç değil, bir lüks.

- **Eğer kıskançlıklar, sahiplenmeler, bağlılık, ihtiyaç ve beklentiler, arzu ve hayaller ortadan kalkarsa aşkımdan geriye birşey kalır mı? Tüm o şiirsellik ve tutku bir yalan mıydı? Aşk acılarım aslında aşktan çok acı mıydı?**

  Sevmeyi öğrenebilecek miyim?

Aşk öğrenilemez, saksıda yetiştirilemez. Yetiştirilen aşk gerçek aşk değildir. Vazodaki gerçek gül değil, plastik bir çiçektir. Birşeyi öğrendiğinde bu sana dışarıdan gelir; içsel bir gelişim neticesinde elde etmezsin. Ve eğer gerçek olacaksa aşkın senin içinden gelmesi gerekir.

Aşk bir öğreti değil bir gelişimdir. Senin tek yapman gereken aşkın ne olduğunu öğrenmek değil, ne olmadığını öğrenmekten vazgeçmektir. Engellerin ortadan kalkması gerekir – o zaman aşkın doğal olur, kendiliğinden gelişir. Engeller kalkıp da fazlalıklar atılınca aşk akmaya başlar. Zaten oradadır – pınarın kaynağı kayaların ardına saklanmıştır ama oradadır. O senin kendi varlığındadır.

O bir armağandır, ama gelecekte başına gelecek bir şey değil – doğduğunda sana verilmiştir. Var olmak, aşk demektir. Nefes alabiliyorsan sevebilirsin. Aşk nefes almak gibidir. Nefes almak beden için ne anlama geliyorsa aşk da ruhun için aynı şeydir. Nefessiz kalan beden ölür; aşksız kalan ruh da ölür.

İlk hatırlayacağın şudur: Aşk öğrenilmez. Ve eğer öğrenirsen gerçek anlamını ıskalarsın; aşk diye başka bir şeyleri öğrenmiş olursun. Sahte bir şeylerdir bunlar. Sahte para, gerçeğine çok benzer; gerçeğini tanımıyorsan sahtesi seni rahatça kandırır. Ancak gerçeğini tanırsan ikisi arasındaki farkı anlayabilirsin.

Ve engeller şunlar: kıskançlıklar, sahiplenmeler, bağlılık, beklentiler, arzular…Ve korkunda haklısın : "Tüm bunlar ortadan kalkarsa aşkımdan geriye birşey kalır mı?" Senin aşkından geriye hiçbir şey kalmaz. Aşk kalır sadece…ama aşkın "ben" veya "sen" ile ilgisi yoktur. Aslında, tüm o sahiplenme, kıskançlık, beklenti ortadan kalkınca aşk yok olmaz – sen yok olursun, ego yok olur. Tüm bunlar egonun gölgeleridir.

Kıskanç olan aşk değildir. İzle, bak, tekrar izle. Sen kıskançlık duyduğunda kıskanan aşk değildir; aşk asla kıskançlık nedir bilmez. Tıpkı güneşin karanlığı tanımadığı gibi aşk da kıskançlığı tanımaz. İncinen egodur, rekabete giren egodur, devamlı didişir durur. Hırslı olan ve başkalarından üstün özel biri olmak isteyen egodur. Kıskançlık hissedip sahiplenen egodur – çünkü ego ancak sahiplenerek varolabilir.

Daha çok şeye sahip oldukça egon daha fazla güçlenir; sahip olunanlar olmadan ego varolamaz. Ego tamamen sahip olduklarına bağımlıdır. Yani eğer daha çok paran, gücün, prestijin, güzel bir eşin, güzel çocukların varsa egon kendini müthiş iyi hisseder. Elindekiler yok olunca, hiçbir şeyin kalmayınca, egoyu arasan bulamazsın. "Ben" diyecek kimse kalmamıştır ortada.

Ve eğer sen bunun aşk olduğunu düşünüyorsan, o zaman elbette ki aşkın da uçup gidecektir. Senin aşkın aşk değil ki. Seninki kıskançlık, sahiplenme, nefret, öfke, şiddet; aşkın dışında binbir tane başka şey. Aşk maskesi takıyor – çünkü tüm bunlar öyle çirkin ki maskesiz var olamazlar.

Çok eski bir hikaye:

Dünya yaratılmıştı ve Tanrı her gün dünyaya yeni şeyler yolluyordu. Bir gün dünyaya Güzellik ile Çirkinlik yolladı. Cennetten dünyaya yol çok uzun – buraya vardıklarında sabahın erken saatleriydi, güneş yeni doğuyordu. Bir gölün yakınlarına indiler ve yıkanmaya karar verdiler çünkü tüm vücutları ve giysileri toz içindeydi.

Dünyanın nasıl bir yer olduğunu bilmediklerinden – daha yeni gelmişlerdi – giysilerini çıkardılar; çırılçıplak vaziyette gölün serin sularına daldılar. Güneş doğuyordu, insanlar geliyordu. Çirkinlik bir şaka yaptı – Güzellik göle açılmış yüzerken kendisi kıyıya çıktı, Güzelliğin giysilerini giydi ve kaçtı. Güzellik, "İnsanlar geliyor ve ben çıplağım" diye farkına varıp da etrafına bakınana kadar...kıyafeti gitmişti! Çirkinlik ortada yoktur ve Güzellik güneşin altında çıplak durmaktadır ve kalabalık o tarafa doğru ilerlemektedir. Başka yol bulamayınca Çirkinliğin giysilerini üstüne geçirdi ve elbiseleri değiş tokuş yapmak üzere Çirkinliğin peşine düştü.

Hikayeye göre hala arıyor...ama Çirkinlik çok kurnaz ve her seferinde kaçmayı başarıyor. Çirkinlik hala güzelliğin giysileri içinde, Güzellik maskesini takınmış ve Güzellik de onun giysileri içinde dolanıyor.

Bu çok güzel bir hikaye.

Tüm bunlar öylesine çirkin ki gerçek yüzünü görsen onlarla bir dakika kalmaya bile dayanamazsın. O yüzden sana gerçek yüzlerini göstermiyorlar. Kıskançlık aşk taklidi yapıyor, sahiplenme duygusu aşk maskesi takınıyor...ve sen böylece rahatlıyorsun.

Kimseyi değil kendini kandırıyorsun. Bunların hiçbiri aşk değil. Senin aşk diye bildiğin, bugüne kadar aşk sandığın şey yok olacak. İçinde hiç şiirsellik yok. Evet, tutku var – ama tutku ateşli bir durum, bilinçsiz bir hal. Tutku şiirsel değil. Şiiri ancak budalar bilir – yaşamın şiiri, varoluşun şiiri.

Heyecan, ateş, bunlar yüce duygular değil. Öyle gibi duruyorlar, sorun da bu zaten. Yaşamda pekçok şey birbirine benziyor ve farklılıklar belli belirsiz, çok ince birer çizgiyle ayrılıyor. Heyecan yüce bir coşku gibi görünebilir – ama değildir, çünkü yüce coşku temelde sakindir. Tutku ateşlidir. Aşk serindir, soğuk değil ama serin. Nefret soğuktur. Tutku, cinsel arzu ateşlidir. Aşk tam ortadadır. Müthiş dingin, sakin, sükunet içinde bir duygudur. Ve bu sessizlikten şiir doğar, şarkı doğar, varlığın danseder.

Senin şiirsellik ve tutku dediklerin yalandan ibaret – ama güzel birer maske takmışlar. Senin yüz şairinden doksandokuzu aslında şair değil, duygu fırtınaları içinde tutku, ateş, cinsel istek rüzgarlarına kapılmış insanlar. Senin yüz şairinden sadece bir tanesi gerçek şair.

Ve bu gerçek şair hiç şiir yazmayabilir çünkü onun tüm varlığı bir şiirdir. Oturması, kalkması, yürümesi, uyuması – hepsi şiirseldir. Şiir olarak varolur. Şiir yazabilir, yazmayabilir, bunun bir alakası yoktur.

Ama senin şiir dediğin kendi ateşinin, kızışmış bilincinin ifadesinden başka bir şey değil. Bu bir delilik hali. Tutku delidir, kördür, bilinçsizdir – çünkü sana aşkmış gibi bir his verir.

Aşk ancak meditasyon varsa mümkün olur. Eğer kendi varlığına konsantre olmayı, kendi içinde rahatlayıp gevşemeyi bilmiyorsan aşkın ne olduğunu asla öğrenemeyeceksin. Aşk ilişki şeklinde ortaya çıkar, ama temeli yalnızken atılır. Aşk iletişim kurarak ifade edilir, ama aşkın kaynağı iletişim değildir; aşkın kaynağı meditasyondur. Sen kendi başına tamamen mutluysan – bir başkasına ihtiyaç duymuyorsan, diğeri bir ihtiyaç değilse – o zaman aşk için müsait olursun. Eğer diğeri senin için bir ihtiyaçsa ancak onu kullanabilir, sömürebilir, baskı altına almaya çalışabilirsin, ama sevemezsin.

Diğerine bağımlı olduğun için sahiplenme ortaya çıkar – korkudan doğar. "Kim bilir? Bugün benimle beraber; yarın yanımda olmayabilir. Geleceği kim bilebilir?" Karın çekip gidebilir, çocukların büyüyüp evden ayrılabilir, kocan seni terkedebilir. Ne olacağını kim bilebilir? Bu gelecek korkusu yüzünden fazlasıyla sahiplenirsin. Sevdiğini sandığın insanı esir alırsın.

Ama aşk bir hapishane yaratamaz – ve eğer yaratırsa da nefrete yapacak iş kalmaz. Aşk özgürlük getirir, aşk özgürlük verir. Sahiplenmenin tam aksidir. Ama bu ancak ihtiyaca değil paylaşmaya dayalı türde bir aşkı yaşıyorsan mümkündür.

Aşk taşan bir coşkunun paylaşımıdır. Senin için coşkuyşa taşar; içinde tutamazsın onu, paylaşman gerekir. O zaman olay şiirselleşir ve o zaman bu dünyanın ötesinden gelen müthiş bir güzelliğe bürünür. Bu aşkı öğrenemezsin, ama önündeki engelleri kaldırabilirsin.

Pek çok kez aşk sanatını öğrenin dedim, ama aslında şunu demek istiyorum: Aşka engel olan herşeyden kurtulmayı öğrenin. Bu tersine bir süreçtir. Kuyu kazmaya benzer : Bir sürü taş, toprak, kaya parçasını kazıp çıkarırsın ve sonra aniden suya ulaşırsın. Su hep oradaydı; alttan alta akıyordu. Sen şimdi tüm engelleri kaldırdın ve suya kavuştun. Aşk da böyle: Aşk varlığının derinliklerinde akıyor. Ama üzerinde kaldırılması gereken bir sürü taş toprak var.

Aşk sanatını öğrenin dediğimde bunu kastediyorum işte. Bu aslında aşkı öğrenmek değil aşkın önünde duranlardan kurtulmayı öğrenmek oluyor.

- **Hoşlanmak ile sevmek arasındaki fark nedir? Ve ayrıca, sıradan aşk ile spiritüel aşk arasındaki fark nedir?**

Hoşlanmak ile sevmek arasında büyük bir fark var. Hoşlanmak karşılıklı bir bağlılık içermiyor, aşk ise bağlılık. O yüzden insanlar aşktan pek sözetmiyorlar. Hatta insanlar hiçbir bağlılığın gerekmediği bağlamlarda sevgi sözcüğünü kullanıyorlar. Örneğin "Dondurmaya aşığım," deniyor. İnsan nasıl dondurmaya aşık olabilir? Hoşlanabilirsin ama aşık olamazsın. Ve insanlar "Köpeğime aşığım, arabamı seviyorum, şunu veya bunu çok seviyorum" diyorlar.

Aslında herkes başka birine "Seni seviyorum" demekten çok ama çok korkuyor.

Duyduğuma göre : Aylardır flört etmekte olan bir çift vardı. Ve kız bekliyordu tabii ki – üstelik sevişiyorlardı ama adam ona henüz "Seni seviyorum" dememişti.

Aradaki farka bir bakın – eskiden insanlar "aşık olurlardı." Şimdi "sevişiyorlar." Farkı görüyor musun? Aşık olmak sevişmenin altında eziliyor; pasif kalıyor. Sevişmek neredeyse saygısızlık oluyor, aşkın güzelliğini bozuyor. Aktif bir davranışa dönüşüyor, sanki bir şey yapılıyormuş gibi: sen olayı yönlendirip kontrol ediyorsun. İnsanlar olayın lisanını değiştirdiler – "aşık olmak" yerine "sevişmek" diyorlar.

Adam kadınla sevişiyordu, ama tek bir kez bile "seni seviyorum" dememişti. Kadın da bekleyip duruyordu.

Bir gün adam telefon açtı ve "Bunu sana söylemeyi epeydir düşünüyorum. Artık vakti geldi gibi gözüküyor. Söylemem lazım, daha fazla içimde kalmasın," dedi. Kadın çok heyecanlandı ve kulaklarını dört açtı – beklediği an gelmişti. Ve dedi ki, "Hadi söyle!" Adam, "Artık söylemeliyim, daha fazla kendime saklayamayacağım: senden gerçekten çok hoşlanıyorum," dedi.

İnsanlar birbirlerine "Senden hoşlanıyorum," diyorlar. Niçin "Seni seviyorum" diyemiyorlar? Çünkü aşk bağlılık, beraberlik, risk, sorumluluk içeriyor. Hoşlanmak ise anlık bir olay – senden bugün hoşlanırım, yarın hoşlanmam; hiçbir riski yok. Birisine "Seni seviyorum" dediğinde bir risk alıyorsun. Diyorsun ki, "Seni seviyorum: seni sevmeye devam edeceğim, yarın da seni seviyor olacağım. Bana güvenebilirsin, sana söz veriyorum."

Aşk söz vermektir, hoşlanmanın bununla ilgisi yoktur. Bir adama "Senden hoşlanıyorum" dediğinde onunla değil kendinle ilgili bir şey söylemiş oluyorsun. Diyorsun ki, "Ben buyum, senden hoşlanıyorum. Dondurmadan ve arabamdan da hoşlanıyorum. Aynı şekilde, senden hoşlanıyorum." Sen kendi hakkında bir şey söylemiş oluyorsun.

Birisine "Seni seviyorum" dediğinde kendinle değil o insanla ilgili bir şey söylüyorsun. "Sen güzelsin," diyorsun. Oklar diğer insanı gösteriyor. Ve sonra ortada bir tehlike var – bir söz veriyorsun. Aşk, söz verme özelliği taşır ve bağlılık ve birliktelik. Ve aşkın sonsuz bir tarafı vardır. Hoşlanmak anlıktır; hoşlanmanın riski yoktur, sorumluluğu yoktur.

Bana soruyorsun: Hoşlanmak ile sevmek arasındaki fark nedir? Ve ayrıca, sıradan aşk ile spiritüel aşk arasındaki fark nedir?

Hoşlanmak ve sevmek farklı, ama sıradan aşk ile spiritüel aşk arasında hiçbir fark yok. Aşk zaten spiritüel. Ben sıradan aşka hiç rastlamadım; sıradan olan şey hoşlanmak. Aşk asla sıradan değildir – olamaz, özünde sıradışıdır. Bu dünyaya ait değildir.

Birisine "Seni seviyorum" dediğinde aslında şöyle diyorsun, "Bedenin beni kandıramaz, seni gördüm. Bedenin yaşlanabilir ama ben seni gördüm, bedensiz olan seni. Senin ta içini, ruhunu gördüm." Beğenmek yüzeyseldir. Aşk insanın ruhunun içine işler.

Hiçbir aşk sıradan değildir. Aşk sıradan olamaz, yoksa ona aşk denmez. Aşka sıradan demek tüm bu aşk olayını yanlış anlamaktır. Aşk asla sıradan olamaz, aşk her zaman sıradışı, hep spiritüeldir. Hoşlanmak ile sevmek arasındaki fark budur: Hoşlanmak maddidir, aşk spiritüeldir.

- **Aşk ile hoşlanmak arasındaki farktan bahsederken aklımı karıştırdın. Aşkın bağlılık olduğunu söyledin, ama ben bağlılığın bir tür esaret olduğunu sanıyordum. Benim sevdiğim bir sürü insan var ama onlara karşı bir bağlılık hissetmiyorum. Onları yarın da seveceğimi nasıl öngörebilirim?**

Bu soru önemli. Bana çok ama çok iyi kulak vermen gerekecek çünkü bu ince bir ayrım ve üstelik karmaşık.

Ben aşkın bağlılık olduğunu söylediğimde ne demek istedim? Yarın için söz vermen gerektiğini söylemiyorum, ama işin içinde bir söz var. Söz vermen gerekli değil, ama söz orada duruyor. İşin inceliği ve karmaşıklığı da bu. Sen demiyorsun ki, "Seni yarın da seveceğim" – ama o aşk anında söz de bulunuyor. Dile getirmeye gerek bile yok.

Birisini sevdiğinde farklı bir şey hayal bile edemezsin; bu insanı bir gün gelip de sevmeyeceğini düşünemezsin; bu imkansızdır, aşkın bir parçası değildir. Ve ben senin bu aşkının bitmeyeceğini söylemiyorum. Bitebilir de, bitmeyebilir de; sorun bu değil. Ama sen o aşk anının içindeyken, iki kişi arasında enerji akışı varken, bir köprü oluşur, altından bir köprü ve bu şekilde bağlanırlar. Bu böyle olur: Günün birinde belki de birlikte olmayacağınızı aklın asla almaz. İşte bağlılık budur. Bunu illa sözlere dökmen, belediyeye gidip resmi açıklama yapman gerekmez: "Sonsuza dek seninle olacağım." Aslında bu resmi açıklamayı yapmak ortada aşk olmadığını gösterir; kanuni bir düzenlemeye ihtiyaç duyuyorsundur. Eğer bağlılık varsa, herhangi resmi bir belge gerekmez.

Aşk olmayınca evliliğe gerek duyulur. Eğer derin bir aşk varsa evliliğe gerek kalmaz. Evliliğin ne lüzumu var? Bir yılana bacak takmak, veya kırmızı bir gülü kırmızıya boyamak gibi. Gereksiz oluyor. Neden belediyeye gidilsin? İçinde aşkın tam olmadığına dair bir korku olmalı.

Çok aşık iken bile günün birinde bu kadını terkedebileceğini düşünüyorsun. Kadın da, "Kim bilir? Yarın bu adam beni terkedebilir. En iyisi belediyeye gitmek. Önce iş resmiyete dökülsün, böylece emin olabileyim" diye düşünüyor. Peki bu ne gösteriyor? Aşkın tam olmadığını. Öyle olsa, bağlılık sözü zaten kendiliğinden orada bulunurdu. Bağlılığın zorla gündeme oturtulması gerekmezdi, zaten olayın bir parçası olurdu.

Aşıkken bunu doğal olarak yaşarsın, planlamazsın. Bu his doğaldır ve bazen sözlere dökülür: "Seni sonsuza dek seveceğim." Bu o anın derinliğini ifade eder. Unutma ki yarın hakkında hiçbir şey söylenmiyor. Bu bir söz değil. Sadece aşkın derinliği ve bütünlüğü öylesine büyük ki otomatik olarak "Seni sonsuza dek hep seveceğim. Bizi ölüm bile ayıramaz" diyorsun. Tam bir aşk işte böyle hissedilir.

Tekrarlıyorum – bu yarın birlikte olacağız anlamına gelmiyor. Kim bilir? Mesele bu değil. Yarın icabına bakılır nasılsa.

Aşık bir beyne yarın fikri asla girmez. Yarın hiç düşünülmez; gelecek yok olur, şu yaşanan an sonsuzluğa dönüşür. Bağlılık işte budur.

Ve yarın...birlikte olmayabilirsin, ama ihanet etmiyorsun. Kandırmıyorsun, aldatmıyorsun. Üzülürsün, hüzünlenirsin, ama ayrılman gerekir. Ben bunun illa ki böyle olacağını söylemiyorum – olmayabilir de. Bu binbir şeye bağlıdır. Hayat senin aşkının üstüne kurulu değildir. Öyle olsaydı sonsuza dek yaşardın. Ama hayat binbir tane şeye bağlı. Aşkta "Birlikte sonsuza dek yaşayacağız" hissi var ama aşk yaşamın tümü değil. Aşk varken öyle yoğun yaşanır ki insanı sarhoş eder. Ama sonra binbir tane ufak tefek şey girer araya.

Bir adama aşık olursun ve o anda onunla cehenneme kadar gitmeye razısındır – ve bunu söylersin de ve yalan değildir. Tamamen dürüstçe şöyle dersin, "Seninle gerekirse cehenneme bile giderim!" – ve tekrar söylüyorum, bu konuda dürüstsündür.

Ama yarın, o adamla yaşarken, bazı ufak şeyler – pis bir banyo mesela – ilişkini bozabilir. Cehennem çok uzak gelir, o kadar uzağa gitmeye lüzum yoktur – pis bir banyo! Veya ufak bir alışkanlık : adam geceleri horlar ve bu seni deli eder. Ve sen cehenneme gitmeye hazırdın ve doğru söylüyordun, o anda bu gerçekti. Yalan değildi, aklında başka şey yoktu – ama adam gece horlar, veya feci ter kokar veya nefesi kokar ve seni öptüğünde bu bir işkenceye dönüşür.

Küçük şeyler, ufacık şeyler; insan aşıkken bunları hiç düşünmez. Banyoya veya horlamaya kim aldırış eder? Ama bir insanla beraber yaşıyorsan araya binbir çeşit şey girer ve bunlardan herhangi biri ilişkini bozup aşkı mahvedebilir.

Yani ben bağlılıkta illa söz veriliyor demiyorum. Aşk anının bir bağlılık ve söz verme anı olduğunu söylüyorum sadece. Sen o anın içinde kendini tamamen veriyorsun. Ve doğal olarak, bir sonraki an gelecek ve hala beraber olma ihtimaliniz çok yüksek. Bugünden yarın doğacak. Yarın apansızın bastırmayacak, bugünden kaynaklanacak. Eğer bugün ortada büyük bir aşk varsa bu yarına taşınacaktır. Bir devamlılığı olacaktır. O nedenle aşk sürebilir – ama bu hep bir olasılıktır. Aşk da bunu anlar.

• **Bazen kalbimde aşka benzer duygular uyansa da hemen ardından bunun aslında aşk olmadığı hissine kapılıyorum. Bunlar benim hani şu gizli seks merakımdan kaynaklanıyormuş gibi geliyor.**

Bunda ne var peki? Aşkın cinsel arzudan doğması gerekir. Şehvetten kaçarsan aşk fırsatını da kaçırmış olursun. Aşk sadece cinsel istek değildir, doğru; ama aşk onsuz da olmaz – bu da doğru. Evet, aşk şehvetten üstündür, ama eğer şehveti tamamen yok edersen çamurdan bir çiçek doğması ihtimalini de öldürmüş olursun. Aşk lotus çiçeğidir, şehvet de o çiçeğin içinden yükseldiği çamur.

Bunu unutma; yoksa asla aşka erişemezsin. En fazla şehveti aştığını iddia edebilirsin. Çünkü aşk olmadan kimse şehveti aşamaz; ancak bastırabilirsin. Bastırınca zehirli hale dönüşür. Tüm sistemine yayılır, toksik bir hal alır, seni mahveder. Aşka dönüşen şehvet sana bir ışıltı katar. Hafifler ve sanki uçacakmış gibi hissedersin. Kanatların çıkar. Şehveti bastırınca adeta bir ağırlık taşıyormuşsun, boynunda bir taş asılıymış gibi hantallaşırsın. Bu şekilde havalara uçma şansını tamamen yitirirsin. Şehvet aşka dönüştüğünde varoluşun sınavını geçmiş olursun.

Sana yaratıcılığını göstermen için malzeme sunuluyor. Şehvet bu malzemedir işte.

Şu hikayeyi duydum...

Sadece iş ortağı değil bir ömür boyu dost olan Berkowitz ile Michaelson bir anlaşma yaptılar : İlk önce hangisi ölürse geri gelip diğerine cennetin nasıl bir yer olduğunu anlatacaktı.

Altı ay sonra Berkowitz öldü. Çok ahlaklı bir adamdı, neredeyse bir azizdi, asla günaha girmemiş, şehvet ve cinsellikten hep korkup kaçmıştı. Ve Michaelson kaybettiği sevgili dostunun dünyaya geri geldiğine dair bir işaret bekliyordu. Büyük bir hevesle Berkowitz'den mesaj bekleyerek günlerini sabırsızlık içinde geçiriyordu.

Öldüğü günden tam bir yıl sonra, Berkowitz dostuna seslendi. Michaelson yataktaydı.

"Michaelson, Michaelson," diye yankılandı ses.

"Berkowitz, sen misin?"

"Evet."

"Olduğun yer neye benziyor?"

"Kahvaltı ediyoruz ve sonra sevişiyoruz, sonra öğlen yemek yiyoruz ve sevişiyoruz, akşam yemeğini yedikten sonra sevişiyoruz."

"Yani cennet böyle bir yer mi?"

"Ne cenneti canım?" dedi Berkowitz. "Ben bir boğayım ve bir çiftlikte yaşıyorum."

Unutma, cinselliği bastıran insanlarda böyle olur. Başka türlüsü olamaz çünkü bastırdığın tüm o enerji bir yüke dönüşüp seni aşağı çeker. Daha aşağı düzeyde bir yaşam sürersin.

Şehvetten aşk doğunca daha yüce bir varlık olmaya doğru ilerlersin. O yüzden şunu unutma – bir buda mı yoksa boğa mı olmak istediğin sana bağlı. Buda olmak istiyorsan seksten korkma. İçine gir, tanı, bu konuda gittikçe daha bilinçli ol. Dikkatli ol; bu oldukça yüklü ve değerli bir enerji. Onu meditasyon haline getir ve yavaş yavaş aşka dönüştür. Şehvet işlenmemiş pırlanta gibidir. Onu kesip biçmen gerekir; o zaman değeri müthiş artar. Birisi sana hiç işlem görmemiş bir pırlanta verse onun pırlanta olduğunu bile anlamazsın. Kaşıkçı Elması bile işlenmeden önce beş para etmezdi.

Şehvet değerli bir elmas gibi; parlatılması, anlaşılması lazım.

Soruyu soran ürkek ve olumsuz konuşuyor: "Bunlar benim hani şu gizli seks merakımdan kaynaklanıyormuş gibi geliyor." Burada bir onaylamama hissi seziliyor. Halbuki bu yanlış değil ki; insan cinsel bir yaratık. Biz böyleyiz işte. Yaşam böyle olmamızı istiyor. Biz buraya bu sayede geldik. Olayın içine gir. Girmezsen asla değiştiremezsin. Ben sırf kendini tatmin etmekten sözetmiyorum. Olayı anlayabilmek için meditasyona yönelik derin bir enerji ile içine gir diyorum. Bu çok değerli birşey olmalı çünkü sen de bu şekilde doğdun, çünkü tüm kainat bunun tadına varıyor, çünkü tüm kainatta cinsellik var.

Seks Tanrı'nın bu dünyada var olma yöntemi, Hristiyanların İsa'yı bakire bir kadının doğurması gibi palavralarını boşver sen – hepsi saçmalık bunların. İsa'nın doğumunda seks işin içinde değilmiş gibi numara yapıyorlar. Seksten öyle korkuyorlar ki İsa'nın bakire Meryem'den doğduğuna dair aptalca hikayeler uyduruyorlar. Meryem çok saf ve temizdi mutlaka, bu doğru; spiritüel olarak bir bakireydi, bu doğru – ama seks denen enerjiden geçmeden bu yaşamın içine doğmanın yolu yok. Beden başka kanun tanımıyor. Ve doğa herşeyi kapsıyor. Doğada istisnalara yer yok. Sen seks sayesinde dünyaya geliyorsun, için seks enerjisi ile dopdolu, ama herşey bundan ibaret değil. Bu ancak başlangıç olabilir. Seks başlangıç, ama son değil.

Üç tip insan var. Biri seksin aynı zamanda bir son olduğunu düşünüyor. Bu insanlar hayatta sadece kendi keyiflerine bakıyorlar. Çok şey kaçırıyorlar, çünkü seks son değil başlangıç. Sonra her türlü keyfe karşı insanlar var. Tam tersteki uç noktaya yöneliyorlar. Seksin başlangıç bile olmasını istemiyorlar, onu yoketmeye başlıyorlar. Bunu yaparken kendilerini de yok ediyorlar. Bunların ikisi de aptalca tutumlar.

Üçüncü bir olasılık var, bu da yaşama bakan bilgeye ait. Onun yaşama empoze ettiği teorileri yok, sadece anlamaya çalışıyor. Seksin başlangıç olduğunu ama son olmadığını görüyor. Seks ötesine geçilecek bir fırsat – ama önce onu yaşamak gerekiyor.

- **Doğu'da insanın tek bir kişi ile aşka dayalı bir ilişki içinde kalmasına önem veriliyor. Batı'da insanlar ilişkiden ilişkiye geçip duruyorlar. Sen hangisinden yanasın?**

Ben aşktan yanayım.

Sana açıklayayım: Aşka sadık kal ve partner olayını boşver. Sorun bir ya da birkaç eşli olmanda değil. Sorun aşka sadık olup olmadığında. Eğer birisiyle birlikte yaşıyor ve onu sevmiyorsan günah içinde yaşıyorsun. Birisiyle evliysen ve onu sevmediğin halde birlikte yaşamaya devam ediyorsan, onunla sevişiyorsan, aşka karşı günah işliyorsun.

Sosyal açıdan rahatlık ve formaliteler uğruna aşktan vazgeçiyorsun. Bu gidip bir kadına tecavüz etmek kadar yanlış. Bir kadının ırzına geçersin; bu bir suçtur – çünkü sen onu sevmiyorsun ve o da seni sevmiyor. Ama sevmediğin halde bir kadınla birlikte yaşamak da aynı kapıya çıkıyor. Bu da bir tecavüz – toplumdan kabul görse de öyle – ve sen aşka karşı geliyorsun.

Yani, Doğu'daki gibi, insanlar tüm yaşamları boyunca tek eşli olmayı seçebilirler; bunda yanlış bir taraf yok. Eğer aşka sadık kalırsan, tek bir kişiyle beraber olmak dünyanın en güzel şeylerinden biridir, çünkü yakınlık gittikçe artar. Ama yüzde doksandokuz ihtimalle bu durumda aşk yoktur; sadece birlikte yaşarsın. Ve birlikte yaşarken aşka değil sadece birlikte bir ömür geçirmeye dayalı bir ilişki oluşur. Bunu aşk ile karıştırma.

Ama eğer mümkünse, o insanı seviyorsan ve tüm yaşamını birlikte geçiriyorsan, arada büyük bir yakınlık doğar ve aşk sana yepyeni yüzlerini gösterir. Çok sık partner değiştirirsen bu mümkün olmaz. Tıpkı bir ağacın yerini sık sık değiştirmeye benzer; o zaman hiçbir yerde kök salamaz. Kök salabilmek için ağacın aynı yerde kalması gerekir. O zaman derinlere iner; güçlenir.

Yakınlık iyidir ve tek eşe bağlılık güzeldir, ama temel gereksinim aşktır. Eğer ağaç taşlık bir yerde ekilmişse ve bu taşlar onu öldürüyorsa, o zaman yerini değiştirmekte yarar var. Aynı yerde kalsın diye ısrarcı olma. Yaşama sadık kal – ağacı kaldır, çünkü o artık yaşama karşı geliyor.

Batı'da insanlar devamlı değişiyor – çok fazla ilişki yaşanıyor. Aşk iki türlü de ölüyor. Doğu'da ölüyor çünkü insanlar değişmekten korkuyor. Batı'da ölüyor çünkü insanlar uzun süre aynı partnerle kalmaktan korkuyorlar – çünkü ciddi birlikteliğe dönüşmesinden korkuyorlar. Bu hale gelmeden değişeceksin ki özgür kalasın. Böylece herşeye izin veriliyor ve özgürlük adına aşk eziliyor, aç bırakılıyor. Her iki şekilde aşk zarar görüyor. Doğu'da insanlar rahatlığa, güvenceye, formalitelere takılıp kalıyorlar; Batı'da ise egolarının özgürlüğüne, bağımsızlığa takılıyorlar. Ama her iki şekilde olan aşka oluyor.

Ben aşktan yanayım. Ne Doğuluyum ne de Batılı ve hangi topluma ait olduğum beni ilgilendirmiyor. Ben herhangi bir topluma ait değilim. Ben aşktan yanayım.

Asla aklından çıkarma: eğer bir aşk ilişkisi içindeysen, iyi. Aşk sürdüğü kadar bu ilişkide kal ve ilişkiye elinden geldiğince sadık ol. Kendini mümkün olduğu kadar çok ilişkine ver; bırak seni içine çeksin. O zaman aşk seni değiştirecektir. Aşk yoksa, değişimde yarar var. Ama o zaman da, değişime bağımlı hale gelme. Sanki arabanı yenilermiş gibi her iki üç yılda bir partner değiştirmeyi mekanik bir huy haline getirme. Yeni bir model piyasaya çıkıyor, o zaman ne yapmalı? – arabanı değiştirmelisin. Aniden, yeni bir kadına rastlıyorsun – bu aynı şey oluyor.

Erkeğin erkek olduğu gibi kadın da kadındır. Aradaki farklar ikinci plandadır, çünkü bu bir enerji meselesi. Kadının enerjisi ona aittir. Her kadın, tüm kadınları temsil eder ve her erkek tüm erkekleri. Farklılıklar yüzeyseldir. Burun daha uzun veya daha kısa olabilir; saç sarı veya kumraldır – sadece yüzeyde kalan ufak değişiklikler bunlar. Esas sorun kadın ve erkek enerjisinin farkı. O yüzden eğer aşk varsa orada kal. Aşkına büyüyüp serpilme şansını tanı. Ama aşk yoksa aşksız bir ilişkiye bağımlı hale gelmeden değiştir.

Evli genç bir kadın günah çıkarırken papaza doğum kontrol yöntemlerini danıştı. "Asla onları kullanmamalısın," dedi papaz. "Hepsi Tanrı'nın kanununa aykırı. Bir bardak su iç."

"Önce mi, sonra mı?" diye sordu genç kadın.

"Yerine!" diye cevap verdi papaz.

Bana Doğu'yu mu, Batı'yı mı izlemen gerektiğini soruyorsun. İkisi de değil; sen yüce yolu seç. Nedir yüce olan? Aşka sadık kal. Aşk varsa herşeye izin var. Aşk yoksa hiçbir şeye izin yok. Karını sevmiyorsan ona dokunma, çünkü haklarını çiğnemiş oluyorsun. Bir kadını sevmiyorsan onunla yatma; bu aşkın kanununa aykırı, ve o da en yüce kanun. Sadece aşık olduğunda herşeye izin var.

Birisi Hippo'lu Augustine'den ricada bulundu : "Ben çok cahil bir adamım ve kutsal kitabı, dini kitapları okuyamıyorum. Sen bana sadece ufak bir mesaj ver. Ben oldukça aptalım ve hafızam da epey zayıf, o yüzden kısa bir özet yap ki hatırlayıp ona uyabileyim." Augustine büyük bir filozof, yüce bir azizdi ve harika vaazlar vermişti, ama daha önce kimse ondan özet istememişti. Derler ki gözlerini kapattı, saatlerce meditasyon yaptı. Ve adam sonunda dedi ki, "Lütfen, buldunsa söyle de gideyim, saatlerdir burada bekliyorum." Augustine dedi ki, "Şundan başka birşey bulamıyorum : Sev, ve seversen herşeye izin var. Sen sadece sev yeter."

İsa, "Tanrı sevgidir," diyor. Ben de sana diyorum ki, sevgi Tanrı'dır. Tanrı'yı boşver; aşk yeterlidir. Sevgiyle hareket edecek kadar cesur ol; başka hiçbir şeyi gözönüne almamalısın. Sevgiden yola çıkarsan herşey mümkün olur.

İlkönce, sevmediğin bir kadınla işe girişme. Aklına esti diye harekete geçme; sırf şehvet yüzünden ilişki kurma. O insana bağlı olmak isteyip istemediğine bak. Derin bir bağ kurmaya hazır mısın? Çünkü bu bağ senin tüm hayatını değiştirecektir.

Ve o bağı kurduğunda bunu dürüstçe yap. Sevgilinin arkasına saklanma – dürüst ol. Alışık olduğun tüm sahte maskeleri at gitsin. Hepsinden vazgeç. Dürüst ol. Kalbini tüm çıplaklığı ile ortaya koy. Aşıklar arasında sır olmamalıdır, yoksa aşk olmaz. Tüm sırlardan vazgeç. Gizlilik politikadan ibarettir. Aşkta yeri yoktur. Hiçbir şeyi saklamamalısın. Kalbindeki herşeyi sevgiline göstermelisin ve o da sana kendi kalbini açmalı. Birbirinize karşı saydam olmalısınız. Zamanla birbiriniz aracılığı ile daha yüce bir birlikteliğe yol aldığınızı göreceksin.

Dışarıdaki kadını derinlemesine tanıyarak, onu severek – ona bağlanarak, varlığında eriyerek – zamanla kendi içindeki kadınla tanışacaksın; kendi içindeki erkekle tanışacaksın. Dışarıdaki kadın içeridekine giden bir yoldur; ve dışarıdaki erkek de içeridekine giden bir yol.

Esas orgazmı içindeki erkekle kadın birleştiğinde yaşarsın. Ardhanarishwar'daki Hindu sembolizminin anlamı budur. Tanrıça   Şiva'nın yarı kadın, yarı erkek heykellerini görmüşsündür – her erkek yarı erkek, yarı kadındır; her kadın yarı kadın, yarı erkektir. Böyle olmalı, çünkü varlığının yarısı annenden, yarısı da babandan geliyor – sen her ikisisin. İçsel bir orgazm, bir buluşma, bir birleşme gerekiyor. Ama bu içsel birleşmeye erişebilmek için dışarıda senin içindeki kadına cevap veren kadını bulmalısın. O senin öz varlığını titretecek ve içinde uyumakta olan kadın uyanacak. Dışarıdaki kadın sayesinde içerideki kadın ile tanışacaksın ve aynı şey erkek için de geçerli.

Eğer ilişkin uzun sürerse daha iyi olur, çünkü o içindeki kadının uyanmak için zamana ihtiyacı var. Batı'da yaşanan kısa ve hızlı ilişkilerde içindeki kadın veya erkeğin uyanmaya vakti olmuyor. En ufak bir titreşim hissedene kadar karşındaki gitmiş oluyor...bu sefer yenisi, yeni bir titreşim geliyor. Ve tabii ki, partnerini değiştirmeye devam edersen nevrotik hale gelirsin çünkü varlığın çok fazla yeni ses ve titreşimi algılamak zorunda kalacak ve içindeki kadına ulaşman gittikçe zorlaşacak. Ve değişime bağımlı hale gelme ihtimalin var. Sadece değişimden zevk alır durumda olacaksın. O zaman işin bitecek.

Dışarıdaki kadın içindekinin yolunu açıyor ve dışarıdaki adam da içindeki adamın. En üst düzey yoga, en yüce mistik birleşme senin içinde yaşanıyor. Bu olduğunda o zaman tüm kadın ve erkeklerden kurtuluyorsun. Kadınlığı ve erkekliği aşmış oluyorsun. Ve artık her ikisi de değilsin. İşte aşmak, yani brahmacharya dediğimiz de budur. O zaman yeniden saf ve bakir oluyorsun; gerçek doğana tekrar kavuşuyorsun.

- **Son zamanlarda sevgilimin bile bana yabancı olduğunu hissediyorum. Yine de aramızdaki ayrılığı aşmak için yoğun bir istek var. Sanki birbirimize paralel yollarda koşuyoruz ama asla karşılaşmamak üzere programlanmışız. Bilinç dünyası geometri kuralına mı uyuyor gerçekten –yoksa paralellerin buluşması için bir şans var mı?**

Bu her sevgilinin yüzleşmesi gereken sorunlardan birisi. Aşıkların yabancılıklarını, diğeri olma özelliklerini, ayrımlarını bırakma imkanı yoktur. Hatta, aşkın işleyişine göre aşıklar zıt kutuplarda olmalıdır. Ne kadar farklı olurlarsa birbirlerine o kadar çekici gelirler. Çekicilik farklarından kaynaklanır. Yaklaşırlar, çok yakınlaşırlar, ama asla birleşmezler. Öylesine yakınlaşırlar ki bir adım daha atsalar tek vücut olacaklarmış gibi gelir. Ama bu adımı atan hiç olmadı, çünkü doğa kanunlarına aykırı olur.

Aksine, çok yaklaştıkları zaman, hemen tekrar uzaklaşır, ayrılırlar. Çünkü fazla yakına gelince çekicilik kaybolur; kavga etmeye, çekişmeye, sevimsizleşmeye başlarlar. Bu şekilde yeniden bir mesafe oluşur. Ve mesafe oluşunca anında çekicilik geri gelir. Bu böyle sürer gider: yaklaşıp uzaklaşmak; yakına gelmek, uzağa gitmek.

Tek vücut olma isteği var tabii – ama biyoloji düzeyinde, beden düzeyinde, tek vücut olmak mümkün değildir. Sevişirken bile tek vücut olmazsın; fiziksel boyuttaki ayrılık kaçınılmazdır.

Sen diyorsun ki, "Son zamanlarda sevgilimin bile bana yabancı olduğunu hissediyorum." Bu iyi. Bu gelişen bir anlayışa işaret ediyor. Sadece çocuksu insanlar birbirlerini tanıdıklarını sanırlar. Daha kendini bile tanımazken sevgilini tanıdığını nasıl düşünebilirsin?

Ne sevgili kendini bilir ne de sen kendini bilirsin. İki bilinmeyen varlık, kendileri hakkında hiçbir şey bilmeyen iki yabancı birbirlerini tanımaya çalışıyorlar – bu gereksiz bir çabadır. Başarısızlığa ve hüsrana mahkumdur. İşte bu yüzden tüm aşıklar birbirlerine öfkelenir. Diğerinin belki de kendilerini özel dünyasına sokmak istemediğini düşünürler : "Beni uzak tutuyor, araya hep bir mesafe koyuyor." Ve ikisi de böyle düşünür. Ama doğru değildir, tüm bu şikayetler yanlıştır. Doğanın kanununu anlamıyorlar, hepsi bu.

Bedensel bağlamda yakınlaşabilirsin ama tek vücut olamazsın. Ancak kalp bağlamında birleşebilirsin – ama sadece anlık olarak, sonsuza dek değil.

Varoluş bağlamında, zaten teksin. Tek vücut olmana gerek yok; bunu keşfetmen yeterli.

Sen diyorsun ki, "Yine de aramızdaki ayrılığı aşmak için yoğun bir istek var." Eğer bunu fiziksel boyutta denemeye devam edersen yine başarısız olursun. Bu istek, aşkın bedeni aşmaya, bedenden daha yüce, daha derin bir şeylere ulaşmaya gereksinim duyduğunu gösteriyor. Kalp kalbe gelmek bile – ne kadar tatlı ve keyifli olsa da – yine de yetersiz kalır, çünkü anlık yaşanır ve sonra yine yabancılar yabancı olarak kalır. Varolmanın dünyasını keşfetmediğin sürece birleşme isteğini gerçekleştiremeyeceksin. Ve tuhaf olan şudur ki, sevgilinle birleştiğin gün tüm varoluşla birleşmiş olacaksın.

Sen diyorsun ki, "Sanki birbirimize paralel yollarda koşuyoruz ama asla karşılaşmamak üzere programlanmışız." Belki de Euclides karşıtı geometriden haberin yok çünkü onu okullarda öğretmiyorlar hala. Bizlere ikibin yıllık Euclides geometrisi öğretiliyor. Buna göre paralel çizgiler asla birleşmez. Ama bulgulara göre çizgileri devam ettirirsen eninde sonunda birleşiyorlar. En son bulguya göre paralel çizgi diye bir şey yok; o yüzden birleşiyorlar. İki paralel çizgi yaratamazsın.

Yeni buluşlar çok tuhaf – bir çizgi, düz bir çizgi bile yaratmıyorsun çünkü dünya yuvarlak. Burada düz bir çizgi yaratırsan, her iki uçtan uzatmaya devam edersen, sonunda bunun bir daireye dönüştüğünü göreceksin. Ve eğer sonuna dek çekilen bir çizgi daire oluyorsa en baştan beri o düz bir çizgi değildi; sadece çok büyük bir dairenin parçasıydı ve büyük bir dairenin parçası çizgi değil hilal biçimindedir. Euclides karşıtı geometride çizgiler ortadan kalkmıştır ve çizgi olmayınca paralel çizgi nasıl olabilir? Paralel çizgi de yoktur.

Yani eğer sorun paralel çizgiler olsaydı o zaman aşıkların biryerlerde buluşma şansı olurdu – belki artık kavga edecek enerjileri kalmadığında, yaşlılıklarında. Veya öyle birbirlerine alışmışlardır ki...ne anlamı kalmıştır – hep aynı tartışmalar, aynı sorunlar, aynı çelişkiler; birbirlerinden sıkılmışlardır.

Sonuçta, sevgililer birbirleriyle konuşmaz olurlar. Ne anlamı vardır ki? Çünkü konuşmaya başlamak demek tartışmaya girmek demektir ve hep aynı tartışmadır; değişmeyecektir. Ve bu konuda çok tartışmışlar ve hep aynı noktaya gelmişlerdir. Ama o zaman bile, iş paralel çizgiler ve aşıklara gelince...geometride sonunda buluşabilirler, ama aşkta hiç ümit yoktur; birbirlerinden sıkılmışlardır.

Buluşmamaları iyidir çünkü eğer aşıklar fiziksel düzeyde tek vücut olma arzularını yerine getirselerdi asla yukarılara bakmazlardı. Bedende gizli saklı başka neler var diye asla araştırmazlardı – bilinç, ruh, Tanrı gibi.

Aşkın başarısız olması iyidir, çünkü bu sayede yeni bir arayışa yelken açarsın. Birleşmenin yaşanacağı tapınağa varana kadar o istek seni yer bitirir – ama bütünle buluşma mutlaka yaşanır...burada sevgilin de vardır, ama aynı zamanda ağaçlar da oradadır, nehirler, dağlar, yıldızlar da.

Bu buluşmada sadece iki şey olmayacaktır : Egon orada bulunmaz ve sevgilinin egosu da orada değildir. Bu iki şey dışında, tüm varoluş oradadır. Ve asıl bu sorun bu iki egodur, paralel çizgileri onlar yaratmıştır.

Sorun çıkaran aşk değil egodur. Ama o istek gerçekleşmeyecektir. Kaç yaşam sürersen sür, bedeni aşıp tapınağa girmek için doğru kapıyı keşfetmediğin sürece istek olduğu yerde kalacaktır.

Biri doksan üç, diğeri doksan beş yaşında bir çift avukatlarına gidip boşanmak istediklerini söylerler. "Boşanmak mı!" der avukat, hayret içinde. "Bu yaşta mı? Şimdi birbirinize her zamankinden daha çok ihtiyacınız olmalı ve üstelik o kadar uzun zamandır evlisiniz ki, bunun ne anlamı var?"

"Şey, der koca, "Boşanmayı yıllardır istiyorduk ama tüm çocuklarımız ölene kadar bekleyelim dedik."

Gerçekten de beklemişler! Artık sorun yok, boşanabilirler – buluşma yok ama boşanma var.

İsteğini canlı tut, ateşi sönmesin; cesaretini yitirme. İsteğin spiritüelliğinin çekirdeğidir. Bu istek, varoluş ile birleşmenin başlangıcıdır. Sevgilin işin bahanesi.

Üzülme, mutlu ol. Fiziksel boyutta buluşma imkanı olmayışına sevin. Aksi takdirde aşıklar değişme fırsatını yakalayamazlar. Birbirlerine takılı kalıp mahvederler.

Bir yabancıyı sevmek yanlış bir şey değil. Hatta, daha bile heyecan verici. Birlikte değilken onunla aranda büyük bir çekim var. Beraber oldukça bu çekim azalıyor. Onu yüzeysel olarak daha iyi tanıdıkça heyecan azalıyor. Yaşam hemen bir rutine dönüşüyor.

İnsanlar aynı şeyi tekrarlayıp duruyorlar. Dünyadaki insanların yüzlerine bakarsan şaşırırsın : Bu insanlar niçin böyle mutsuz? Neden tüm umutlarını yitirmiş gibi bakıyorlar? Nedeni basit; nedeni tekrardır. İnsan zekidir; tekrar etmek onda sıkıntı yaratıyor. Sıkıntı mutsuzluğu getiriyor çünkü insan yarın ve yarından sonra neler olacağını biliyor...mezara kadar hep aynı şey olacak.

Finkelstein ve Kowalski bir barda oturmuş televizyonda haberleri izliyorlardı. Haberlerde, kendini bir çatıdan atlamaya hazırlanan bir kadını gösteriyorlardı. Finkelstein arkadaşına dönüp, "Bak ne diyeceğim. Seninle iddiaya girelim : Kadın atlarsa ben yirmi dolar alacağım. Atlamazsa, sen yirmi dolar alacaksın. Tamam mı?" dedi.

"Tamamdır," dedi Kowalski.

Birkaç dakika sonra kadın çatıdan atlayıp kendini öldürdü.

Kowalski cüzdanını çıkarıp Finkelstein'a yirmi dolar verdi.

Birkaç dakika sonra Finkelstein dostuna döndü ve dedi ki, "Baksana, ben senden bu yirmi doları alamam. Bir şeyi itiraf etmeliyim: Ben bu haberi öğleden sonra izlemiştim. Bu bir tekrardı."

"Hayır, hayır," dedi Kowalski. "Para sende kalsın, adil biçimde kazandın onu. Çünkü aynı haberi ben de daha evvel izlemiştim."

"Öyle mi?" dedi Finkelstein. "Peki o zaman niçin kadının atlamayacağına dair bahse girdin?"

"Şey," dedi Kowalski. "Kadının aynı şeyi iki kez yapacak kadar aptal olacağını düşünmemiştim."

Ama hayat böyle işte...

Eğer insanlar imkansızı istediklerini bilirlerse dünyadaki bu mutsuzluk, bu can sıkıntısı dünyadan silinir.

İmkansızı isteme.

Varoluş kanununu bul ve izle.

Senin tek vücut olma isteğin spiritüel arzundan kaynaklanıyor, o senin özün, dindar tarafın oluyor. Ancak yanlış noktaya odaklanıyorsun.

Sevgilin sadece bir bahane. Bırak sevgilin daha büyük bir aşk deneyiminin bir parçası olsun – tüm yaradılışa duyulan aşk.

Bırak arzuların kendi içsel varlığının arayışına dönüşsün; orada, buluşma şimdiden yaşanıyor, orada, zaten hepimiz biriz.

Orada, kimse birbirinden ayrı değil.

İsteğinde gayet haklısın; ancak arzu nesnen yanlış. Sana acı çektiren de bu. Nesneni değiştir ki yaşamın cennet gibi olsun.

3. BÖLÜM

ÖZGÜRLÜK

Erkek kadını, kadın da erkeği köleye indirgemiş durumda.
Ve tabii her ikisi de kölelikten nefret ediyor, karşı geliyor.
Devamlı kavga ediyorlar;
en ufak bahanede kavga başlıyor.

Ama esas kavga derinlerde başka bir yerde;
aslında özgürlük istiyorlar.
Bunu açıkça dile getiremiyorlar,
belki de tamamen unutmuşlar.
Binlerce yıldır insanlar bu şekilde yaşıyor.
Ana babalarının, büyükanne ve büyükbabalarının
bu şekilde yaşadıklarını gördüler.
İnsanlar böyle yaşar işte –bunu kabulleniyorlar.
Özgürlükleri yok oluyor.

Adeta tek kanatla gökyüzünde uçmaya çalışır gibiyiz.
Birkaç kişide aşk kanadı var
ve birkaçında da özgürlüğün kanadı
–ikisi de uçamıyor. Her iki kanada ihtiyaç var.

- 9 -
TABULA RASA

Filozoflar hep özün varoluştan önce geldiğini, insanın kaderinin doğmadan belli olduğunu düşünmüşlerdir. Tıpkı bir tohum gibi insan tüm programını içeriyor; sorun o çiçeğin açılmasında. Özgürlük diye bir şey yok – geçmişteki filozofların eğilimi böyleydi, insanın değişmez bir kaderi olduğuna inanıyorlardı. Senaryo önceden yazılmış olduğu için insan önceden belirlenmiş bir rolü oynamaya mahkum. Sen bunun farkında değilsin, bu ayrı bir sorun, ama ne yaparsan yap, bu senin elinde değil. Bunu sana Tanrı veya başka doğal, bilinç dışı güçler yaptırıyor.

Bu tavır determinizme, kaderciliğe aittir. İnsanlığın büyük çoğunluğu bundan dolayı büyük zarar gördü, çünkü bu yaklaşıma göre köklü değişikler yaşanması imkansız. İnsanın değişimi adına hiçbir şey yapılamaz; ne olacaksa zaten olacak. Bu tavırdan en çok Doğu zarar gördü. Hiçbir şey yapılamayınca insan herşeyi kabullenmeye başlıyor – kölelik, açlık, fakirlik, çirkinlik; insanın bunları kabullenmesi gerekiyor. Bu anlayış değil, farkındalık değil; Buda Gautama'nın böylelik, tathata, adını verdiği şey değil. Bu sadece güzel kelimelerin ardına saklanan çaresizlik ve ümitsizlik.

Ama sonuçlar felaket derecesinde oluyor. Hindistan'da bunu en uç noktasında görebilirsin: fakirlik, dilenciler, hastalıklar, sakatlar, körler. Ve kimse buna aldırmıyor çünkü hayat böyle, hayat böyleydi ve hep böyle olacak. İnsanın ruhuna bir tür uyuşukluk çöküyor.

Ama tüm bu yaklaşım temelden yanlış. Bu bir teselli, gerçeğe bakıp da edinilen bir görüş değil. Bir şekilde yaraları gizlemeye yarıyor – mantık çerçevesine oturtuyor. Ve mantık yoluyla gerçekleri kapatmaya başlarsan eninde sonunda karanlığa gömülmeye mahkumsun.

Öz, varoluştan önce gelmez; tam tersi, varoluş özden önce gelir. İnsan yeryüzünde özgürlüğe sahip tek varlıktır. Köpek, köpek olarak doğar, köpek gibi yaşar ve köpek gibi ölür; özgürlüğü yoktur. Bir gül de gül olarak kalır, bir değişim olasılığı yoktur; bir laleye dönüşemez. Seçim şansı yoktur, hiçbir özgürlüğü yoktur. Bu noktada insan tamamen farklıdır. İnsanın gururu, benzersizliği, en büyük özelliği budur.

Ben bu yüzden Charles Darwin'in yanıldığını söylüyorum, çünkü insanı diğer hayvanlarla birlikte kategorize ediyor; bu temel farkı hiç gözönüne almıyor. Temel fark şu ki hayvanlar programlanmış olarak doğuyor, sadece insanoğlu bir programı olmadan dünyaya geliyor. İnsan bir tabula rasa, boş bir sayfa olarak doğuyor; üzerinde hiçbir şey yazmıyor. Yazmak istediğin herşeyi sen kendin yazmak zorundasın; bu senin eserin olacak.

İnsan sadece özgür değil, özgürlüğün ta kendisi. Bu onun özü, bu onun ruhu. İnsana özgürlüğü yasakladığın anda en değerli hazinesini, krallığını elinden almış oluyorsun. O zaman bir dilenci durumuna düşüyor ve hayvanlardan çok daha beter bir durumda oluyor çünkü onların hiç olmazsa bir programları var. O zaman insan kayboluyor.

İnsanın özgürlük olarak doğduğu anlaşıldığında tüm boyutlar gelişime açılıyor. Ne olacağın veya olmayacağın senin seçimin oluyor; bu senin eserin olacak. Ve hayat bir macera-ya dönüşüyor – önceden yazılanın gerçekleşmesi değil, yep-yeni bir macera, bir arayış, bir keşif. Gerçek sana önceden verilmiş değil; onu sen yaratacaksın. Bir anlamda, her an sen kendini yaratıyorsun.

Kader teorisini kabul etsen bile bu da yaşamın hakkında karar vermenin bir yolu oluyor. Kaderciliği kabullenerek bir kölenin hayatını seçiyorsun – bu senin seçimin! Sen bir hap-se girmeye, zincire vurulmaya razısın, ama bu hala senin se-çimin. İstersen hapisten çıkabilirsin.

Tabii ki insanlar özgür olmaktan korkuyorlar, çünkü öz-gürlük risklidir. İnsan ne yaptığını, nereye gittiğini, tüm bunların sonucunun ne olacağını kestiremez. Önceden ha-zırlanıp paketlenmemişsen tüm sorumluluk sana ait oluyor. Bu sorumluluğu başkasının sırtına yükleyemezsin. Sonuçta varoluşun önünde durduğunda tamamen kendinden sorum-lu olacaksın. Her ne isen, her kim isen, bundan kaçamazsın – işte korku veren budur. Bu korku yüzünden insanlar tür-lü çeşitli determinist tavırlar takınmaktadır.

Ve bu tuhaf bir şey; dindarlarla inançsızlar sadece bir noktada birleşiyorlar – özgürlük olmadığı konusunda. Baş-ka hiçbir konuda anlaşamıyorlar, ama bu noktada hemfikir olmaları tuhaf. Komünistler inançsız olduklarını söylüyor-lar, ama insanın sosyal, ekonomik, politik şartlar tarafından belirlendiğini söylüyorlar. İnsan özgür değil; insanın bilinci-ni dış güçler belirliyor. Bu mantık aynı kapıya çıkıyor! Dış güce ekonomik yapı diyebilirsin. Hegel buna "Tarih" diyor – unutma, S'si büyük harf olacak –(*ÇN:Osho burada ta-rih,yani ingilizce(history), S'si büyük olacak derken onu ke-limelerle oynayarak (His Story)O'nun yani Tanrı'nın Hika-yesi anlamına getiriyor. ve dindarlar "Tanrı" adını veriyor-lar; S harfi yine büyük yazılıyor. Tanrı, Tarih, Ekonomi, Politika, Toplum – hepsi dış güçler, ama hepsi bir konuda birleşiyor, sen özgür değilsin.

Ben sana diyorum ki, tamamen, kayıtsız şartsız özgürsün. Bu sorumluluktan kaçma; kaçmak bir işe yaramayacak. Ne kadar çabuk kabullenirsen o kadar iyi edersin, çünkü hemen kendini yaratmaya başlayabilirsin. Kendini yarattığın anda müthiş keyif alırsın, ve senin istediğin şekilde kendini tamamladığında, müthiş bir tatmin alırsın, tıpkı ressamın tuvale son fırçayı vurduğunda hissettiği mutluluk gibi. İyi yapılan bir iş büyük huzur verir. İnsan bütünle işbirliğine girdiğini hisseder.

Tek gerçek dua yaratıcı olmaktır, çünkü ancak yaratıcılık sayesinde bütünle işbirliği yapabilirsin; bunun başka yolu yoktur. Tanrı'yı düşünmek gerekmez, bir şekilde işbirliği yapmalısın. Gözlemci olarak kalamazsın, ancak katılımcı olabilirsin; ancak o zaman gizemin tadına varırsın. Bir resim yapmak hiçbir şeydir. Kendini, kendi bilincini, kendi varlığını yaratmanın yanında şiir yazmak, müzik yapmak birer hiçtir.

Ama insanlar korkuyorlar ve bunun nedenleri var. Birincisi riskli olması, çünkü sorumluluk sadece sende. İkincisi, özgürlük hatalı kullanılabilir – çünkü yanlış yolu seçebilirsin. Özgürlük doğruyu veya yanlışı seçebilirsin anlamına geliyor; sırf doğruyu seçecek olsaydın bunun adı özgürlük olmazdı. O zaman Ford'un ilk ürettiği otomobiller gibi olurdu – hepsi siyahtı onların. Müşterileri garaja sokup, "İstediğiniz rengi seçebilirsiniz, siyah olmak kaydıyla!" diyordu.

Peki bu ne biçim özgürlük? – doğru olmak kaydıyla. On Emir'e uyması, Tevrat'a veya Bhagavad Gita'ya ters düşmemesi, Buda'nın, Mahavira'nın, Zarathustra'nın ağzından çıkmış olması kaydıyla. O zaman bu özgürlük olmuyor! Özgürlük temelde, özünde şu demek: her ikisini yapacak kapasitedesin, doğruyu da yanlışı da seçebilirsin.

Ve tehlike şu ki – dolayısıyla da korku – yanlış olanı yapmak her zaman daha kolay geliyor. Yanlış yokuş aşağı, doğru ise yokuş yukarı gidiyor. Yokuş yukarı çıkmak zor ve zahmetli; ve yükseldikçe daha zorlaşıyor. Ama aşağı inmek çok kolay. Hiçbir şey yapman gerekmiyor, yerçekimi senin adına çalışıyor. Tepeden bir kaya parçası gibi yuvarlanırsın ve en dibe erişirsin; hiçbir şey yapman gerekmez. Ama eğer bilincini yükseltmek, güzellik, gerçek, mutluluk dünyasında yükselmek istiyorsan o zaman en yüksek tepelere ulaşmayı arzularsın ve bu da elbette çok zordur.

İkincisi, yükseğe çıktıkça düşme riski artar, çünkü yol daralır ve her yanını karanlık vadiler sarar. Tek bir yanlış adım ve kendini boşlukta bulursun, yokolursun. Düz yolda yürümek, yükseklere heves etmemek daha kolay ve rahattır.

Özgürlük sana meleklerin mertebesine erişme veya hayvanların düzeyine inme şansını tanıyor. Özgürlük bir merdivendir. Bir ucu cehenneme, diğeri cennete uzanır. Aynı merdivendir; seçim senindir; yönü sen belirleyeceksin.

Bana kalırsa özgür değilsen özgürlüğünü yanlış yönde kullanamazsın. Esaret yanlış kullanılamaz. Mahkum durumunu yanlış kullanamaz – zincirlenmiştir, hiçbir şey yapmaya serbest değildir. Ve insan dışındaki tüm hayvanların durumu böyledir – serbest değiller; belli bir hayvan olmak üzere doğarlar ve yaşarlar. Hatta, bunu doğanın kendisi yapar; onların birşey yapmaları gerekmez. Yaşamlarında herhangi bir zorluk yoktur. Sadece insan büyük zorluklarla başetmek zorundadır. Çok az insan risk almayı, yükseklere çıkmayı, en tepeleri keşfetmeyi seçer. Sadece birkaç tane – Buda, İsa – çok azdırlar, iki elin parmaklarını geçmezler.

Neden tüm insanlık Buda'nın mutluluğuna, İsa'nın sevgisine, Krishna'nın kutlamasına erişemiyor? Neden? – sebebi basit, çünkü o tepelere heves etmek bile tehlikeli. En iyisi oraları düşünmemek ve bunu yapmanın en iyi yolu da özgürlük diye bir şey olmadığını kabullenmek – nasılsa herşey önceden belirleniyor. Sana daha doğmadan belli bir senaryo veriliyor ve sen ona uymaktan başka bir şey yapmıyorsun.

Sadece özgürlük yanlış kullanılabilir, kölelik yanlış kullanılamaz. Bu yüzden dünyada bu kadar çok kaos görüyorsun. Daha önce yoktu, çünkü insanlar bu kadar özgür değildi. Amerika'da daha çok karmaşa görüyorsun çünkü oradakiler dünya tarihinde hiç olmadığı kadar büyük bir özgürlüğün tadını çıkarıyorlar. Özgürlüğün olduğu yerde kargaşa yaşanır. Ama buna değer, çünkü yıldızlar kaostan doğarlar.

Ben sana herhangi bir disiplini sunmuyorum, çünkü her öğreti bir çeşit esarettir. Sana kutsal emirler sunmuyorum, çünkü dışardan verilen her türlü emir seni köleleştirmeye yarar. Ben sadece sana özgür olmayı öğretiyorum ve seni kendinle başbaşa bırakıyorum, böylece elindeki özgürlük ile istediğini yapabilirsin. Hayvanların bir alt düzeyine inmek istersen bu senin kararındır ve buna hakkın vardır çünkü bu senin hayatın. Eğer bu şekilde karar verirsen, seçim senin. Ama eğer özgürlüğün değerini anlarsan düşmezsin; hayvanların bir alt düzeyine inmezsin, meleklerin üstüne yükselirsin.

İnsan bölünmez bir varlık değildir, iki sonsuzluk arasındaki köprüdür – hayvan ve tanrı, bilinçsizlik ve bilinç. Bilincin gelişsin, özgürlüğün artsın. Her adımı kendi seçimin ile at. Kendini yarat ve bunun tüm sorumluluğunu üstlen.

- 10 -
TEMELDEKİ KÖLELİK

Seks insanın en güçlü içgüdüsüdür. Seksin insandaki en güçlü enerji kaynağı olduğunu politikacılarla dinadamları ta başından beri bilmektedirler. Bunun yasaklanması, önünün kesilmesi gerekir. İnsana sekste tam bir özgürlük tanınırsa, onu baskı altına alma ihtimali ortadan kalkar. Onu köleleştirmek imkansız hale gelir.

Sen hiç buna şahit olmadın mı? Bir boğayı el arabasına bağlamak istersen ne yaparsın? Hadım edersin, seks enerjisini yok edersin. Peki öküzle boğa arasındaki farkı gördün mü? Büyük bir fark var! Öküz zavallı bir köledir. Boğa ise çok güzeldir; muhteşem bir yaratıktır. Yürüyen bir boğaya bak, nasıl da imparator gibi ilerliyor! Sonra da arabayı çeken öküze bak.

Aynı şey insana da yapıldı. Seks içgüdüsü yasaklandı, sekteye uğradı, sakatlandı. İnsan artık boğa gibi değil öküz gibi yaşıyor, ve her insan ardında binbir araba çekiyor. Arkana bakarsan göreceksin, binbir tane boyunduruk altındasın.

Neden boğayı boyunduruk altına alamıyorsun? Çünkü çok güçlü. Yanından bir inek geçerse seni ve yükünü üstünden atıp ineğe yönelecektir! Senin kim olduğunla hiç ilgilenmeyecek ve seni dinlemeyecektir. Boğayı kontrol altına almak imkansızdır. Seks enerjisi yaşam enerjisidir; kontrol edilemez. Politikacıyla din adamı seninle ilgilenmiyorlar, onlar senin enerjini başka yönlere çevirmekle ilgileniyorlar. Bunun ardında belli bir mekanizma var – bunun anlaşılması gerekiyor.

Seksi baskı altına almak, tabu hale getirmek, insan köleliğinin temelinde yer alır. Seks özgürce yapılamıyorsa insan özgür olamaz. Seks enerjisi doğal akışına bırakılmadığı sürece insan gerçek anlamda özgür olamaz.

İnsanı köleye, çirkin bir olguya, sakat birisine döndürmek için kullanılan beş tane hileli yöntem var.

Birincisi şu:

Eğer insanı baskı altına almak istiyorsan mümkün olduğunca zayıf kalmasını sağla. Eğer politikacı veya din adamı seni baskı altında tutmak istiyorsa zayıf kalman gerekiyor. İnsanı zayıf tutmanın en iyi yolu aşka özgürlük tanımamaktır. Aşk besindir. Son zamanlarda psikologlar sevgi görmeyen çocuğun içine kapanıp zayıf düştüğünü keşfettiler. Ona süt verebilirsin, ilaç verebilirsin, herşeyi verebilirsin, ama sevgiyi esirge. Kucaklama, öpme, sıcaklık gösterme, işte o zaman çocuk gittikçe zayıflayacak. Ölme ihtimali hayatta kalmasından daha yüksek.

Neler oluyor? Neden böyle? Kucaklayınca, öpünce, sıcaklık gösterince çocuk bir şekilde kendini beslenmiş, kabul görmüş, sevilmiş, istenmiş gibi hissediyor. Çocuğun kendine olan güveni gelişiyor; yaşamının bir anlamı olduğunu hissetmeye başlıyor.

Biz ise çocukluktan itibaren onları aç bırakıyoruz; gerektiği kadar sevgi vermiyoruz. Sonra da genç insanlara evlenene kadar aşık olmayı yasaklıyoruz. Ondört yaşına geldiklerinde cinsel açıdan   olgunlaşmış oluyorlar. Ama eğitimleri uzayabiliyor, ta ki yirmidört, yirmibeş yaşına gelene kadar –

o zaman da yüksek lisans, doktora veya tıp diplomalarını almaları gerekiyor. Böylece onları sevmemeye zorluyoruz. Cinsel enerji onsekiz yaşlarında doruğa ulaşır. Ne bir erkek o yaştaki kadar güçlü olacaktır, ne de bir kadın o derecede güçlü bir orgazm yaşayabilecektir. Ama biz onları sevişmemeye zorluyoruz – kızlarla oğlanlar ayrı tutuluyor ve aralarına polisler, mahkemeler, hocalar, okul müdürlerinden oluşan bir mekanizma giriyor. Hepsi orada durup kızlarla oğlanların birbirlerine yaklaşmalarını önlüyorlar. Neden? Niçin bu kadar uğraşıyorlar? Boğayı öldürüp öküz yaratmaya çalışıyorlar.

Onsekiz yaşına geldiğinde cinsel enerjinin doruğundasın, enerjine bayılıyorsun. Yirmibeş, yirmialtı, yirmiyedi yaşlarında evlendiğinde...ve bu yaş gittikçe yükseliyor. Gelişmiş ülkelerde daha çok bekleniyor, çünkü öğrenecek daha fazla şey var, iş bulmak gerekiyor, falan filan. Sıra evlenmeye geldiğinde gücün neredeyse inişe geçmiş oluyor. O zaman da seviyorsun, ama aşkın asla gerçekten sıcak olmuyor; insanı buharlaştıracak kıvama gelmiyor, ılık düzeyde kalıyor. Ve tamamı ile sevemediğin zaman çocuklarını da sevemezsin çünkü nasıl yapacağını bilmezsin. Sen dorukları hiç tanımıyorsan çocuklarına nasıl öğretebilirsin ki? Onların doruğa ulaşmalarına nasıl yardımcı olabilirsin?

Böylece çağlar boyunca insanı zayıf düşürmek için aşk yasak edildi.

İkincisi:

İnsanı elinden geldiğince cahil ve şaşkın bırak ki kolaylıkla kandırabilesin. Eğer bir tür aptallık yaratmak istiyorsan – ki bu politikacı ve din adamları için ön koşuldur – o zaman en iyisi insanın aşkı özgürce yaşamasını yasaklamaktır. Aşk olmayınca insan zekası azalır. Bunu hiç izlemedin mi? Aşık olduğunda tüm kapasitelerin doruğa ulaşır. Bir an evvel gayet ruhsuz şekilde dururken aniden hayatının kadını ile karşılaşıyorsun ve içinden müthiş bir coşku yükseliyor; her yerin alev alıyor. İnsanlar aşık olduklarında maksimum performans sergilerler. Aşk olmadığında minimum düzeyde iş görürler.

En akıllı insanlar cinselliği en gelişmiş olanlardır. Bunu iyi anlamak lazım, çünkü aşk enerjisi temelde zekadır. Eğer sevemezsen içine kapanırsın; dışa doğru akamazsın. Aşıkken insan akar gider. Aşıkken insan öylesine kendine güvenir ki yıldızlara dokunabileceğini hisseder. O yüzden sevgili insanın en büyük ilham kaynağıdır. Bir kadın sevildiği zaman anında, hemen güzelleşir! Daha bir an önce sıradan bir kadındı ve şimdi ona aşk sunuldu – tamamen farklı bir enerjiye bürünüyor, havası tamamen değişiyor. Daha zarif yürüyor, danseder gibi adım atıyor. Gözlerine harika bir güzellik yerleşiyor; yüzü ışıldıyor, parlıyor. Ve erkeğe de aynısı oluyor.

İnsanlar aşıkken en üst düzeyde performans verirler. Aşka izin verilmediğinde en alçak düzeyde kalırlar. O zaman aptal, cahil olurlar, bilmek öğrenmek istemezler. Ve aptal, cahil insanları kandırmak kolaydır.

İnsanlar cinsel açıdan bastırıldıklarında başka bir hayat arayışına geçerler. Cenneti düşünmeye başlarlar ama o cenneti burada, şimdi yaratmayı akıllarına getirmezler. Aşık iken cennet şimdi buradadır. O zaman umurunda olmaz; o zaman papaza ihtiyacın kalır mı hiç? Zaten cennettesin! Dinle alakan kalmaz. Ama aşk enerjin bastırıldığında şöyle düşünmeye başlarsın, "Burada hiçbir şey yok, herşey boş. Bir yerlerde daha iyi bir hedef olmalı..." Papaza gidip cenneti sorarsın ve o da cennet hakkında güzel hikayeler anlatır. Yaşamdan sonrası ile ilgilenesin diye seks bastırılmış olur.

İnsanlar bir sonraki hayat ile ilgilenmeye başladıklarında doğal olarak bu hayata olan ilgilerini kaybederler.

Tek hayat bu yaşadığımız. Diğer yaşam onun içinde saklı! Ona karşı değil, ondan uzakta değil; onun içinde. Sen de gir içine – işte oldu! Gir içine ve diğerini de orada bulacaksın. Tanrı dünyada gizli, Tanrı şimdi burada saklı. Eğer seversen onu hissedebilirsin.

Üçüncü sır:

İnsanı mümkün olduğunca korku içinde bırak. Bunu yapmanın en emin yolu aşkı yasaklamak, çünkü aşk korkuyu yok eder – "Aşk korkuyu kovar." Aşık olduğunda korkmazsın. Aşıksan tüm dünyaya karşı gelebilirsin. Aşıkken herşeyi yapabileceğine inanırsın. Ama aşık değilsen ufacık şeylerden korkarsın. Aşık değilsen güvence ile, güvenlik ile daha çok ilgilenirsin. Aşıksan keşfetmek ve macera ile ilgilenirsin. İnsanlara aşk yasaklandı çünkü bu şekilde ürkek kalıyorlar. Ve ürküp korktukları zaman diz çöküp politikacılara, din adamlarına yalvarıyorlar.

Bu insanlığın aleyhinde büyük bir komplodur. Bu sana karşı bir komplodur! Politikacı ile din adamı senin düşmanın, ama topluma hizmet etme numarası yapıyorlar. Diyorlar ki, "Biz burada sana hizmet etmek için varız, daha iyi. Bir yaşama kavuşasın diye uğraşıyoruz. Sana iyi bir yaşam vermek adına buradayız." Aslında kendileri yaşamı mahvediyorlar.

Dördüncüsü:

İnsanları mümkün olduğunca mutsuz et – çünkü mutsuz insanın aklı karışık olur, kendi değerini bilmez, yanlış bir şeyler yapmış olduğunu düşünür. Mutsuz insanın hiçbir dayanağı yoktur – onu kolaylıkla bir o yana bir bu yana çekebilirsin, her an rüzgara kapılabilir. Üstelik mutsuz insan emir almaya, disiplin edilmeye, boyunduruk altına girmeye hep hazırdır: "Kendi başıma çok mutsuzum. Belki bir başkası hayatımı hale yola sokabilir." O kurban olmaya hazırdır.

Ve beşincisi:

İnsanları elden geldiğince birbirlerinden uzak tut ki politikacıyla din adamının onaylamadığı bir amaç uğruna biraraya gelmesinler. İnsanları ayır. Onlara fazla samimiyet kurma şansı verme. İnsanlar ayrı, yalnız, birbirlerine yabancılaşmış halde olunca biraraya gelemezler. Ve onları ayırmak için binbir çeşit hile vardır.

Örneğin, diyelim ki sen bir erkeğin elini tutuyorsan – kendin de erkeksin ve bir erkekle elele şarkı söyleyerek yolda yürüyorsun – kendini suçlu hissedersin çünkü insanlar sana bakmaya başlarlar. Sen yoksa homoseksüel misin, gay falan mısın? İki erkeğin birlikte mutlu olmasına izin yoktur. Elele tutuşmaları, kucaklaşmaları yasaktır. Hemen homoseksüel damgası yerler. Böylece korku doğar. Eğer bir dostun gelip elini tutarsa hemen etrafına bakınırsın : "Kimseler gördü mü?" Ve aceleyle onun elini bırakırsın.

Tokalaşırken de telaş edersin. Hiç bunu izledin mi? İki kişi birbirinin eline şöyle bir dokunur, hepsi o. El tutuşmazsın, kucaklaşmazsın; korkarsın. Babanın seni kucakladığını hatırlıyor musun? Cinsel olgunluğa eriştikten sonra annenin seni kucakladığını hatırlıyor musun? Neden yapmadılar acaba? Bu korku yaratıldı da ondan. Genç bir adamla annesi mi kucaklaşacak? – belki aralarında cinsel bir şeyler geçer, bir düşünce veya bir fantazi. Korku yaratılmıştır : babayla oğlu, olmaz; babayla kızı, olmaz. Erkek kardeşle kızkardeş olmaz; iki erkek kardeş – hayır!

İnsanlar etraflarına kocaman duvarlar örülü kutularda saklanıyorlar. Herkes sınıflandırılıyor ve binbir engel konuluyor. Evet, bir gün, yirmibeş yıl süren bu eğitimin sonunda, karınla sevişmene izin veriliyor. Ama eğitimin ruhuna işlemiş oluyor ve birdenbire ne yapacağını şaşırıyorsun. Nasıl seveceksin? Sevginin dilini bile bilmiyorsun. Bu adeta bir insanın yirmibeş yıl boyunca tek kelime konuşmamasına benziyor. Bir dinle bak : Yirmibeş yıl boyunca adamın tek kelime etmesine izin verilmemiş ve sen aniden onu sahneye çıkarıp "Bize güzel bir konuşma yap" diyorsun. Ne olur? Adam yere düşer, hemen oracıkta. Bayılabilir, hatta ölebilir...yirmibeş yıllık sessizliğin ardından şimdi birdenbire müthiş bir nutuk atması bekleniyor? Bu mümkün değil.

Aynen bu yaşanıyor! Yirmibeş yıl boyunca sevgisizlik ve korkudan sonra birden kanunen sana izin çıkıyor – eline bir cüzdan veriliyor ve şimdi bu kadını sevebilirsin deniyor. "Bu senin karın, sen onun kocasısın ve sevmene izin var." Peki o yirmibeş yıl süren yanlış şartlanmalar ne olacak? Orada kalacaklar tabii.

Evet, "seversin"...bir çaba gösterirsin. Coşkulu ya da orgazm kıvamında olmayacak; ufacık kalacak. İşte bu yüzden seviştikten sonra bir sıkıntı duyuyorsun – insanların yüzde doksandokuzu sevişme sonrasında hiç olmadığı kadar yoğun bir iç sıkıntısı hissediyorlar. Şöyle bir duyguya kapılıyorlar, "Bu nedir ki? Hiçbir şey! Gerçek değil!"

İlk önce, papaz ve politikacı sevmeni engellemeyi başardılar ve sonra da gelip aşkın pek önemli olmadığına dair vaaz verdiler. Ve elbette onların vaazları kulağa doğru geliyor, aynen senin deneyimin de bu yönde çünkü. Önce boşluk, sıkıntı deneyimini yaratıyorlar – sonra da öğretileri geliyor. Ve ikisi birlikte mantıklı bir bütün gibi geliyor. Bu büyük bir hile, hatta insana yapılan en büyük hile denebilir.

Bu beş olay tek bir şey ile yönetilebilir, bu da aşka tabu koymaktır. Sadece insanların birbirlerini sevmelerini engelleyerek tüm bu amaçlara ulaşmak mümkündür. Bu tabu gayet bilimsel bir biçimde uygulandı. Bu tabu tam bir sanat şaheseri – büyük bir beceri ve kurnazlıkla kotarıldı. Gerçek bir başyapıt! Bu tabuyu anlamak lazım.

İlk önce, dolaylı ve gizli bir tabu. Göze çarpmıyor, yoksa işe yaramazdı. Tabunun çok gizli olması gerekiyor ki nasıl çalıştığını anlamayasın. Tabu çok iyi gizlenecek, böylece ona karşı gelmenin hayalini bile kuramayacaksın. Tabunun bilince değil bilinçaltına işlemesi gerekiyor. Bu nasıl böyle dolaylı ve belli belirsiz olacak?

Hile şu: Önce aşkın harika bir şey olduğunu öğret, böylece insanlar politikacılarla din adamlarının sevgiye karşı olduklarını asla anlamasınlar. Aşkın muhteşem olduğunu, doğru olduğunu öğretmeye devam et, sonra da aşkın doğabileceği her türlü durumu ortadan kaldır. Buna asla fırsat verme. Hiçbir şans tanıma ve yemeğin harika olduğunu, yemek yemenin zevklerini anlat; "Elinizden geldiğince güzel yemek yiyin" – ama hiçbir yiyecek sunma. İnsanları aç bırak ve aşk hakkında konuşmaya devam et. Böylece tüm papazlar aşktan sözeder dururlar. Sevgiye övgüler yağdırılır, Tanrı'ya yakınlığından bahsedilir, sonra da yaşanmasına karşı her türlü engel konulur. Direkt olarak destekliyorlar; dolaylı olarak köklerini söküp atıyorlar. Başyapıt bu işte.

Hiçbir papaz nasıl zarar verdiğinden bahsetmez. Bu bir ağaca "Yeşillen, çiçek aç, keyfine bak" demeye, sonra da büyüyemesin diye gidip köklerini kesmeye benzer. Ve ağaç yeşermeyince üstüne çıkıp "Dinle! Dinlemiyorsun ki. Bizi izlemiyorsun. Hepimiz sana 'Yeşer, çiçek aç, keyfine bak' diyoruz..." diye konuşabilirsin, bir yandan köklerini yok ederken.

Aşk çok fazla esirgeniyor – ve aşk dünyanın en nadir olayı; esirgenmemeli. Bir insan beş kişiyi sevebiliyorsa bırakın sevsin. Elliyse elli olsun. Beşyüz kişiyi seviyorsa, beşyüz olsun. Sevgi öyle az bulunan bir şey ki ne kadar yayılırsa o kadar iyidir. Ama bir sürü hile var ortada – seni çok ama çok köşeye sıkıştırıyorlar. Sadece karını ya da kocanı sevebilirsin, şunu ya da bunu sevebilirsin – fazlasıyla şart konuyor. Sanki sadece karınla veya kocanla nefes alabilirmişsin gibi bir kural var. O zaman nefes almak imkansızlaşıyor! O zaman ölüyorsun ve karınla ya da kocanla beraberken nefes bile alamıyorsun. Günde yirmidört saat nefes alman gerekiyor.

Sevecen ol.

Başka bir hile daha var. "Ulvi aşk"tan bahsedip daha basit olan aşkları mahvediyorlar. Basit aşkın reddedilmesi gerektiğini söylüyorlar; tensel aşk kötü, spiritüel aşk iyidir diyorlar.

Sen hiç bir bedende yaşamayan bir ruh gördün mü? Hiç temeli olmayan ev gördün mü? Basit aşk, yüce olanın temelidir. Beden senin evin; ruh bedende, bedenle birlikte yaşar. Sen bedeni olan bir ruh ve ruhu olan bir bedensin – her ikisi ile birliktesin. Ruh ve beden birbirinden ayrı değil, onlar beraber – aynı merdivenin basamakları. Daha aşağıda olanı reddetmeyip onu yükseğe dönüştürmek gerekiyor. Alttaki basamak da iyidir – sen orada takılıp kaldıysan bu senin hatan, alt basamağın değil. Merdivenin alçaktaki basamaklarında bir sorun yok. Sen ısrarla orada kalıyorsan sen sorunlusun; bu senin içinden geliyor.

İlerle.

Seks yanlış bir şey değil. Eğer orada takılı kalırsan sen hatalısın. Yukarı tırman. Üst katlar aşağıdakilere karşı değil; yukarısının olması için aşağısının varlığı gerekli.

Ve bu hileler birçok sorun yaratıyor. Her aşık olduğunda suçluluk duyarsın; bir şekilde sanki suç işliyorsundur. Suçluluk olunca aşka kendini veremezsin – suçluluk sana engel olur, geriye çeker. Karınla veya kocanla sevişirken bile suçluluk duyarsın. Bunun günah olduğunu biliyorsun, yanlış bir şey yaptığını biliyorsun. "Azizler bunu yapmıyor" – sen bir günahkarsın. O yüzden yüzeysel olarak eşini sevmene izin verildiğinde bile sen kendini aşka veremezsin. Sen suçluluk içindeyken din adamı senin arkanda saklanır; seni oradan yönetir.

Suçluluk hissettiğin zaman, yanlış yaptığın duygusuna kapılırsın; kendine güven ve saygını yitirirsin. Ve bir başka sorun başgösterir : Suçluluk olunca numara yapmaya başlarsın. Ana babalar seviştiklerini çocuklarının bilmesini istemezler, öyle değilmiş gibi davranırlar. Seks yokmuş gibi davranırlar. Çocuklar eninde sonunda bu yalanı anlayacaklardır. Farkına vardıklarında da güvenlerini kaybederler. İhanete uğramış, kandırılmış hissederler.

Sonra da ana babalar çocuklarının kendilerine saygı duymadığını söylerler – nedeni sensin, sana nasıl saygı duyabilirler? Onları her şekilde kandırdın, dürüst davranmadın, acımasızdın. Onlara aşık olmamalarını söylerken – "Aman dikkat!" – sen kendin devamlı sevişip duruyordun. Eninde sonunda bir gün gelecek ve kendi ana babalarının onlara yalan söylediğini anlayacaklar. Sana nasıl saygı duyabilirler ki?

İlk önce suçluluk, olduğundan farklı görünmeyi beraberinde getirir. Bu yüzden de insanlara yabancılaşırsın. Kendi çocuğun bile seninle aynı frekansta olamayacaktır. Arada bir engel vardır – senin takındığın maske. Bir gün hem kendinin hem de diğer insanların rol yaptığını göreceksin. Herkes rol yaparsa nasıl iletişim kurulur? Herkes yalan söylerse nasıl ilişki kurulur? Her yerde aldatma ve yalan varken nasıl dostluk yapılır? Gerçekler hakkında çok ama çok nefret ve öfke dolarsın, umudun kırılır. Hayatı şeytanın atölyesi gibi görürsün.

Herkes bir maske takınıyor, kimse otantik değil. Kimse gerçek yüzünü göstermiyor. Rol yaptığın için suçluluk duyuyorsun ve diğer herkesin rol yaptığını biliyorsun. Herkes suçluluk duyuyor ve herkes açık bir yaraya dönmüş halde dolaşıyor. Günümüzde insanları köleleştirmek çok kolay – onları memura, öğretmene, bakana, valiye, başkana döndürmek. Dikkatleri kolaylıkla dağılıyor. Sen onları köklerinden uzaklaştırıyorsun.

Kökleri sekstir; tantra ve yoga dilindeki muladhar sözcüğü buradan geliyor. Muladhar kök enerji demektir.

Şunu duymuştum...

Düğün gecesiydi ve kendini beğenmiş Lady Jane ilk kez karılık görevini yerine getiriyordu.

"Lordum," diye sordu kocasına, "halkın sevişmek dediği şey bu mudur?"

"Evet, Lady'im," diye cevap verdi Sir Reginald ve işine devam etti.

Bir süre sonra Lady Jane içerlemiş bir şekilde haykırdı: "Ama bu halka göre fazlasıyla iyi bir şey!"

Aslında sıradan insanlara sevişme izni verilmedi: "Bu onlara fazlasıyla iyi!" Ama sorun şu ki, sıradan insanların dünyasını zehirlediğinde sen de zehirleniyorsun. Halkın soluduğu havayı zehirlersen kral da zehirlenir. İkisi ayrılamaz – aynı havadır. Din adamı halkı zehirleyince sonuçta kendisi de zehirlenir. Politikacı halkın havasını zehirlediğinde en sonunda kendi de o havayı solur – başka hava yoktur.

Papaz yardımcısı ile piskopos uzun bir yolculukta aynı tren kompartmanında karşılıklı oturuyordu. Piskopos içeri girince papaz yardımcısı okuduğu Playboy dergisini saklayıp Kilise Günlüğü dergisini çıkardı. Piskopos onu görmezden gelip bilmece çözmeye başladı. Sessizlik hüküm sürüyordu.

Bir süre sonra papaz yardımcısı sohbet başlatmaya çabaladı ama olmadı. Piskopos kafasını kaşıyıp "çık çık çık" sesleri çıkarmaya başlayınca papaz yardımcısı tekrar denedi: "Size yardımcı olabilir miyim, efendim?"

"Belki de. Bir kelimeye takıldım da. Dört harften oluşan, son üç harfi U-N-T olan, ve ipucu olarak "kadınlara mahsus" denen şey nedir?

"Bu aunt* olmalı, efendim," dedi papaz yardımcısı, kısa bir duraksamadan sonra.

"Elbette ya!" dedi piskopos. "Genç adam, bana bir silgi verir misin?"

*Burada kelime oyunu var: piskopos kelimenin "cunt" yani argoda kadın cinsel organına verilen ad olduğunu düşünerek hata yapıyor, halbuki doğrusu "aunt" yani teyze oluyor! (çevirmen)

Yüzeydekileri bastırırsan hepsi bilinçaltının derinliklerine gider saklanır. Herşey oradadır. Seks yok edilmemiştir – neyse ki. Yokedilmemiş, zehirlenmiştir. Yok edilemez; seks yaşam enerjisidir. Kirlenmiştir ve temizlenmesi gerekmektedir.

Yaşamındaki sorunlar temelde seks sorununa indirgenebilir. Diğer sorunlarını çözebilirsin ama asla başaramazsın çünkü bunlar gerçek sorunlar değildir. Ama eğer seks sorununu çözersen tüm diğer sorunların yok olur çünkü temel olanı çözmüşsündür. Ama bu konuya göz atmaya bile korkuyorsun.

Bu basit aslında. Şartlanmanı bir kenara koyabilirsen çok basitleşir. Bu öykü kadar basittir.

Evde kalmış bunalımlı bir kadın polise devamlı sorun çıkarıyordu. Onları arayıp yatağının altında bir adam olduğunu söylüyordu. Sonunda kadını akıl hastanesine yolladılar ve birkaç hafta en yeni tedavileri uyguladıktan sonra iyileşip iyileşmediğini belirlemek üzere bir doktor onunla görüşmeye geldi.

"Bayan Rustifan," dedi doktor, "şimdi yatağın altında bir adam görüyor musunuz?"

"Hayır, görmüyorum," dedi kadın. Fakat doktor tam onun çıkış formunu imzalarken, "Şimdi iki tane görüyorum," dedi.

Doktor hastane görevlilerine kadının "zararlı bekaret" adını verdiği durumunu ancak tek bir tedavinin geçirebileceğini söyledi. – kadını hastanenin marangozu Koca Dan ile aynı odaya koymalarını önerdi.

Koca Dan çağrıldı, kadının şikayeti kendisine anlatıldı ve onunla bir saat içeride kilitli kalacağı söylendi. Dan işin o kadar uzun sürmeyeceğini söyledi ve endişeli bir grup odanın dışında bekleşmeye başladı...ve "Hayır, dur, Dan. Annem beni asla affetmez!" şeklinde haykırışlar duydular.

"Kes bağırmayı, bunun yapılması gerekiyor. Aslında yıllar evvel yapılmalıydı!"

"O zaman kaba güç kullan bakalım, seni hayvan!"

"Bunu kocanın yapması gerekirdi, kocan olsaydı tabii."

Hastane personeli daha fazla dayanamayıp içeri daldı.

"Onu iyileştirdim," dedi marangoz.

"Beni iyileştirdi!" dedi Bayan Rustifan.

Marangoz yatağın ayaklarını testere ile kesmişti.

Bazen tedavi çok basittir. Sen binbir türlü şey yaparsın...Ve marangoz doğrusunu yapıyor – yatağın ayaklarını kesiyor ve iş bitiyor! Şimdi adam nereye saklanacak?

Neredeyse tüm sorunlarının temelinde seks var. Binlerce yıllık zehirlenmenin sonunda bu böyle olmak zorunda. Büyük bir arınma, temizlik gerekiyor. Özgürlüğünü geri al. Sevme özgürlüğünü geri iste. Var olma özgürlüğünü geri al ve o zaman yaşam bir sorun olmaktan çıksın. O bir gizem, bir coşku, bir lütuf.

- 11 -
PAPALARDAN
SAKINMAYA BAK

Duyduğuma göre papa Güney Amerika'da gençliğe seslenirken "Evlatlarım, şeytandan sakının. O sizi uyuşturucu, alkol ve özellikle evlilik öncesi seks ile baştan çıkarmaya çalışacaktır," demiş. Peki kimdir bu şeytan? Ben kendisiyle hiç tanışmadım, beni baştan çıkarmaya hiç çalışmadı. Senin de şeytanla tanışmış olduğunu veya şeytanın seni ayartmaya çalıştığını hiç sanmıyorum.

Arzuların kendi doğandan kaynaklanıyor, seni baştan çıkaran bir şeytan falan yok. Ama dinlerin stratejisi sorumluluğu hayali bir fügüre, şeytana yüklemek oluyor, böylece sen lanetlendiğini hissetmiyorsun. Aslında lanetleniyorsun ama dolaylı olarak. Papa sana diyor ki şeytan sensin – ama bunu söyleyecek cesareti yok, o yüzden şeytanın başka bir şey, tek işlevi insanları ayartmak olan ayrı bir eleman olduğunu söylüyor.

Bu bu çok garip...aradan milyonlarca yıl geçti ve şeytan hala yorulmadı, ayartmaya devam ediyor. Peki bundan kazancı nedir? Hiçbir dini metinde milyonlarca yıldır sürdürdüğü bu zorlu çalışmanın neticesinde nasıl bir ödül kazandığını anlamış değilim. Ona kim ödeme yapıyor? İşvereni kimdir? Bu birincisi...

İkincisine gelince: Tanrı herşeyin üzerinde değil mi? Din kitaplarına göre öyle, Tanrı'nın herşeye muktedir olduğunu söylüyor onlar. Madem öyle, neden basit bir şeyi yapamıyor? – şu şeytanın insanları ayartmasına bir son verse ya! Herkese tek tek gidip de şeytana uymayın" diyeceğine neden bu şeytanın işini bitirmiyor? Veya, şeytan her ne peşindeyse onu versin olsun bitsin.

Bu iş Tanrı ile şeytan arasında. Peki bizler ne diye bu ikisinin arasında ayartılıp duruyoruz? Tanrı milyonlarca yıldır şeytanı ikna edebilmiş veya değiştirebilmiş veya işini bitirebilmiş değil. Peki Tanrı şeytanın karşısında bu kadar acizse ya kulları ne olacak? Tanrı'nın yeryüzündeki vekilleri onlara, "Şeytana uymayın" deyip duruyor. Şeytanın karşısında Tanrı aciz kalıyorsa sıradan insanlar ne yapabilir?

Yüzyıllar boyunca bu insanlar bu yalanları tekrarladılar ve kendileri bir kez bile sorumluluk almadılar. Bu sorumsuzluktur – genç insanlara "Aman sakının, şeytana uymayın" diyorlar. Aslında bunu söyleyen gençlerin aklına kötü fikirler sokuyor. O anda uyuşturucu, alkol veya evlilik dışı seksi akıllarına getirmiyor olabilirler. Onlar papayı, spiritüel bir vaazı dinlemeye gelmişler. Şimdi eve dönerken evlilik dışı seksi, şeytan tarafından yoldan çıkarılmayı, uyuşturucu satıcılarını nereden bulabileceklerini düşünüyor olacaklar.

Ama alkol şeytanın baştan çıkarma yollarından biri olmamalı, çünkü Hazreti İsa da içki içiyordu – içmekle kalmayıp yandaşlarına ikram ediyordu. Alkol Hristiyanlığa aykırı değil – Hristiyanlık alkolü kabul ediyor, çünkü aksini yapmak İsa'yı reddetmek olurdu. İsa Adsız Alkolikler derneğinin bir üyesi değildi. İçkiden keyif alıyordu ve içki içmenin günah olduğunu asla söylemedi – nasıl söyleyebilirdi ki? Bu durumda papa Hazreti İsa'dan çok daha dindar olmuş oluyor.

Ve ben de diyebilirim ki, tek oğlu içtiğine göre babası sarhoşun teki olmalı, Kutsal Ruh da öyle. İsa'nın içmesinin nedeni onlar olmalı, yoksa bu huyunu nereden edinmiş olabilir? Herhalde şeytan onu da yoldan çıkarmadı. Şeytanın onu ayartmaya çalıştığını ve onun da şeytana "Arkama geç, sen beni baştan çıkaramazsın" dediğini biliyoruz.

Ama bu insanlar akıl hastası olmalı. Şeytanla asla karşılaşmazsın ve şeytanla bu şekilde konuşamazsın: "Arkama geç ve bırak yoluma gideyim. Beni engelleme, ayartmaya çalışma." Bunları söylerken birisi seni duysa hemen en yakındaki karakola koşup "Şurada şeytanla konuşan bir adam var ve ortalıkta şeytan falan gözükmüyor," derdi.

İsa da hahamlarla papazlara bulaşmış. Sonuçta hepsi aynı, sadece etiketleri farklı. Ama iş aynı, şirket aynı, yapılan iş aynı – insanları yozlaştırıyorlar, saflıklarını bozuyorlar. Papa evlilik dışı seks konusunda endişeleniyor – bu hep aklında olmalı, yoksa böyle bir uyarı nereden çıkabilir? Üstelik en çok vurguladığı konu bu!

Peki evlilik dışı seksin nesi var? Geçmişte sorundu belki, ama biz yirmibirinci yüzyıla girmedik mi? Eskiden sorundu çünkü seks hamileliğe yol açabilir ve doğacak olan çocuklara kimin bakacağı sorunu ortaya çıkar. Kucağında çocuğu ile kalan kızla kim evlenecek? Zorluklar yaşanacaktır bu durumda. Böyle olması gerekmiyor – hepsi hayal ürünü.

Aslında evlilikte yaşanan sorunların çoğu evlilik öncesi seksin yasaklanmasına dayanıyor. Bu yirmibir yaşına gelene kadar yüzmenin yasaklanmasına benziyor : Sakın şeytana uyma; yetişkin olmadan yüzmek günahtır. Pekala, bir gün gelir yirmibir olursun – ama yüzme bilmezsin. Artık yirmibir yaşında olduğuna göre yüzmene izin olduğunu düşünerek denize atlarsın. Böylece kendi ölümüne atlamış olursun! Çünkü yirmibir yaşına geldin diye aniden yüzmeye başlayacaksın şeklinde bir kural yok. Peki ne zaman öğreneceksin? Bu insanlar aslında ne diyorlar? Denize girmeden önce yüzme öğrenmen gerektiğini söylüyorlar; eğer denize girecek olursan günaha girmiş oluyorsun. Peki yüzmeyi nasıl öğreneceksin? – yatak odanda, şiltenin üzerinde mi? Yüzmek için denize gitmen gerekiyor.

Bazı ilkel toplumlarda herşey çok daha doğal ve insancıl, çünkü evlilik öncesi seks toplum tarafından destekleniyor, zira insan bu dönemde öğreniyor. Ondört yaşına gelen kız çocuğu cinsel olgunluğa erişmiş oluyor; onsekizine basan oğlan da öyle. Ve bu yaş sınırı azalıyor – insan toplulukları daha bilimsel, teknolojik hale geldikçe, yeterli yiyecek olunca ve sağlık şartları düzeldikçe cinsel olgunluk yaşı düşüyor. Amerika'da kızlar Hindistan'dan daha erken olgunlaşıyorlar. Mesela Etiyopya'da nasıl cinsel olgunluğa erişebilirsin ki? Buna sıra gelmeden ölmüş olursun. Amerika'da bu yaş ondörtten onüç, hatta onikiye düştü çünkü insanlar fiziksel olarak daha enerjik, daha iyi beslenip daha rahat yaşamlar sürüyorlar. Cinsel olgunluğa erken erişiyorlar ve fakir ülkelerdekilere göre daha uzun yaşıyorlar.

Hindistan'da yaşayanlar gazetede doksan yaşında bir Amerikalı'nın evleneceğini okuduklarında şaşırıp kalıyorlar. Hintliler buna inanamıyor – bu Amerikalıların nesi var acaba? Bir Hintli doksanına geldiğinde neredeyse yirmi yıldır mezarında ikamet etmektedir; olsa olsa hayaleti evlenebilir. Hayatta bile olsa, doksan yaşındaki bir adamın seksenyedi yaşında bir kadınla evlenmesi...olacak iş değil! İnanılmaz! Üstelik balayına çıkıyorlar. Gerçekten bu işe alışkınlar, hayatları boyunca bunu yapmışlar, hem de pek çok kez – evlilik, balayı – böylece tek bir yaşama beş, altı, yedi hayat sıkıştırmayı başaracak kadar şanslılar.

Evlilik öncesi seks insan toplumunun üzerinde karara varması gereken en önemli şeylerden birisidir.

Kız çocuğu cinsel açıdan bir daha asla ondört yaşındaki kadar canlı olmayacak ve aynı şey onsekiz yaşındaki oğlan çocuğu için de geçerli. Doğa tam doruk noktasında iken engelleniyorlar. Oğlan otuzuna geldiğinde evlenmesine izin veriliyor. Cinselliğe inişe geçmiş oluyor bile. Yaşam enerjisi düşüşe geçiyor, ilgisi azalıyor. Biyolojik olarak zaten ondört veya onaltı yıl geride kalmış – treni uzun zaman önce kaçırmış.

Bu yüzden evlilikte bu kadar çok sorun yaşanıyor ve evlilik danışmanları zengin oluyor, çünkü eşler en iyi yıllarını geride bırakmış oluyorlar ve ancak o zamanlar orgazma ulaşabilirlerdi. Şimdi bunu kitaplarda okuyup hayalini kuruyorlar – ve bir türlü gerçekleşmiyor. Geç kaldılar. Araya papalar giriyor.

Sana şunu söylemek istiyorum: Papalara kulak asma. Esas kötü olan onlar. Tüm yaşamını sana zehir ederler. Milyonlarca insanın hayatını berbat ettiler.

Otuzuna geldiğinde onsekizindeki yaşam kalitesine, yoğunluğuna, ateşine sahip olmazsın. Ama o zaman seksten uzak durup şeytana uymaman gerekiyordu. Şeytana uyar gibi olunca hemen dua etmeye başla, om mani padme hum diye bir mantra'yı tekrarla. Tibetliler öyle yapıyor.

Bir Tibetlinin süratle "Om mani padme hum" yaptığını görürsen şeytan tarafından kışkırtıldığından emin olabilirsin, çünkü bu mantra ile şeytan kovuyorlar. Ne kadar hızlı tekrarlarsan şeytan o kadar çabuk kaçar.

Hindistan'da Hanuman Chalisa diye ufak bir kitap var. Maymun tanrı Hanuman'a yönelik bir dua bu ve kendisinin seksten uzak durduğuna, ayrıca seksten uzak kalmak isteyenleri koruduğuna inanılıyor. Yani seksten uzak duranların hepsi Hanuman'a tapıyor. Ve bu kısacık kitabı kolaylıkla ezberleyebilirsin. İnananlar bu duayı tekrarlayıp duruyor, böylece Hanuman bekaretlerini koruyor, kendilerini ele geçirerek yoldan çıkartmak için hep etrafta dolanan şeytandan onları koruyor.

Kimse seni günaha davet etmiyor. Bu tabiatın işi, şeytanın değil. Ve doğa senin aleyhine çalışmıyor, herşeyi senin için yapıyor.

Daha iyi bir toplumda evlilik öncesi seks tıpkı ilkel topluluklarda olduğu gibi kabul ve onay görmelidir. Mantığı çok basit. İlk önce, doğa seni bir şeye hazırlıyor; doğal hakkın elinden alınmamalı. Eğer toplum senin evlenmene hazır değilse bu senin değil toplumun sorunu. Toplum bir yolunu bulmalı. İlkel toplumlar bulmuş. Bir kızın hamile kaldığı hemen hiç görülmüyor. Kız hamile kalırsa kızla oğlan evleniyor. Bu bir utanç vesilesi değil, ortada skandal veya lanetleme yok. Aksine, yaşlılar güçlü oldukları için genç çifti kutsuyorlar; doğa onların aracılığı ile gücünü gösteriyor, biyolojileri herkesinkinden daha capacanlı. Ama nadiren oluyor.

Olan şu ki her kız ve oğlan eğitiliyor. Ziyaret ettiğim ilkel toplumların kurallarına göre ondört yaşından sonra kızların, onsekiz yaşından sonra da oğlanların geceyi evlerinde geçirmeleri yasak. Tüm kızlarla oğlanlar köyün ortasındaki yatakhanede kalıyorlar. Böylece buluşmak için köşe bucak saklanmalarına gerek kalmıyor. Bu çok çirkin – saklanmaya zorlayarak toplum insanları yalancı, hırsız, ikiyüzlü konumuna sokuyor. Ve aşkla ilgili ilk deneyimlerini böyle konularda yaşıyorlar – saklanarak, korku içinde, şeytana uyduklarına inanarak. Tam da olayın keyfini sonuna kadar çıkarabilecekleri yaşta bunu yaşayamıyorlar.

Ben diyorum ki eğer bunu yaşayabilselerdi üzerlerindeki baskı yok olurdu. O zaman hayat boyu Playboy dergisine bakmazlardı; buna gerek kalmazdı. Seks hayalleri, fantazileri kurmazlardı. Üçüncü sınıf romanlar okuyup Hollywood filmleri izlemezlerdi. Bunları yapıyorlar çünkü doğanın onlara doğuştan verdiği ellerinden alınıyor.

İlkel toplumlarda geceleri beraber yaşıyorlar. Onlara sadece bir kural konuyor: "Aynı kızla üç günden fazla birlikte olma, çünkü o senin malın değil, sen de onun. Yaşam boyu beraber olacağın eşini seçmeden önce tüm kızları tanıman gerekiyor, onun da tüm oğlanları."

Şimdi, bu çok akla yakın geliyor. Yaşamını beraber sürdüreceğin eşini seçmeden önce müsait olan tüm kadınları, tüm erkekleri tanıma fırsatını yakalayabilmelisin. Tüm dünyada görüyorsun ki ne görücü usulü evlilikler ne de aşk evliliği dediğin şey başarılı oluyor. Her ikisi de başarısız ve bunun temel nedeni her iki durumda da çiftlerin tecrübesiz olmaları: doğru insanı bulmak için yeterince özgür bırakılmıyorlar.

Doğru insanı bulmak için deneyimden başka yol yok. Ufacık şeyler çok rahatsız edici olabilir. Birinin vücut kokusu bir evliliği çökertmeye yetebilir. Büyük bir şey değil, ama yeter de artar bile: her gün... nasıl dayanacaksın? Ama başka birine bu koku gayet uygun gelebilir, belki böylesini seviyordur.

Bırak insanlar tecrübe edinsin – özelikle şimdi, hamilelik sorun olmaktan çıkmışken. Bu ilkel toplumlar binlerce yıl bu şekilde yaşayarak büyük cesaret sergilemişler – üstelik onlar da fazla sorun yaşamamış. Kırk yılda bir, bir kız hamile kalabilir, o zaman da evlenirler; aksi takdirde bir sorun olmaz.

Bu kabilelerde boşanma diye bir şey yok çünkü, tabii ki, kabilenin tüm kadınlarıyla birlikte olduktan sonra seçimini yapınca değiştirecek ne kalıyor? Deneyim sonucunda seçiyorsun, o yüzden bu topluluklarda boşanma gereği, derdi yok. Böyle bir kavram bile yok. Boşanmaya izin olmadığından değil; olay gündeme bile gelmemiş. Bunu hiç düşünmemişler, hiç böyle bir sorunları olmamış. Kimse ayrılmak istediğini söylememiş.

Tüm uygar toplumlar evlilikte sorunlar yaşıyorlar çünkü karı koca neredeyse birbirine düşman kesiliyor. Onlara "samimi düşmanlar" diyebilirsin ama fark etmez – düşmanların birbirlerinden uzakta kalıp samimi olmamaları daha iyi! Samimi olurlarsa iş yirmidört saatlik bir savaşa dönüşüyor – her gün aynı kavga sürüyor. Bunun nedeni de din adamlarının aptalca fikirleri: "Evlilik öncesi seksten kaçının."

Bir şeyden sakınacaksanız evlilikte seksten sakının, çünkü sorun oradan kaynaklanıyor. Evlilik öncesi seks bir sorun yaratmıyor, hele ki günümüzde her türlü doğum kontrol yöntemi bu kadar yaygınlaşmışken.

Her üniversite, her lise, her okul her kız veya oğlan çocuğunun her türlü durumu ve insanı deneyim olarak yaşamasını sağlayıp bunun sonucunda seçimini yapmasını desteklemeli. Bu seçim bilgiye, anlayışa dayanacak.

Ama tüm insanlığın evlilik yüzünden acı çekmesi, tüm çiftlerin mutsuz olması ve bu yüzden çocuklarının da acı çekmesi papayı ilgilendirmiyor – bu onun umurunda değil. Onun bütün derdi doğum kontrol yöntemlerinin kullanılmasını engellemek. Aslında papa "Şeytana uymayın" demiyor, "Doğum kontrol yöntemlerini kullanmayın," diyor.

Gerçek sorunlar gözardı edilip sahte, uydurma olanlarla uğraşılıyor. Ve papa dünyaya öğüt vermeye devam ediyor...

- 12 -
SEKSTEN SONRA
HAYAT VAR MI?

Belli bir yaşta, seks önem kazanıyor – sen onu önemsediğin için değil, bu senin yaptığın bir şey değil; kendiliğinden gelişiyor. Ondört yaş civarında bir yerlerde, birdenbire enerjin cinsellik ile doluyor. İçinde adeta dizginler boşalıyor. Daha önce kapalı olan enerji kapıları açılıyor ve tüm enerjin cinselliğe bürünüyor, seksin rengini alıyor. Seks düşünüyorsun, şarkılarında cinsellik var, yürüyüşünde de öyle – herşey seksle ilgili oluyor. Her hareketin seks kıvamında gerçekleşiyor. Bu iş böyle; sen bir çaba göstermiyorsun. Hepsi doğal.

Bunları aşmak da doğal. Cinsellik tam olarak ve utanmadan, çekinmeden yaşanırsa o zaman kırk iki yaş civarında – tıpkı ondört yaşlarında seks kapılarının açılıp tüm enerjinin cinselliğe yönelmesi gibi – aynı kapılar tekrar kapanıyor. Bu da cinselliğin uyanışı kadar doğal bir olay; yok olmaya başlıyor.

Seksi aşmak senin elinde değil. Herhangi bir çabaya girersen bu baskıcılık olacaktır, çünkü olayın seninle bir ilgisi yok. Bu senin bedeninin, biyolojinin bir parçası. Sen cinsel bir yaratık olarak dünyaya geldin; bunda yanlış bir şey yok. Ancak bu şekilde doğabilirdin. İnsan olmak cinsel olmak anlamına geliyor. Sen ana rahmine düştüğünde annenle baban dua etmiyorlardı, bir din adamının vaazını dinlemiyorlardı. Mabette değildiler, sevişiyorlardı. Sen olurken annenle babanın seviştiğini düşünmek bile zor geliyor. Onlar sevişiyordu; cinsel enerjileri biraraya gelip birleşiyordu. O sırada sen oluştun; cinsel bir olgunun ortasında sen oluştun. İlk hücre seks hücresi idi ve sonra o hücreden diğerleri doğdu. Ama temelde her hücre seksle ilgili olarak kalıyor. Tüm bedenin cinsellik taşıyor, seks hücrelerinden oluşuyor. Onlardan milyonlarca var.

Şunu unutma: Sen seksüel bir yaratık olarak var oluyorsun. Bunu kabullendiğin zaman yüzyıllar boyunca sürdürülen ikilem ortadan kalkıyor. Bunu araya hiçbir fikir girmeden kabullendiğinde, seksi tamamen doğal karşıladığında onu yaşıyorsun. Sen bana yemek yemeyi, nefes almayı nasıl aşacağını sormuyorsun – çünkü hiçbir din sana nefes almayı aşmayı öğretmiyor da, ondan. Yoksa "Nefes almayı nasıl aşabilirim?" diye soruyor olurdun. Sen nefes alıyorsun! Sen nefes alıp veren bir hayvansın; aynı zamanda cinsel bir hayvansın. Ama arada bir fark var. Hayatının ilk ondört yılı neredeyse seksten tamamen uzak geçiyor, en fazla aslında cinsellik yüklü olmayan ama cinselliği çağrıştıran oyunlar oynuyorsun – bu bir hazırlık, bir prova, hepsi o. Ondördüne gelince aniden enerji olgunlaşıyor.

İzle...bir çocuk dünyaya geliyor – derhal, hemen üç saniye içinde çocuğun nefes alması lazım, yoksa ölür. Sonra nefes alıp vermesi tüm hayatı boyunca devam edecek, çünkü yaşamın ilk adımında o var. Bu aşılamaz. Belki tam ölmeden önce, tam üç saniye öncesinde nefes alman duracak, ama daha evvel değil. Asla unutma: Yaşamın her iki ucu, hem baş hem sonu, aynen birbirine benzer, simetriktir. Çocuk doğar, üç saniye içinde nefes alıp vermeye başlar. O çocuk yaşlanıp ölüme yaklaştığında nefes alıp vermeyi kestiği anda üç saniye içinde ölecektir.

Seks çok geç bir aşamada devreye giriyor. Çocuk ondört yıl boyunca seks olmadan yaşıyor. Ve eğer toplum baskısı aşırı olup da sekse ilgi çok fazla değilse, çocuk seksin varlığından habersiz olarak yaşayabilir. Çocuk tamamen masum kalabilir. Fakat bu masumiyet imkansız bir durum, çünkü insanlar büyük baskı altında. Baskı olduğu zaman ortaya mutlaka aşırı düşkünlük çıkar.

Böylece papazlar baskı uygulamaya devam ediyor, ve bir de onların karşıtları var, Hugh Hefner gibileri ve diğerleri – onlar gittikçe daha fazla pornografi üretiyorlar. Yani bir tarafta baskıcı papazlar var ve diğer tarafta cinselliği gittikçe daha fazla parıltılı hale sokan diğerleri bulunuyor. Varlıklarını beraber sürdürüyorlar – aynı madalyonun iki yüzü gibiler. Kiliseler yok olduğunda, işte ancak o zaman Playboy dergisi de ortadan kalkacak, ama daha önce değil. Onlar iş ortağı sayılır. Düşman gibi görünüyorlar, ama bu seni yanıltmasın. Birbirlerinin aleyhinde konuşuyorlar, ama işler böyle yürüyor.

İşleri batan iki adam hakkında bir hikaye duymuştum. İflas ettiler ve böylece birlikte çok basit yeni bir iş kurmaya karar verdiler. Seyahat etmeye, şehir şehir dolaşmaya başladılar. Şehre önce biri geliyor ve geceleri insanların camlarına, kapılarına zift sürüyordu. İki üç gün sonra diğeri temizliğe geliyordu. Evlerden zifti bile temizleyebileceğini duyuruyor ve camları siliyordu. Bu sırada arkadaşı bir sonraki şehirde işin birinci kısmını yerine getiriyordu. Bu şekilde çok para kazanmaya başladılar.

Kilise ile pornografi üreticileri arasındaki olan biten de bu. İkisi bir yürüyor; onlar bir komploda ortaklar. Ne zaman fazla baskı altına alınsan sapıkça bir şeylere karşı ilgi duymaya başlıyorsun. Sorun seks değil, o sapıkça ilgi.

O yüzden aklına seks aleyhinde hiçbir şeyi getirme, yoksa onu asla aşamazsın. Seksi aşanlar hep onu çok doğal karşılayan kişiler oluyor. Bu zor, biliyorum, çünkü seks konusunda nevrotik bir toplumda yaşıyorsun. Öyle ya da böyle nevrotik işte. Bu nevrozdan kurtulmak çok zor ama biraz gözünü açarsan kurtulabilirsin. Esas yapılması gereken seksi değil toplumun bu sapıkça ideolojisini aşmak : bu seks korkusunu, baskısını, sekse olan bu aşırı düşkünlüğü.

Seks çok güzel. Kendi içinde doğal, ritmik bir olgu. Çocuk oluşmaya hazır olduğunda yaşanıyor ve yaşanması iyi bir şey – yoksa yaşam olmazdı. Yaşam seks sayesinde varoluyor; seks sayesinde sürüyor. Eğer yaşamı seviyorsan, yaşamı anlıyorsan, seksin kutsal olduğunu biliyorsun. O zaman onu yaşarsın, keyfini çıkarırsın ve bunu büyük bir doğallık içinde yaparsın. Kırkiki yaş civarına gelince seks ortaya çıkmasında olduğu gibi gayet doğal bir biçimde yok olur. Ama böyle olmuyor işte.

Ben kırkiki yaş civarları deyince şaşıracaksın. Yetmiş, seksen yaşında insanlar tanıyorsun ve seksi hala aşmamışlar. "Aklı fikri orada" kalan yaşlılar bunlar. Kendileri toplumun kurbanları durumundadır. Seksi doğal yaşayamadıkları için akılları orada kalmış – çünkü yaşamaları gereken çağda onu bastırmışlar. Zevk almaları uygun olan anları gerektiği gibi yaşayamadılar. Herşeyi yarım yamalak yaptılar.

Bir şeyleri yarım bırakırsan aklından çıkmaz. Masada yemek yiyorsan ve doymadan sofradan kalkarsan, o zaman bütün gün yemek düşünürsün. Oruç tutmayı denersen görürsün : Devamlı yemeğe kafa yorarsın. Ama eğer iyi yemişsen – ve ben bununla tıkınmayı kastetmiyorum. Mideni doldurmak iyi yemek anlamına gelmeyebilir. İyi yemek bir sanattır, sırf karnını doldurmak değildir. Yemeğin tadını almak, koklamak, dokunmak, çiğnemek, hazmetmek ve kutsal olarak hazmetmek büyük bir sanattır. Bu kutsaldır; Tanrı'nın lütfudur.

Hindular Anam Brahma, yani yiyecek kutsaldır, derler.

Böylece büyük bir saygıyla yersin ve yemek yerken herşeyi aklından çıkarırsın, çünkü bu dua etmekle eşdeğerdedir. Bu varoluşçu bir duadır. Sen Tanrı'yı yiyorsun ve Tanrı seni besliyor. Derin bir minnet ve sevgiyle karşılanması gereken bir armağan bu. Ve sen sadece tıkınmazsın, çünkü mideni abur cuburla doldurmak bedene karşı gelmektir. Diğer uç noktadır. Kafayı oruç tutmakla bozanlar olduğu gibi sırf tıkınmakla meşgul olanlar var. Her ikisi de yanlış çünkü her iki şekilde bedenin dengesi bozuluyor.

Bedenini gerçekten seven kişi, kendini tamamen dengeli, huzurlu, sakin hissedene kadar yer; beden ne sağa ne de sola kaymaz, tam ortada kalır. Bedenin dilini, midenin dilini, neyin gerekli olduğunu anlamak, sadece gerekeni vermek ve bunu estetik, artistik biçimde yapmak bir sanattır.

Hayvanlar yiyor, insanlar da öyle. Peki aradaki fark nedir? İnsan yemek yemeyi estetik bir deneyime dönüştürüyor. Güzel bir yemek masasının ne anlamı var? Ne diye mumlar yanıyor? Niçin güzel kokulu tütsüler yakılıyor? Eşi dostu çağırıp bize katılmalarını neden istiyoruz? Böylece yemek tıkınmaktan çıkıp bir sanata dönüşüyor. Ama bunlar sanatın dışa vurumları; içerdeki belirtileri ise bedenin diline kulak vererek, ihtiyaçlarına duyarlı olarak gerçekleşiyor. Gerektiğinde yemek yiyorsun ve bütün gün hiç aklına yemek gelmiyor. Ancak beden tekrar acıktığında sana hatırlatacaktır. Bu doğal akışıdır.

Seks için de aynısı geçerli. Eğer ona karşı ters bir tutum içinde değilsen seksi doğal, kutsal bir armağan olarak, derin bir minnetle kabullenirsin. Keyfini çıkarırsın; dualarla kutlarsın. Tantra   diyor ki birisiyle sevişmeden önce dua etmelisin – çünkü bu enerjilerin kutsal bir birleşmesi olacak. Tanrı seni saracak – iki aşığın olduğu yerde Tanrı vardır. İki aşığın enerjilerinin karşılaşıp birleştiği yerde en güzel haliyle hayat vardır; Tanrı etrafını sarar. Kiliseler bomboş; aşk yapılan odalar dopdolu. Eğer aşkı Tantra'nın dediği gibi tattıysan, aşkı Tao'nun dediği gibi yaşadıysan, o zaman kırkiki yaşına geldiğinde seks kendiliğinden yok olacaktır. Ve sen onu minnet içinde uğurlarsın çünkü tatmin olmuşsundur. Herşey çok zevkliydi, harika bir nimetti; şimdi veda etme zamanı geldi.

Ve kırkiki meditasyon için doğru yaştır. Seks kaybolur; o dolup taşan enerji artık yoktur. İnsan sakinleşir. Tutku gider, yerine merhamet ve anlayış gelir. Artık ateşin yoktur; başkasına ilgi duymazsın. Seks ortadan kalkınca başkalarının önemi kalmaz. İnsan kendi içine dönmeye başlar – eve dönüş yolculuğu başlamıştır.

Seksi kendi çabanla aşamazsın. Ancak eğer onu layıkı ile yaşadıysan aşabilirsin. Bu yüzden benim önerim, tüm "karşıt" tavırlarını bir yana bırakman, yaşam karşıtı olmaktan vazgeçmen ve gerçeği kabullenmen: seks var, peki ondan vazgeçmek sana mı kaldı? Ve başka kim vazgeçiyor ki? Bu sadece egodur. Unutma, ego için en büyük sorunu seks yaratır.

İki tip insan var: Çok egoist olanlar hep sekse karşıdır; mütevazı kişiler asla sekse karşı çıkmaz. Ama onları kim dinler ki? Çünkü vaazları verenler mütevazı olanlar değil, egoistlerdir.

Neden seks ve ego arasında bir çelişki yaşanıyor? – çünkü seks hayatının egoistçe davranamayacağın, karşındakini daha fazla önemsemen gereken bir alanı. Eşin senden daha önemli hale geliyor. Diğer her türlü durumda sen daha önemli durumdasın. Aşk ilişkilerinde diğer kişi çok, çok önemli olur, müthiş önem kazanır. Sen onun uydusu olursun ve diğeri çekirdektir ve onun için de aynısı geçerlidir:

Sen çekirdek olursun o da uydu. Bu karşılıklı bir teslimiyettir. İki kişi aşka boyun eğer ve ikisi de alçakgönüllü olur.

Kontrol edemeyeceğin bir şeyler olduğuna dair sana ipuçları veren tek enerji sekstir. Parayı, politikayı, piyasaları, bilgiyi, bilimi, ahlakı, bunların hepsini kontrol edebilirsin. Seks bir şekilde bambaşka bir dünya yaratır; onu kontrol edemezsin. Ve ego kontrolü sever. Kontrol edebilirse mutlu olur; edemezse mutsuzdur. Böylece ego ile seks arasında bir çelişki doğar. Unutma, bunun sonu yenilgidir. Ego asla kazanamaz çünkü sadece yüzeyseldir. Seks çok daha derinlere iner. Seks senin hayatındır; ego sadece beynin, kafandır. Seks her yerine kök salmıştır; egonun sadece düşüncelerinde kökleri vardır – çok yüzeysel, sırf beyinde.

Peki seksi kim aşmaya çalışacak? – beyin seksi aşmaya çalışacak. Fazlasıyla beynin içinde yaşıyorsan o zaman seksi aşmak istersin, çünkü seks seni aşağılara doğru çekmektedir. Beyinde asılı kalmana izin vermez. Oradan herşeyi yönetebilirsin, ama seksi değil. Beyninle sevişemezsin. Aşağılara inmen, yukarılardan gelmen, yeryüzüne yaklaşman gerekir.

Seks ego için aşağılayıcıdır, o nedenle egoist insanlar her zaman sekse karşı çıkarlar. Onu aşmak için türlü çeşitli yollar ararlar – bir türlü de aşamazlar. En fazla sapıklaşırlar. Tüm çabaları en başından başarısızlığa mahkumdur. Seksin üstesinden geldiğini sanabilirsin, ama alttan alta...Mantık yürütebilirsin, nedenler bulabilirsin, rol yapabilirsin, etrafına sert bir kabuk örebilirsin ama içinde bir yerlerde esas neden, gerçek olan dokunulmadan kalacaktır. Ve gerçek neden patlayacaktır; onu gizleyemezsin, bu imkansız.

Kısacası seksi kontrol etmeyi deneyebilirsin, ama alttan alta cinsellik akıp duracaktır ve kendini çeşitli şekillerde gösterecektir. Tüm mantıklı açıklamalarına rağmen tekrar tekrar başkaldıracaktır.

Sana seksi aşman için bir çabaya girmeni önermiyorum. Tam tersini öneriyorum: Boşver aşmayı. Elinden geldiğince derinine in. Enerji henüz varken mümkün olduğunca derinine in, derinlemesine aşkı yaşa ve bunu bir sanat haline getir. Bu sadece bir "iş" değil – sevişmeyi bir sanata döndürmenin anlamı da bu. Arada ince farklar var ve onları ancak olaya estetik bir anlayışla yaklaşanlar sezebilir. Aksi takdirde tüm hayatın boyunca sevişebilirsin ve yine de tatmin olmazsın çünkü tatmin olmanın çok estetik bir şey olduğunu bilmezsin. Bu ruhundan yükselen belli belirsiz bir müziğe benzer.

Eğer seks sayesinde uyum sağlıyorsan, eğer aşk seni rahatlatıyorsa – eğer aşk senin için ne yapacağını bilemediğin enerjini etrafa savurmak değilse, sadece bir boşalma değil tamamen rahatlama ise, eğer eşinle birlikte rahatlayabiliyorsan – eğer birkaç saniye, birkaç dakika veya birkaç saat boyunca kim olduğunu unutuyorsan ve tamamen başka bir dünyada yaşıyorsan, bunun sonucunda daha saf, daha masum daha bakir olacaksın. Ve farklı bir varlığın olacak – rahat, merkeze odaklı, kökleri sağlam.

Eğer bu olursa, bir gün aniden suların çekildiğini ve seni çok, çok zenginleşmiş olarak bıraktığını göreceksin. Gittiği için üzülmeyeceksin. Minnet duyacaksın, çünkü şimdi önünde daha zengin dünyaların kapıları açılacak. Seks seni terkedince meditasyonun kapıları açılır. Seks seni bıraktığında artık kendini karşındakinde kaybetmeye çalışmazsın. Kendini kendinde yitirebilir hale gelirsin. Başka bir orgazm dünyası, kendinle bir olmanın verdiği orgazm, başgösterir. Ama bu ancak eşinle birlikteliğin sayesinde gerçekleşebilir.

İnsan diğeri sayesinde büyür, olgunlaşır; sonra tamamen yalnız ve müthiş mutlu olabildiğin bir an gelir. Başkasına gerek yoktur, o ihtiyaç yok olmuştur ama sayesinde çok şey öğrenmişsindir – kendin hakkında çok şey. Diğeri sana ayna tuttu. Ve sen aynayı kırmadın – kendin hakkında o kadar çok şey öğrendin ki artık aynaya bakmaya gerek yok. Gözlerini kapatıp kendi yüzünü görebilirsin. Ama eğer en başından beri ortada bir ayna yoksa o yüzü göremezsin.

Bırak eşin senin aynan olsun. Onun gözlerine bak ve kendi yüzünü gör, içine gir ki kendini tanıyabilesin. Sonra bir gün gelecek o aynaya ihtiyacın kalmayacak. Ama aynaya karşı olmayacaksın – ona öyle minnet duyacaksın ki, nasıl karşısında olabilirsin? Ona öyle çok teşekkür borçlu olacaksın ki, nasıl onu kırabilirsin? Ondan sonra, aşacaksın.

Aşmak bastırmak değildir. Aşmak doğal bir evrimdir – bir üst basamağa çıkarsın, ötesine geçersin, tıpkı bir tohumun patlayıp toprakta filizlenmesi gibi. Seks yok olduğunda tohum gider. Seks sırasında bir çocuk dünyaya getirebilme imkanın vardı. Seks yok olduğunda tüm o enerji seni dünyaya getirir. Hindular buna dwija yani iki kez doğmak diyorlar. Bir doğum sana ana baban tarafından armağan edildi, diğeri de bekliyor. Onu senin kendine armağan etmen gerekiyor. Kendine ana babalık etmelisin.

O zaman tüm enerjin içe döner – içinde bir çember oluşur. Şu anda içinde çember oluşturman zor olur. Bir başka uç ile – bir kadın veya erkek – birleştirerek çemberi tamamlaman daha kolay olacaktır. O zaman çemberin nimetlerinden faydalanabilirsin. Ama zamanla çemberi tek başına yapabileceksin, çünkü sen kendi içinde hem kadın hem erkeksin.

Kimse sadece erkek değildir ve kimse sadece kadın değildir – çünkü sen bir kadın ile bir erkeğin birleşmeleri neticesinde oluştun. İkisi de katkıda bulundu; annenden de, babandan da bir şeyler   aldın. Yüzde elli-elli, sana katkıda bulundular; ikisi de sende mevcut. İkisinin birden senin içinde karşılaşma olasılığı var; annenle baban yeniden sevişebilir – senin içinde. O zaman senin gerçeğin doğacak. Senin bedenin oluşurken bir kez birleştiler; şimdi, eğer senin içinde birleşebilirlerse, senin ruhun doğacak. Seksi aşmak bu anlama gelir. Daha yüksek bir seks anlayışıdır.

Seksi aştığın zaman daha yüce bir seks anlayışına erişirsin. Sıradan seks kaba iken yüce seks hiç öyle değildir. Sıradan seks dışa dönüktür, yüce seks ise içe. Sıradan sekste iki beden karşılaşır, ve birleşmeleri dışarıda gerçekleşir. Yüce seks sırasında senin kendi içindeki enerjiler birleşir. Bu fiziksel değil spiritüeldir – bu, aşmaktır işte.

- 13 -
İMECE USULÜ

İnsanoğlu aile olayını bitirdi. Ailenin faydası kalmadı; yeterince yaşadı zaten. En eski kurumlardan birisi, o yüzden onun artık ölmüş olduğunu ancak çok ileri görüşlü kişiler görebiliyor. Diğerlerinin ailenin ölmüş olduğunu anlamaları biraz vakit alacak.

Aile misyonunu yerine getirdi. Yeni düzende aileye yer yok; doğmakta olan yeni insanlık için herhangi bir işlevi yok.

Aile hem iyi hem kötü oldu. İşe yaradı – insanlar onun sayesinde hayatta kalabildi – ve çok da zararlı oldu çünkü insan beynini yozlaştırdı. Ama eskiden alternatifi yoktu, başka bir seçenek yoktu. Mecburen katlanılıyordu. Gelecekte bunun böyle olması gerekmiyor. Gelecekte alternatif stiller ortaya çıkabilir.

Benim fikrime göre gelecekte tek bir eğilim olmayacak; pek çok alternatif yaşam biçimi olacak. Birkaç kişi hala aile kurmak istiyorsa buna özgür olmalılar. Bu çok ufak bir azınlıkta kalacaktır. Dünyada nadiren – çok nadiren, yüzde biri aşmaz – güzel, faydalı ve gelişime izin veren aileler de kuruluyor. Onlarda otorite, güç savaşları, sahiplenme yaşanmıyor, çocuklar mahvedilmiyor. Kadın kocayı, koca da karısını yok etmeye uğraşmıyor; hep sevgi ve özgürlük var; insanlar çıkar değil zevk için biraraya gelmiş; politik oyunlar oynanmıyor. Evet, yeryüzünde bu tip aileler mevcuttu; hala da varlar. Bu insanların değişmeye ihtiyacı yok. Gelecekte aile kurup yaşayabilirler.

Ama büyük çoğunluk için aile çirkin bir şey. Psikologlara sor, sana birçok akıl hastalığının aileden kaynaklandığını söyleyeceklerdir. Her türlü psikoz, nevroz aile yüzünden ortaya çıkar. Aile çok ama çok hasta bireyler yaratıyor.

Buna gerek yok; alternatif yaşam biçimleri mümkün olmalı. Bana göre komün alternatif bir yaşam biçimi – en iyisi.

Komün, insanların akışkan bir ailede yaşaması anlamına geliyor. Çocuklar komüne ait – herkese aitler. Kişisel mal mülk, kişisel ego yok. Bir kadınla adam beraber yaşıyor çünkü canları öyle istiyor, çünkü hoşlarına gidiyor, keyif alıyorlar. Aşklarının bittiğini hissettikleri anda birbirlerine tutunmaktan vazgeçiyorlar. Dostluk ve minnet içinde vedalaşıyorlar. Başkalarına yöneliyorlar.

Geçmişteki tek sorun çocuklara ne olacağı idi. Komünde, çocuklar komüne ait olurlar ve bu çok daha iyidir. Çok farklı birçok insanla beraber büyümek için daha fazla olanağa sahip olacaklardır. Aksi halde çocuk annesiyle beraber büyür – çocuk için insan modeli yıllarca annesi ile babasından ibaret kalır. Doğal olarak onları örnek alır. Çocuklar anne babalarını taklit ederler ve aynı hastalıklı davranışları sürdürürler. Ana babalarının fotokopisi olurlar. Bu çok yıkıcıdır. Ve çocukların başka türlü yapmalarının hiç yolu yoktur; başka bir bilgi kaynakları bulunmaz.

Eğer bir komünde yüz kişi yaşıyorsa aralarında birçok kadın ve erkek üye olacaktır; çocuğun tek bir yaşam biçimine takılıp kalmasına gerek olmaz. Babasından bir şeyler öğrenebilir, amcalarından, komündeki tüm erkeklerden ders alabilir. Daha geniş bir ruhu olacaktır.

Aileler insanları ezip ruhlarını küçültüyor. Komünde çocuğun ruhu gelişir; daha fazla imkanı olacaktır, varlığı çok daha zenginleşecektir. Birçok kadın görecektir; tek bir kadın modeline bağlı kalmayacaktır. Tek bir kadın fikrine bağlanmak çok sakıncalıdır – çünkü hayatın boyunca anneni arar durursun. Bir kadına aşık olunca seyret de gör! Büyük olasılıkla annene benzeyen birini buldun ve aslında kaçınman gereken bu olmalıydı.

Her çocuk annesine öfke duyar. Anne pek çok şeyi yasaklamak durumundadır, hayır demesi gerekir – bundan kaçamaz. İyi bir anne bile bazen hayır demek, kısıtlamak, yasak koymak zorundadır. Çocuk buna öfkelenir. Anneye hem nefret duyar hem de sevgi besler, çünkü hayatta olmasının, varlığının ve enerjisinin nedeni annesidir. Böylece anneyi hem sever hem nefret eder. Ve bu bir alışkanlığa dönüşür. Aynı kadını hem seversin hem de ondan nefret edersin. Başka seçeneğin yoktur. Bilinçaltında hep anneni arayacaksın. Aynı şey kadınların da başına gelir, onlar da babalarını ararlar. Tüm yaşamları boyunca koca olarak babalarını ararlar.

Halbuki hayatındaki tek erkek baban olmayınca dünyan zenginleşiyor. Ve hatta, babanı bulsan mutlu olmazsın. Sevdiğinle, aşığınla mutlu olabilirsin ama babanla olamazsın. Anneni bulabilsen onunla mutlu olamazsın. Onu zaten tanıyorsun, keşfedecek bir şey kalmıyor. O senin için bilinmedik değil ve fazla içli dışlı olmak aşağılamana neden olur. Yeni bir şey aramalısın, ama elinde model yok.

Komünde çocuğun ruhu zenginleşir. Birçok kadın tanır, birçok erkek tanır; bir ya da iki kişiye bağımlı kalmaz.

Aile sende bağımlılık yaratıyor ve bağımlılık insanlığın tersine gider. Eğer baban birisiyle kavga ediyorsa ve haksız olduğunu görüyorsan önemli değildir – babanın tarafını tutman gerekir. İnsanlar tıpkı "Haklı ya da haksız, sonuçta bu benim ülkem!" dedikleri gibi "Babam babamdır, haklı olsa da olmasa da. Annem annemdir, ne olursa olsun. Onun yanında olmalıyım, yoksa ihanet etmiş olurum," diyorlar. Bu durum sana haksızlığı öğretiyor. Annenin haksız olduğunu görüyorsun, komşuyla tartışıyor ve komşu haklı – ama sen annenin tarafını tutmalısın. Bu yaşamda haksızlığı öğrenmenin ilk adımı oluyor.

Komünde tek bir aileye çok fazla bağlı kalmıyorsun – bağlanacak bir aile yok. Daha özgür, daha az bağımlı olacaksın. Daha adil olacaksın. Ve birçok kaynaktan sevgi alacaksın. Yaşamın sevecen olduğunu hissedeceksin.

Aile sana toplumla, diğer ailelerle bir tür çelişki yaşamayı öğretiyor. Aile tekelcidir – onun yanında ve diğer herkese karşı olmanı bekler. Aileye hizmet etmelisin, ailenin şan ve şöhreti adına savaşmalısın. Aile sana hırsı, çelişkiyi, şiddeti öğretiyor. Komünde öyle agresif olmazsın, çok insan tanıdığın için dünyaya karşı daha rahat durursun.

O yüzden ben aile yerine herkesin dost olduğu bir komün görmek isterim. Karı kocalar bile dostluğun ötesine geçmemeli. Evlilikleri kendi aralarındaki bir anlaşmadan ibaret olmalı – birlikte yaşıyorlar çünkü böyle mutlu oluyorlar. Birinden biri mutsuz olmaya başlarsa o zaman ayrılırlar. Boşanmaya gerek yoktur – çünkü evlilik yoktur ki boşanma olsun. İnsan spontan yaşar.

Mutsuzluk içinde yaşayınca zamanla buna alışıyorsun. İnsan tek bir an bile mutsuzluğa katlanmamalı. Geçmişte bir adamla birlikte yaşamak sana mutluluk vermiş olabilir, ama eğer artık bundan zevk almıyorsan o zaman onu bırakmalısın. Öfkelenmeye ve kırıcı olmaya, kin gütmeye hiç gerek yok – çünkü aşka söz geçmez. Aşk meltem gibidir. Öylesine esiverir. Varsa vardır. Sonra gider. Gittiğinde de geri gelmez. Aşk bir muammadır, onu kontrol edemezsin. Aşk kontrol edilmemelidir, yasallaştırılmamalıdır, zorlanmamalıdır – hiçbir nedenle.

Bir komünde insanlar sırf birlikte olmaktan keyif aldıkları için beraber yaşarlar. O keyif bitince ayrılırlar. Belki üzücü olur, ama ayrılırlar. Belki geçmişin nostaljisi kalır geride, ama ayrılmaları gerekir. Mutsuz yaşamamayı birbirlerine bir borç bilirler; yoksa mutsuzluk huy haline gelir. Üzülseler de ayrılırlar. Başka eşler ararlar.

Gelecekte eskisi gibi evlilikler olmayacak ve boşanmalar da. Yaşam daha akıcı, daha güvenli olacak. Kanunun inceliklerinden ziyade yaşamın gizemlerine, yaşamın kendisine güven duyulacak – mahkemelere, polise, papaza, kiliseye değil. Ve çocuklar herkese ait olmalı – ailelerinin yükünü sırtlarında taşımamalılar. Komüne ait olacaklar; komün onlara bakacak.

Bu insanlık tarihindeki en devrimci adım olacak – insanlar komünlerde yaşayacak ve dürüst, güven dolu, gerçekçi olup kanundan zamanla vazgeçecekler.

Ailede sevgi eninde sonunda yok olur. Belki de ta ilk başından beri ortada sevgi yoktu zaten. Görücü usulü evlilik olabilir – farklı nedenlerle, para, güç, prestij için olabilir. Ta baştan beri aşk eksik olabilir. O zaman insanlar beşiğe değil mezara girmiş gibi olurlar – sevgisiz doğan çocuklardır bunlar. En baştan kendilerini çölde bulurlar. Evlerindeki sevgisiz ortam onları köreltir, sevimsiz kılar. İlk yaşam dersini ana babalarından alırlar ve onlar da birbirini sevmez ve devamlı kıskançlık, öfke, kavga yaşanır. Ve çocuklar devamlı ana babalarının çirkin yüzlerini görürler.

Tüm umutları yok olur. Ebeveynlerinin yaşamında aşk olmadığı için kendi yaşamlarında olabileceğine inanmazlar. Ayrıca diğer ana babaları, aileleri görürler. Çocukların sezgileri çok güçlüdür; devamlı etrafı izlerler. Aşk ihtimalinin olmadığını görünce aşkın sadece şiirlerde kaldığını sanırlar – bunun gerçek yaşam ile bir ilgisi yoktur. Aşkın şiirden ibaret olduğu düşüncesini bellediğin zaman asla aşkı yaşayamazsın çünkü kendini ona kapatırsın.

Aşkı yaşamanın tek yolu ileride kendi yaşamında ona izin vermektir. Eğer annenle babanın gerçekten birbirlerine aşık olduklarını, birbirlerini sevip saydıklarını görürsen – işte o zaman aşka şahit oldun demektir. Umut vardır. Kalbine bir tohum düşer ve büyümeye başlar. Senin de başına geleceğini bilirsin.

Eğer hiç görmediysen, senin başına da gelebileceğine nasıl inanabilirsin? Annene babana olmadıysa, sana nasıl olabilir ki? Hatta, sana olmasını engellemek için elinden geleni yaparsın – aksi takdirde ana babana ihanet etmiş olursun.

Ben insanlarda şunu gözlemliyorum: Kadınlar bilinçaltlarında hep, "Anne, bak, ben de senin kadar acı çekiyorum," diyorlar. Erkekler ise daha sonraları kendi kendilerine şöyle tekrarlıyorlar : "Baba, merak etme, benim hayatım da seninki kadar bedbaht. Seni aşmadım, sana ihanet etmedim. Senin gibi mutsuz bir insan oldum. Zinciri, geleneği sürdürüyorum. Ben senin temsilcinim, babacığım, sana ihanet etmedim. Bak, senin anneme yaptıklarının aynısını yapıyorum – çocuklarımın anasına yapıyorum. Ve sen bana ne yaptıysan ben de aynısını çocuklarıma yapıyorum. Onları aynen senin beni yetiştirdiğin şekilde yetiştiriyorum."

Aslında çocuk yetiştirme fikri tamamen saçma. En fazla yardımcı olursun, onları "yetiştiremezsin." Çocukları sıfırdan inşa etme fikri çok büyük saçmalık – sırf saçmalık değil aynı zamanda çok ama çok zararlı. İnşa edemezsin...Çocuk bina gibi bir şey değil ki. Çocuk ağaca benzer. Evet, yardımcı olabilirsin. Toprağı hazırlayabilirsin, gübreyi koyabilirsin, sulayabilirsin, güneş alıp almadığına bakabilirsin – hepsi o. Fakat bitkiyi sen inşa etmiyorsun, o kendiliğinden yetişiyor. Sen yardımcı olabilirsin, ama onu yetiştiremezsin ve inşa edemezsin.

Çocuklar büyük birer muammadır. Onlara yol göstermeye, çevrelerinde sınırlar ve kişilikler oluşturmaya başladığın zaman onları hapsetmiş olursun. Seni asla affetmeyeceklerdir. Ama ancak bu şekilde öğrenebilirler ve onlar da aynılarını kendi çocuklarına yapacaklar, vesaire. Her nesil ardından gelene nevrozlarını devrediyor. Ve toplum bu deliliğinde, bu mutsuzluğunda ısrar ediyor.

Evet, artık farklı bir şeyler gerekiyor. İnsanoğlu olgunlaştı ve aile olgusu geçmişte kaldı; gerçekten bir geleceği yok. Ailenin yerine ancak komün geçebilir ve çok daha yararlı olacaktır.

Ama komünde ancak meditasyon yapan insanlar biraraya gelebilir. Ancak yaşamın keyfini çıkarabildiğinde beraber olabilirsin; ancak benim meditasyon dediğim o alanda biraraya gelebilirsin, sevecen olabilirsin. O eski saçmasapan tekelci aşk anlayışından vazgeçmen gerekiyor, ancak o zaman komünde yaşayabilirsin. Eski tekelci fikirlerini sürdürürsen – karın başkasının elini tutmayacak ve kocan başka kadınla eğlenmeyecek – eğer aklını bu saçmalıklarla dolu tutarsan o zaman bir komünün parçası olamazsın.

Eğer kocan bir başkası ile eğleniyorsa, bu iyidir. Kocan gülüyor – gülmek her zaman iyidir. Kiminle olduğu farketmez – kahkaha iyidir, gülmek artı değerdir. Eğer kadının başkasının elini tutuyorsa, iyi! Sıcaklık akıyor – sıcaklığın akması iyidir, artı değerdir. Bunun kiminle olduğu önemsizdir.

Ve eğer kadının bunu bir çok kişi ile yaşıyorsa seninle de yaşamaya devam edecektir. Eski fikirler öyle aptalca ki! Sanki kocan kapıdan her çıktığında ona şöyle diyorsun : "Başka yerde nefes alma. Eve geldiğinde istediğin kadar nefes alabilirsin, ama sadece benimleyken nefes alabilirsin. Dışarıda nefesini tut. Senin başka yerlerde nefes almanı istemiyorum." Şimdi bu salakça değil mi – peki niçin aşk da nefes almak gibi olmasın?

Aşk nefes almaktır. Nefes almak bedenine hayat verir ve aşk da ruhuna. Nefes almaktan çok daha önemlidir. Kocan dışarı çıktığında başkalarıyla, özellikle bir kadınla eğlenmemesini tembih ediyorsun. Başka kimseye sevecen davranmamalı. Yani yirmiüç saat boyunca sevgisiz davranacak, sonra seninle yatağa girdiği bir saat boyunca sevgi doluymuş gibi rol mü yapacak? Sen onun içindeki aşkı öldürdün, artık dolup taşmıyor. Eğer yirmiüç saat boyunca korkudan sevgisini bastırmak zorundaysa aniden bir saatliğine rahatlayabileceğini mi sanıyorsun? Bu imkansız. Adamı mahvediyorsun, kadını mahvediyorsun ve sonra da bıkıyorsun, sıkılıyorsun. O zaman "Beni sevmiyor!" hissine kapılıyorsun ve bütün bunları yaratan kendin oluyorsun. Sonra o da senin kendisini sevmediğini düşünmeye başlıyor ve artık eskisi gibi mutlu olamıyorsun.

İnsanlar bir kumsalda, bir bahçede, bir randevuda buluştuklarında hiçbir şey sonuçlanmamış oluyor ve herşey kendi halinde akıp gidiyor; iki taraf da çok mutlu. Neden? Çünkü özgürler. Uçan kuşla kafesteki kuş farklıdır. Uçan kuş özgür olduğu için mutludur.

İnsan özgür olmadıkça mutlu olamaz ve senin eski aile düzenin özgürlüğü yok etti. Özgürlüğü ortadan kaldırdığı için mutluluğu da yok etti; aşkı yok etti.

Bu hayatta kalmanın bir yolu idi. Evet, bir şekilde bedeni korudu, ama ruhu mahvetti. Artık buna hiç gerek yok. Şimdi ruhu da korumamız gerekiyor. Bu çok daha temel ve önemli bir ihtiyaç.

Ailenin şimdiye kadar uygulandığı biçimi ile hiçbir geleceği yok. Aşk ile aşk ilişkileri için bir gelecek var. "Karı" ve "koca" ilerde kötü birer sözcük haline gelecek.

Sen kadını veya adamı tekeline aldığın zaman doğal olarak çocukları da almış oluyorsun. Ben şu konuda Dr. Thomas Gordon'a tamamen katılıyorum: "Ben tüm ebeveynlerin çocuklarını taciz ettiklerini düşünüyorum, çünkü çocuk yetiştirme otorite ve güce dayanıyor. Pek çok ebeveyn 'Bu benim çocuğum, ona ne istersem yaparım' diye düşünüyor ve bu çok yıkıcı oluyor. Şiddet dolu ve yıkıcı." Çocuk bir eşya değil, sandalye değil, araba değil. Ona canının istediğini yapamazsın. Senin sayende dünyaya geliyor, ama sana ait değil. O varoluşa ait. Sen en fazla onun bakıcısısın; onu sahiplenme.

Ama tüm aile fikri sahiplenme üzerine kurulu – malı mülkü sahiplen, kadını sahiplen, adamı sahiplen, çocukları sahiplen. Ve sahiplenmek bir zehirdir; bu nedenle ben aileye karşı çıkıyorum. Ama demiyorum ki ailelerinde gerçekten mutlu olanlar – canlı, sevecen, akıcı – onu yok etmeliler. Hayır, buna gerek yok. Onların aileleri zaten bir komün, ufak bir komün.

Elbette ki daha fazla olanak ve insan barındıran daha büyük bir komün daha iyi olur. Değişik insanlar değişik sesler, değişik yaşam biçimleri, farklı rüzgarlar ve ışıklar sunuyor – ve çocuklar elden geldiğince fazla yaşam biçimi ile tanışmalı, kişileri de seçebilsinler, seçme özgürlükleri olsun.

Ve pek çok kadını ve adamı tanıyarak bu sayede sadece anne ve babalarının tarzını benimsemek yerine farklılıklar ile yaşamlarını zenginleştirmeliler. O zaman çok daha fazla kadını, çok daha fazla adamı sevebilirler. Yaşam bir maceraya dönüşür.

Büyük bir mağazada dolaşan bir anne oğlunu oyuncak bölümüne götürdü. Kocaman bir oyuncak atı gözüne kestiren çocuk üzerine tırmandı ve neredeyse bir saat boyunca sallandı.

"Hadi, oğlum, " diye yalvardı annesi, "Eve gidip babanın akşam yemeğini hazırlamam lazım." Ufaklık yerinden kalkmayı reddetti ve kadının bütün çabaları boşuna oldu.

Mağaza müdürü de oğlanı kandırmaya çalıştı ve başarısız oldu. En sonunda, çaresizlik içinde, mağazanın psikoloğunu çağırdılar.

Adam yavaşça çocuğa yaklaşıp kulağına birkaç kelime fısıldadı ve oğlan hemen aşağı atlayıp annesine koştu.

"Nasıl yaptınız?" dedi anne hayret içinde. "Ona ne söylediniz?"

Psikolog bir an duraksadıktan sonra, "Tek söylediğim, 'Oğlum, eğer bu attan derhal inmezsen seni fena halde pataklayacağım!"

İnsanlar eninde sonunda korkunun, otoritenin, gücün işe yaradığını keşfediyorlar. Çocuklar da öylesine çaresiz ve ebeveynlerine öyle bağımlı oluyorlar ki onları korkutabiliyorsun. Bu senin onları sömürme ve baskı altına alma tekniğin haline geliyor ve onların kaçacak yerleri de olmuyor.

Bir komün içinde gidecek pek çok yerleri var. Bir sürü amcaları ve teyzeleri ve daha birçok insan var – o kadar çaresiz değiller. Herşey şimdiki gibi senin elinde değil. Daha fazla bağımsız ve daha az çaresiz olacaklar. Onları o kadar kolay kandıramayacaksın.

Ve evde tek gördükleri mutsuzluk oluyor. Bazen, evet biliyorum, bazen karı koca birbirlerine karşı sevecen davranıyorlar, ama bunu hep yalnızken yapıyorlar. Çocukların haberi olmuyor. Çocuklar sadece çirkin yüzleri, kötü tarafları görüyorlar. Anneyle baba sevgi dolu davranışlarını kapalı kapılar ardında sergiliyor. Sessizlik içinde oluyorlar, çocukların sevginin ne olduğunu görmelerine asla izin vermiyorlar. Çocuklar sadece çatışmaları görüyor – dırdır, kavga, el kaldırma, hakaret, aşağılama. Çocuklar bunlara şahit oluyor.

Adamın biri evinin salonunda oturmuş gazetesini okurken karısı gelip ona bir tokat atar.

"Şimdi bu da neydi?" der öfkeli koca.

"Bu kötü bir âşık olduğun için."

Az sonra koca kalkıp TV izleyen karısının yanına gider ve ona okkalı bir şamar indirir.

"Bu da neyin nesi?" diye haykırır kadın.

"Aradaki farkı bildiğin için," diye cevaplar kocası.

Bu böyle sürer gider ve çocuklar olan biteni izlerler. Hayat bu mu? Hayatın anlamı bu mudur? Hepsi bu mu? Umutlarını yitirmeye başlarlar. Daha yaşama bile atılmadan başarısız olmuşlardır; başarısızlığı kabullenmişlerdir. Eğer çok akıllı ve güçlü olan ebeveynleri başaramıyorlarsa – onların ne kadar şansı olabilir? Bu imkansız gelir.

Ve hileleri öğrenirler – mutsuz olma hilesi, saldırgan olma hilesi. Asla sevgiyi göremezler. Bir komünde daha fazla olanakları olacaktır. Sevgi biraz daha fazla ortaya çıkacaktır. İnsanlar sevginin varlığından haberdardır. Küçük çocuklar da öyle. Onlar insanların birbirini sevdiğini görmeliler.

Ama bu çok eskilere dayanan bir düşünce – toplum içinde kavga edebilirsin ama sevgi gösterisinde bulunamazsın. Kavgaya itiraz yok. Cinayet işle istersen, bu da tamam. Hatta iki insan dövüşüyorsa bir kalabalık oluşur ve olup biteni izlerler, bu da herkesin hoşuna gider! Bu nedenle insanlar cinayet, gerilim, polisiye romanları okuyorlar ve hoşlarına gidiyor.

Cinayete izin var, aşka yok. Toplum içinde sevişirsen ahlaksızlık sayılıyor. Şimdi bu çok tuhaf – aşk ahlaksızlık ama cinayet değil mi? Sevgililer toplumda aşklarını gösteremezler, ama generaller madalyalarını takıp ortada dolaşabilirler?

Asıl bu ahlaksızlık olmalı. Kimsenin toplum içinde kavga etmesine izin verilmemeli. Bu çok ayıp; şiddet ahlaksızlıktır. Aşk nasıl ayıp olabilir ki? Ama aşk ahlaksızlık sayılıyor. Karanlıkta saklanman gerekiyor. Seviştiğini kimse bilmemeli. Sessizce, sinsice yapmalısın...doğal olarak keyfini fazla çıkaramıyorsun. Ve insanlar aşkın ne olduğunun bilincine varamıyorlar. Özellikle çocuklar aşkı hiç tanımıyorlar.

Daha iyi bir dünyada, daha fazla anlayışla, aşk her yere yayılacak. Çocuklar sevginin ne olduğunu görecek. Çocuklar birini sevince nasıl bir coşku yaşandığını görecekler. Aşk daha fazla kabul görmeli, şiddet daha çok reddedilmeli. Aşk daha yaygın hale gelmeli. Sevişen iki insan saklanmak zorunda kalmamalı. Gülmeliler, şarkı söylemeliler, neşeyle haykırmalılar ki böylece bütün mahalle iki insanın birbirine karşı sevecen davranmakta olduğunu anlasın – birileri sevişiyor.

Aşkın bir armağan olması gerekiyor. Aşk yüce olmalı. Aşk kutsaldır.

Bir adamın öldürülmesini anlatan bir kitap yazabilirsin, bu pornografi sayılmıyor – bana göre esas o pornografi. Bir adamla kadının sevişmesini anlatan bir kitap yazıp yayınlayamıyorsun – buna pornografi diyorlar. Şimdiye kadar dünya aşka karşı oldu. Ailen, toplumun, devletin, hepsi aşka karşı. Hala biraz aşk olması bile bir mucize, aşk yaşanıyor olması inanılmaz – olması gerektiği kadar değil, denizde bir damla kadar. Ama onca düşmana rağmen hayatta kalması bile mucize. Tamamen yok olmadı – bu bir mucize.

Benim komün vizyonuma göre birbirine karşı hiçbir düşmanlık, rekabet beslemeyen insanların akıcı ve açıkça yaşanan bir sevgi ile kıskançlık ve sahiplenme olmadan biraraya gelmeleri gerekiyor. Çocuklar da herkese ait olacak çünkü onlar varoluşa ait – herkes onlara bakıyor. Ve bu çocuklar öyle güzeller ki; kim onlara bakmayı istemez? Çocukların birbirini seven onca insanı ve her bireyin kendi hayatını yaşadığını izlemek için birçok fırsatı olacak. Zenginleşecekler. Ve sana şunu söyleyeyim, bu çocuklar eğer dış dünyaya karışırlarsa hiçbiri Playboy dergisini okumayacak; buna gerek olmayacak. Hiçbiri Vatasayana'nın Kama Sutra'sını da okumayacak; buna ihtiyaç duymayacaklar. Çıplak resimler ortadan kalkacak. Bunlar sekse ve aşka olan açlığın birer göstergesinden ibaret. Dünya neredeyse seksten arınacak, tamamen sevecen olacak.

Senin papazların dünyada her türlü ahlaksızlığı yarattılar. Tüm çirkinliklerin kaynağı onlar. Ve bunda ailenin rolü de büyük. Ailenin yok olması gerekiyor. Daha geniş bir komün vizyonunun içinde erimesi, ufak tefek kimliklere dayalı yaşamı aşıp daha akıcı hale gelmesi gerekiyor.

Bir komünde, birisi Budist olur, diğeri Hindu, birisi Jaina iken diğeri Hıristiyan veya Musevi olur. Aileler ortadan kalkarsa dinler de otomatik olarak yok olacak, çünkü dinleri aileler sürdürüyor. Bir komünde her türlü insan, her türlü din, her türlü felsefe bulunacak ve çocuk bunları öğrenme fırsatını yakalayacak. Bir gün amcasıyla kiliseye giderken ertesi gün başka bir amca ile Budist tapınağına gidecek ve herşeyi öğrendikten sonra kendi seçimini yapacak. Hangi dini seçeceğini kendi karar verecek. Kimse onu zorlamayacak.

Yaşam hemen, burada cennete dönüşebilir. Engellerin kalkması lazım. Aile en büyük engellerden birisi.

SORULAR

- **Aşkın insanı özgürleştirdiğini söylemiştin.
Ama normalde aşkın bağlılığa dönüştüğünü ve
özgürleştireceği yerde bizi daha bağımlı kıldığını
görüyoruz. Bize bağlılık ve özgürlük hakkında
bir şeyler anlat.**

Aşk olmayınca aşk bağlılığa dönüşür. Sen oyun oynuyordun, kendini kandırıyordun. Gerçek olan bağlılık; aşk kısmı yalnızca ön sevişme idi. O yüzden ne zaman aşık olsan, eninde sonunda bir alete dönüştüğünü görürsün – ve o zaman da mutsuzluk başlar. Buradaki mekanizma nedir? Neden böyle oluyor?

Daha birkaç gün önce suçluluktan kıvranan bir adam beni görmeye geldi. Dedi ki, "Bir kadını sevdim. Hem de çok sevdim. Öldüğü gün hıçkırarak ağlıyordum ama aniden içimde bir özgürlük duygusu hissettim, sanki üstümden bir yük kalkmış gibi. Sanki özgürlüğüme kavuşmuşum gibi derin bir nefes aldım."

O anda duygularında ikinci bir boyut olduğunu keşfetti. Dışarıdan bakınca ağlıyor ve "Onsuz yaşayamam. Bu imkansız, şimdi hayat ölümden beter olacak," diyordu. Ama içinden, "Kendimi gayet iyi hissettiğimi, artık özgür olduğumu keşfettim," diye geçiriyordu.

Üçüncü bir boyutta suçluluk duymaya başlamıştı. Bir ses ona, "Ne yapıyorsun sen?" diyordu. Ve kadının cesedi daha soğumamışken benimle konuştu ve müthiş bir suçluluk duygusuna kapıldı. Dedi ki, "Bana yardım et. Aklımı mı kaybediyorum? Ona şimdiden ihanet mi ediyorum?"

Bir şey olduğu yok, kimse ihanet etmiyor. Aşk bağlılığa dönüşünce bir yük, bir esaret haline gelir. Peki aşk neden bağlılığa dönüşüyor? İlk anlaşılması gereken şudur, aşk eğer bağlılığa dönüşüyorsa sen onun aşk olduğu sanrısına kapılmışsın. Bunun aşk olduğu konusunda kendini kandırıyordun. Aslında sen bağlılık istiyordun. Ve eğer derinine inecek olursan, bir köle konumuna gelmeye ihtiyaç duyduğunu görürsün.

Özgürlüğe karşı belli ölçüde bir korku besleniyor ve herkes köleleşmek istiyor. Tabii ki herkesin dilinde özgürlük var, ama kimsenin gerçekten özgür kalacak cesareti yok çünkü tamamen özgür olunca yalnız kalıyorsun. Eğer yalnız kalacak cesaretin varsa ancak o zaman özgür olabilirsin.

Ama kimse yalnızlığı göze alacak kadar cesur değil. Birisine ihtiyacın var. Niye birisine ihtiyacın var? Kendi yalnızlığından korkuyorsun. Kendinden sıkılıyorsun. Ve aslında yalnız olduğunda herşey anlamsız geliyor. Birisiyle beraberken oyalanıyorsun ve çevrende sahte anlamlar yaratıyorsun.

Kendin için yaşayamıyorsun, o nedenle bir başkası için yaşamaya başlıyorsun. Ve aynı şey o başkası için de geçerli – yalnız yaşayamıyor, o yüzden birini bulmak için aranıyor. Kendi yalnızlığından korkan iki kişi biraraya geliyor ve bir oyuna başlıyorlar – aşk oyunu. Ama esasında bağlılık ve esaret arayışındalar.

Böylece eninde sonunda istediğine kavuşuyorsun. Bu dünyanın en büyük talihsizliklerinden biridir. Eninde sonunda buna kavuşuyorsun ve ön sevişme sona eriyor. İşlevi bitince ortadan kayboluyor. Bir eş konumuna gelince, birbirinin kölesi olunca, evlenince, aşk yok oluyor çünkü aşk iki insanın birbirine köle olması için yaratılan bir hayaldi.

Köleliği direkt olarak isteyemezsin; bu fazlasıyla aşağılayıcı olur. Ve birine gidip de "Gel benim kölem ol" diyemezsin. Hemen isyan eder! Sen de "Sensiz yaşayamam" dersin. Ama ikisi aynı kapıya çıkıyor. Ve bu – esas arzu – gerçekleşince, aşk yok olur. O zaman bağlılığı, köleliği hissedersin ve işte o zaman özgür kalmak için uğraş verirsin.

Şunu unutma. Bu aklın paradokslarından biri : Ne elde edersen et ondan sıkılacaksın ve her neyi elde edemezsen ona karşı büyük özlem duyacaksın. Yalnızken biraz kölelik, biraz bağlılık istersin. Köleleşince de özgürlüğe özlem duymaya başlarsın. Aslında, sadece köleler özgürlüğü özler – ve özgür insanlar tekrar köle olmaya uğraşırlar. Beyin bir uçtan öbürüne savrulur durur.

Aşk bağlılığa dönüşmez. Bağlılık bir ihtiyaçtı; aşk sadece yemdi. Bağlılık adında bir balığın peşindeydin sen; aşk balığı yakalamak için kullandığın yemdi. Balık yakalanınca yem çöpe gidiyor. Bunu aklından çıkarma ve ne zaman bir şeylere kalkışsan kendi içine dön ve gerçek nedenini araştır. Eğer ortada gerçek aşk varsa asla bağlılığa dönüşmez. Aşkın bağlılığa dönüşme mekanizması nedir? Sevgiline "Sadece beni sev," dediğin zaman sahiplenmeye başlıyorsun. Ve birini sahiplendiğinde ona hakaret etmiş oluyorsun, çünkü onu bir eşya yerine koyuyorsun.

Ben seni sahiplenirsem sen insan olmaktan çıkıyorsun, benim eşyalarımdan biri haline geliyorsun – bir şey oluyorsun. O zaman seni kullanıyorum, sen benim malımsın ve başkasının seni kullanmasına izin vermiyorum. Bu alışverişte sen de beni sahipleniyorsun ve beni eşya yerine koyuyorsun. Bu anlaşmaya göre artık başka hiç kimse seni kullanamaz. Ben seni köleleştiriyorum, karşılığında sen de beni.

O zaman çekişme başlıyor. Ben özgür olmak istiyorum, ama yine de senin benim tarafımdan sahiplenmeni istiyorum; özgürlüğüne kavuşmanı istiyorum ama hala seni sahiplenmek peşindeyim – kavga buradan çıkıyor. Eğer senin tarafından sahiplenilmek istemiyorsam, ben de seni sahiplenmemeliyim. Araya sahiplenme girmemeli. Birey olarak kalmalıyız ve özgür, bağımsız bilinçler olarak hareket etmeliyiz. Biraraya gelebiliriz, birbirimizle kaynaşabiliriz, ama kimse sahiplenmez. O zaman kölelik olmaz ve bağlılık ortadan kalkar.

Bağlılık çok çirkin birşeydir. Ve ben çirkin derken sırf dini anlamda konuşmuyorum, estetik olarak da öyle. Sen bağlandığın zaman bireyselliğini kaybediyorsun; herşeyi yitiriyorsun. Sırf birisinin sana ihtiyaç duyması ve yanında olması uğruna herşeyi yitiriyorsun – kendini kaybediyorsun.

Ama işin püf noktası şu, hem bağımsız olmaya hem de

karşındakini sahiplenmeye çalışıyorsun – ve o da aynısını yapıyor.

Eğer sahiplenilmek istemiyorsan sahip çıkma. İsa der ki, "Yargılanmak istemiyorsan sen de kimseyi yargılama." Bu da öyle : "Sahiplenilmek istemiyorsan sahiplenme." Kimseyi köle yerine koyma; aksi takdirde kendin köle olursun.

Sözde efendiler hep kölelerinin kölesi durumuna düşmüşlerdir. Köle olmadan kimsenin efendisi olunmaz – bu imkansızdır. Eğer kimse senin kölen değilse efendi olabilirsin ancak.

Bu bir paradoks gibi gelebilir, çünkü sana kimse senin kölen değilse efendi olabilirsin ancak, dediğimde bana, "O zaman nerede kalıyor bunun efendiliği? Eğer kimse benim kölem değilse ben kimin efendisiyim?" diyeceksin. Ama ben de diyorum ki, ancak o zaman efendi oluyorsun. O zaman ne kimse sana köle olur, ne de sen başkasına.

Özgürlüğünü sevmek, bağımsız olmaya çalışmak temelde kendini derinlemesine anlamışsın demektir. Artık sen kendi kendine yettiğini biliyorsun. Birisiyle paylaşabilirsin, ama bağımlı değilsin. Ben kendimi birisiyle paylaşabilirim. Aşkımı paylaşabilirim, mutluluğumu paylaşabilirim, sessizliğimi paylaşabilirim. Ama bu paylaşımdır, bağımlılık değil. Eğer kimse yoksa, yine de mutlu, keyifli olurum. Birisi varsa bu da güzeldir ve paylaşırım.

İçsel bilincini, kendi merkezini keşfettiğinde, işte ancak o zaman aşk bağlılığa dönüşmez. Eğer kendi içindeki merkezi tanımıyorsan aşk bir bağımlılık şeklini alacaktır. Eğer tanırsan aşk düşkünlük haline gelir. Ama önce aşk için hazır olmalısın, ki sen değilsin.

Şu anda değilsin. "Birini sevince bu bağlılığa dönüşüyor," dediğinde aslında hazır olmadığını dile getiriyorsun. O yüzden her yaptığın yanlış oluyor, çünkü sen orada değilsin. Farkındalığın eksik, o yüzden her yaptığın hüsranla sonuçlanıyor. Önce sen kendinin farkına var, sonra paylaş. Ve bu paylaşım aşk olacaktır. Ondan önce ne yaparsan yap bağlılığa dönüşecektir.

Ve son olarak, eğer bağlılığa karşı savaş veriyorsan, yanlış yoldasın demektir. Uğraşabilirsin – birçok keşiş, inzivaya çekilen kişi, sanyasin bunu yapıyor. Evlerine, mallarına, eşlerine, çocuklarına bağlandıklarını hissediyorlar ve kafese kapatılmış, kapana kısılmış gibi hissediyorlar. Kaçıyorlar, evlerini terkediyorlar, çoluk çocuklarını, mallarını terkedip dilencilik yapıyorlar ve bir ormana, bir yalnızlığa kaçıyorlar. Ama git de hallerini bir gör. Bu sefer de yeni ortamlarına bağlanıyorlar.

Büyük bir ormanda bir ağaç kovuğunda yaşayan bir dostumu ziyarete gittim, orada inzivaya çekilmiş başka insanlar da vardı. Günün birinde dostumla ağacının altında kalıyordum ve kendisi orada yokken yeni bir keşiş adayı geldi. Dostum yıkanmak için nehre inmişti. Sanyasin adayı onun ağacının altında meditasyona başladı.

Adam nehirden döndü ve yeni geleni ağacından kovdu ve dedi ki, "Bu benim ağacım. Git kendine başka yerde başka ağaç bul. Kimse benim ağacımın altında oturamaz." Bu adam evini, karısını, çocuklarını terk etmişti – şimdi ağacı sahipleniyordu: "Benim ağacımın altında meditasyon yapamazsın."

Bağlılıktan öyle kolay kolay kurtulamazsın. Yeni şekillere bürünecektir. Kendini kandırsan da sürecektir. O yüzden bağlılıkla mücadele etme, sadece neden onun var olduğunu anla. Ve o zaman gerçek nedenle yüzleş : Sen olmadığın için bu bağlılık var.

İçinde, kendi benliğin öylesine uzakta ki kendini güvencede hissetmek için önüne gelene sarılıyorsun. Kendi köklerin yok, o yüzden eline geçeni kök yerine koymaya çalışıyorsun. Sen kendi varlığına kök saldığında, kim olduğunu bildiğinde, içinde ki varlığın ne olduğunu anladığında, içindeki bilincin nasıl bir şey olduğunu fark ettiğinde o zaman kimselere tutunmayacaksın.

• **Erkek arkadaşımın sevişme isteği gittikçe azalıyor, ve bu da beni üzüyor ve çaresizliğim öyle bir noktaya geliyor ki ona karşı saldırganlaşıyorum. Ne yapabilirim?**

İlk önce: Hayatta eşlerden birinin seks yapmak istemediği bir an hep gelebilir. Bu her çiftin başına gelir. Eşlerden birinin canı seks çekmeyince diğeri sekse her zamankinden daha çok önem verir. Çünkü seks olmazsa ilişkinin yok olacağı hissine kapılır.

Sen ısrar ettikçe o daha çok korkacaktır. İlişki seks bittiğinden değil, senin ısrarlarından ve onun devamlı dırdırdan bıkmasından dolayı sona erer. Ve canı sevişmek istemez – ya kendisini zorlayacak ve sonra kötü hissedecektir, ya da kendi yoluna gidip seni mutsuz ettiği için kötü hissedecektir; suçluluk duyacaktır.

Bir şeyin anlaşılması lazım – seksin aşkla hiçbir alakası yok. En fazla bir başlangıç olabilir. Aşk seksten daha büyük, daha yücedir. Aşk seks olmadan da doğabilir.

(Soruyu soran araya girer, "Ama asla beni sevdiğini söylemiyor.")

Söylemiyor çünkü onu korkutuyorsun, seni sevdiğini söylerse sen seks talep edeçeksin. Senin kafanda, seks neredeyse aşk ile eşdeğerde; bunu görebiliyorum. O yüzden sana dokunup sarılmaktan bile çekiniyor. Sana dokunur, seni kucaklarsa hemen sekse hazırlanıyorsun.

Onu ürkütüyorsun ve olan biteni anlamıyorsun. Farkında olmadan onu kendinden uzaklaştırıyorsun. Seninle konuşmaya bile korkar olacak, çünkü konuşursa aynı konu gündeme gelecek ve tartışma çıkacak.

Aşk konusunda tartışamazsın. Kimseyi aşk konusunda ikna edemezsin. Onu hissetmiyorsa hissetmiyordur. Seni seviyor; yoksa terk ederdi. Ve sen de onu seviyorsun, ama seks konusunda yanlış fikirlere saplanmışsın.

Benim anlayışım şöyle, yoğun ve ateşli seks ortadan kalkınca aşk filizlenmeye başlar. O zaman aşk daha olgunlaşır, yerine oturur, üstünleşir, güzelleşir. Daha ince bir şeyler ortaya çıkar. Ama sen buna izin vermiyorsun. O seni sevmeye hazır, ama sen sekse takılmışsın. Onu aşağı çekip duruyorsun. Bu çekiştirme yüzünden ilişki sona erebilir.

Bunu anlayabiliyorum, çünkü kadın aklı erkek ilgisini kaybettiğinde sekse odaklanır. Adam ilgi duyduğunda kadın tamamen ilgisizdir. Bunu her gün gözlemliyorum. Adam senin peşindeyse, ilgisizlik oyununa başvurursun. Adam ilgilenmiyorsa korkmaya başlarsın ve o zaman roller değişir. O zaman sekse ihtiyacın olduğunu, onsuz çıldıracağını söylersin; onsuz yaşayamayacağını. Bunların hepsi saçmalıktır! Kimse onsuz çıldırmamıştır bugüne kadar.

Onu seviyorsan, enerjin değişir. Onu sevmiyorsan, o zaman terket. Onu seviyorsan, şimdi enerjinin daha yüce bir gerçekliğe ulaşması için bir şans var. Ve dırdır etmek hiçbir işe yaramaz. Bu herşeyi çirkinleştirir ve istediğinin tam tersi olur.

- **Seks yaşamım son zamanlarda çok sakin – seks istemediğimden ya da kadınlara yaklaşmaktan çekindiğim için değil, ama bir türlü olmuyor. Bir kadınla hoşça vakit geçiriyorum, ama iş sekse geldiğinde enerji değişiyor – neredeyse uykum geliyor. Nerede yanlış yapıyorum?**

Senin başına gelenler bir bela değil bir armağan. Sanki bir şeyler yanlış imiş gibi araya giren senin beyninden başkası değil. Herşey doğru gidiyor, olması gerektiği gibi. Seks zamanla huzurlu, eğlenceli bir keyfe dönüşmek zorunda. İki huzurlu varlığın uyumuna – bedenlerinde değil ruhlarında birleşiyorlar. Bu her meditasyon yapanın er geç başına gelir. Kendiliğinden olup bitenin aksine bir şeyler yapmak için kendini zorlama. Bu zorlama ruhsal gelişimine sekte vuracaktır.

Bu unutulmaması gereken çok önemli bir nokta ve bu sana tüm dinlerin niçin sekse karşı durduğunu açıklayacaktır. Bu bir yanlış anlama idi – ama çok doğal bir yanlış anlama. Meditasyon yapan herkes enerji değişiminden geçer – aşağı akan enerji yukarı yönelir, bilincinin daha yüksekteki kapılarını açar, varlığına yeni ufuklar kazandırır. Ama sen onlarla daha önce karşılaşmadın, senin için birer bilinmez bunlar; o nedenle insan korkabilir. Ve eğer bu eşlerden sadece birinin başına geliyorsa, o zaman sorun çıkar. Meditasyon yapan eşlerin aynı anda değişime girmeleri gerekir – ancak o zaman birbirlerine ayak uydurabilirler. Yoksa araları açılır.

Cinsel perhiz fikri buradan çıktı. Çünkü görüldü ki evlilikte taraflardan biri meditasyona ilgi duyduğunda evlilik sallantıya giriyordu. En iyisi eş edinmemek, kimseyi incitmemek ve yalnız kalmaktı. Ama bu yanlış bir karardı.

Doğru karar şu olurdu, eğer arkadaşlık veya evlilik ilişkisindeki eşlerden biri kendini geliştiriyorsa, yeni ufuklara açılması için diğerine yardımcı olmalıdır. Bu insan bilinci için müthiş bir devrim olurdu; ama dinler cinsel perhiz yolunu seçtiği için tüm dünya meditasyondan mahrum kaldı.

Ve cinsel perhiz yolunu seçenler – bunu bilinçli seçiyorlar, doğal olarak bu noktaya gelmiyorlar – seksüel açıdan sapıklaştılar. Seksi aşamamışlardı, o yüzden perhizdeydiler.

Tersten gidiyorlardı: önce cinsel tercih ve sanıyorlardı ki ondan sonra değişim gelecek. Bu böyle olmuyor. Önce değişimin yaşanması gerek. Sonra, herhangi bir kısıtlama olmadan, seksi lanetlemeden, seks ile kavgaya tutuşmadan, kendiliğinden bir değişim yaşanıyor. Ve bu iş bastırarak olmuyor, sevgi dolu bir atmosferde gelişebilir ancak. Cinsel perhiz yapan kişi baskı dolu, kısıtlamalı, sapıkça bir ortamda yaşar; tüm atmosferi psikolojik açıdan hastadır. Tüm dinlerin hataya düştüğü temel noktadır bu.

İkinci olarak, her meditasyon yapan bilir ki seks müthiş farklı bir şeye doğru değişmeye başlar – biyolojiden spiritüel bir şeye. Bir kölelik, bir bağımlılık yaratmak yerine özgürlüğün kapılarını açar.Tüm ilişkiler yok olur ve insan yalnızlığının içinde sonsuz tatmin elde eder; eskiden hayal bile edemeyeceği bir tatmin.

Ancak bunu meditasyon yapanlar keşfettiğinden, hiç istisnasız, meditasyon yapanlar yanlış bir sonuca vardılar, sandılar ki seksi bastırmak enerjilerini değiştirmeye yarayacak. Böylece tüm dinler lanetleme, dünyevi zevklerden tamamen vazgeçme üzerine kurulu bir yaşam tarzını öğretilerinde temel aldılar; temelde herşeyin olumsuz olduğu bir yaşam. Bu bir yanlış anlama idi.

Seksi bastırarak enerjiyi sapkınlaştırabilirsin ama değiştiremezsin. Değişim sen sakinleştiğinde, kalbin daha uyumlu, beynin de gittikçe daha huzurlu olduğunda gerçekleşir. Sen kendi varlığına, öz merkezine yaklaşmaya başladıkça senin elinde olmayan bir değişim meydana gelir. Senin cinsel enerji diye bildiğin şey spiritüelliğine dönüşür. Bu aynı enerjidir, sadece yönü değişmiştir. Aşağı değil yukarı akmaktadır.

Senin başına gelen arayışta olan herkesin başına gelecektir – istisnasız. O yüzden senin sorun er geç herkesin sorusu olacaktır. Ve bu başına geldiğinde, geride kalan eş durumdan alınacağına eşi veya dostu harika bir deneyim yaşadığı için mutlu olmalı, mümkün olduğunca çabuk onun geldiği noktaya erişmeye çalışmalıdır. Eşinle uyum sağlamak için daha fazla meditasyona yönelmelisin, ve öylece yaşamın esas gayesine birlikte uyum içinde ulaşabilirsin.

Ama unutma, spiritüel açıdan geliştikçe cinselliğin yok olacak. Farklı bir aşk doğacak – içinde hiçbir sahiplenme veya kıskançlık olmayan bir saflık, derin bir masumiyet; içsel gelişim konusunda birbirine yardımcı olmak üzere sonsuz bir anlayış.

O yüzden sende bir hata olduğunu düşünmemelisin; bir şeyler aniden yoluna giriyor aslında. Sen farkında değildin; hazırlıksız yakalandın.

Ufak Hymie dört yaşındaki Betty ile sokakta yürüyordu. Karşıdan karşıya geçmek üzereyken Hymie annesinin tembihlerini hatırladı.

"Hadi elini ver bana," dedi centilmence bir tavırla.

"Peki," dedi Betty, "Ama bilmeni isterim ki ateşle oynuyorsun."

Erkekle kadın arasındaki her ilişki ateşle oynamaktır – özellikle bir de meditasyon yapıyorsan. O zaman tam ateşe düşüyorsun, çünkü hazırlıksız yakalandığın, asla hazırlıklı olamayacağın değişimlere uğrayacaksın. Her an, her gün keşfedilmemiş topraklarda dolaşacaksın. Ve pek çok kez ya sen ya da eşin geride kalacak – ve bu ikinize de çok acı çektirecek.

Başlangıçta doğal olarak ilişkinin bittiğini, artık aşık olmadığını sanacaksın. Elbette ki eskisi gibi bir aşk yaşamıyorsun – o eski aşk artık mümkün değil. O hayvansal aşktı ve gitmesi iyi oldu. Şimdi daha yüce, daha kaliteli bir şeyler bunun yerini alıyor. Ama birbirinize yardımcı olmalısınız.

Bunlar zor zamanlar – eşinle birbirinizi gerçekten sevip sevmediğinizi anladığın, aranızda büyük uçurumlar oluştuğu ve birbirinizden çok uzaklaştığınızı sandığın zamanlar.

Bu kritik anlarda, bu ateşle imtihanlarda, arkada bıraktığın eşini kendi yakınına getirmeye çalışmalısın. Onun meditasyona daha fazla yönelmesini sağlamalısın.

Doğal eğilimin eşin alınmasın diye kendini aşağı çekmek olacaktır. Bu tamamen yanlış bir yaklaşım. Eşine yardımcı olmuyorsun, kendine zarar veriyorsun. İyi bir fırsat kaçıyor. Onu daha yükseklere çıkaracağın yerde kendini alçaltıyorsun.

Eşin alınacak diye korkma. Sen onu aynı noktaya, aynı meditasyon düzeyine getirmek için her çabayı göster ve o sana darılmak yerine minnet duyacak. Ama böyle anlarda ayrılmak büyük hata olur. Tam tersi, böyle anlarda onunla elinden geldiğince anlayış göstererek iletişim kurmalısın. Çünkü eğer hayvansal enerjiyi daha yüce spiritüel enerjiye döndürmekte aşkın yardımı olmuyorsa o zaman senin aşkın aşk değilmiş – ona aşk demeye değmez.

Aynı sorunla herkes karşılaşıp yüzleşecek – o yüzden bir sorun çıktığında asla iki kere düşünme. Soruyu korkusuzca sor, sorarken ne kadar aptal göründüğüne hiç aldırmadan. Çünkü bunun sadece sana yararı olmayacak; aynı durumda zorlanan ama bunu gündeme getirecek kadar cesur olmayanlara da yarayacak. Onlar bir şekilde kendi başlarına durumu halletmeye çalışıyorlar.

Bu bir halletme sorunu değil. Eski durumun değişmesi iyiye alamet. Şimdi iş sana ve zekana, fırsatı nasıl değerlendirdiğine kalıyor – gelişimine yönelik, veya değil. Soruyu sormanın sana yararı olabilir.

Kısacası iki şey var...önce, unutma ki seks yaşamından çıktığı için şanslısın. İkincisi, eşinin alındığını düşünme. Ona kalbini aç. Kendini onun yerine koymaya çalışma ama her şekilde onun elinden tut ve onu bir üst düzeye taşı, senin kendini bulduğun yere.

Sadece başta çok zorlanırsın; sonra iş çok kolaylaşır. İki insan birlikte gelişiyorsa çoğu kez insanlar birbirine ayak uyduramadığı için uçurumlar oluşuyor; herkesin kendi temposu, kendine özgü bir tarzı var. Ama eğer seviyorsan, o gelene kadar biraz beklersin, ve o zaman, el ele verip daha ileri gidebilirsin.

Ben kendi insanlarımın asla cinsel perhizi düşünmelerini istemiyorum. Eğer bu kendiliğinden oluşuyorsa, ne ala; bundan sen sorumlu değilsin. Ve o zaman beraberinde sapkınlık getirmeyecek, o zaman enerjilerin büyük değişimi yaşanacak.

- **Bağımlılığı aştığımı, içimde beslediğim duygunun**
  sadece kayıtsızlık olup olmadığını nasıl anlayabilirim?

Bunu anlamak zor değil. Başının ağrıdığını veya ağrımadığını nasıl anlıyorsun? Gayet açıktır bu. Bağımlılığı aşıyorsan daha sağlıklı, daha mutlu olursun; yaşamın neşeyle dolar. Her iyi şeyin kriteri budur.

Neşe kriterdir. Eğer neşen artıyorsa gelişiyorsun ve eve doğru yola çıktın. Eğer hissettiğin kayıtsızlıksa neşenin artması söz konusu olamaz. Hatta, biraz neşeliysen bile bu hemen geçer.

Mutluluk sağlıktır ve bence, dindarlık özünde hedonist bir yavırla eşdeğerdedir. Hedonizm dinin özündedir. Herşey mutlu olmaktan ibaret. Unutma, işler yolunda gidiyorsa ve doğru yoldaysan, her an sana daha mutluluk getirecek – sanki güzel bir bahçeye giriyormuşçasına. Yaklaştıkça, hava daha taze, serin, mis kokulu hale gelecek. Bu sana doğru yolda olduğunu işaret ediyor. Hava daha az taze, serin veya güzel kokulu ise o zaman tam tersi yöndesin.

Varoluşun ham maddesi neşedir. Bu onun özüdür. Varoluş

neşe hamurundan yoğrulmuştur. O yüzden daha varoluşçu bir duruma doğru ilerlediğinde hiçbir neden olmaksızın gittikçe daha neşeli ve keyifli olacaksın. Bağımlılığı aşma aşamasında aşk, neşe duyguların artacak, sadece bağlılıklardan kurtulacaksın – çünkü bağlılıklar mutsuzluk getirir, seni köleleştirir, özgürlüğünü yok eder.

Ama eğer kayıtsızlaşıyorsan...Kayıtsızlık sahte para gibidir; seksi aşmaya benzer sadece. İçinde hiçbir gelişme yaşanmaz. Sen küçülür ve yok olursun. Git de bak: Dünyada bir sürü keşiş var – Katolik, Hindu, Jaina, Budist – onları izle. Parlak bir his uyandırmıyorlar, mis kokulu bir havaları yok, senden daha canlıymış gibi durmuyorlar; hatta, daha cansız, sakatlanmış, felce uğramış gibiler. Kontrollüler elbette, ama derin bir içsel disiplin şeklinde değil; kontrollü ama bilinçsiz. Toplumun onlara yüklediği bir vicdanın peşinden gidiyorlar ama henüz bilinçli değiller, özgür değiller, henüz birer birey değiller. Sanki çoktan mezara girmiş de ölmeyi bekliyormuş gibi yaşıyorlar. Yaşamları monoton, karanlık, üzüntülü hale geliyor – bu bir tür çaresizliktir.

Dikkat. Bir şeyler ters gittiğinde hemen benliğinde belirtiler oluşur. Üzüntü bir belirtidir, depresyon da öyle. Neşe, keyif de birer belirtidir. Eğer aşma noktasına ilerliyorsan hayatın şarkılarla bezenecek. Daha çok dansedecek, daha sevecenleşeceksin.

Unutma, aşk bir bağlılık değildir. Aşk bağlılık tanımaz ve tanıyanı da zaten aşk değildir. Bu sahiplenme, baskı kurma, tutunma, korku, açgözlülük olabilir – binbir türlü şey olabilir ama aşk değildir. Aşk adına bambaşka şeyler resmi geçit yapmaktadır, aşk adına arkasında başka şeyler saklanmaktadır ama paketin üstünde AŞK etiketi vardır. İçinde bir sürü şey bulabilirsin, ama aşk değil.

İzle. Bir insana bağlandıysan aşık mısın? Yoksa kendi yalnızlığından korktuğun için mi ona sarılıyorsun? Yalnız kalamadığın için bu insanı kullanıyorsun. O zaman korkuyorsun. Bu kişi başka yere taşınır veya başkasına aşık olursa onu öldürürsün ve sonra da, "Öylesine bağlanmıştım ki." Veya kendini öldürürsün ve dersin ki, "Ona öylesine bağlanmıştım ki onsuz yaşayamayacaktım."

Bu tam bir saçmalıktır. Bu aşk değil başka bir şey. Sen kendi yalnızlığından korkuyorsun, kendinle başbaşa kalma kapasiten yok, seni eğlendirecek birini arıyorsun. Ve diğer insanı sahiplenmek istiyorsun, onu kendi emellerine alet etmek istiyorsun. Başka birini bu şekilde kullanmak şiddetle eşdeğerdir.

Emanuel Kant bunu ahlaklı yaşamın temellerinden biri olarak sunar – öyledir. O der ki bir insanı bir işe alet etmek kadar büyük ahlaksızlık yoktur. Doğru, çünkü birisine alet muamelesi yapınca – kendi tatminin, zevkin, korkun, veya herneyse onun için – insanı bir eşyaya indirgemiş oluyorsun. Onun özgürlüğünü yok ediyorsun, ruhunu öldürüyorsun.

Ruh ancak özgürken gelişebilir – aşk onu özgür kılar. Ve özgürlük verince sen de özgürsün; bağlılığı aşmak budur işte. Eğer bir başkasını köleliğe zorlarsan kendini de hapse sokmuş oluyorsun. Sen onu bağlarsan o da seni bağlayacaktır; sen onu belirlersen o da sana aynısını yapacaktır; eğer ona sahip çıkmaya çalışıyorsan o da seni sahiplenecektir.

İşte bu şekilde çiftler baskınlığı ele geçirmek için bir yaşam boyu didişir dururlar. Adam kendi yöntemleriyle, kadın kendi yöntemleriyle. İkisi de uğraşır durur. Bu süregelen bir kavga ve dırdır olayıdır. Adam bazı yönlerden kadını kontrol ettiğini düşünür ve kadın bazı bakımlardan adamı kontrol ettiğini düşünür. Kontrol sevgi değildir.

Bir insana asla alet muamelesi yapma. Herkesi kendi içinde değerlendir – o zaman yapışmazsın, o zaman bağlanmazsın. Seversin, ama senin aşkın özgürlük verir – ve birini özgür kılınca sen de özgür olursun. Ruhun ancak özgür kalınca gelişir. Çok ama çok mutlu olursun.

Dünya çok mutsuz bir yere dönüştü – dünya mutsuz bir yer olduğundan değil, biz ona ters bir şeyler yaptığımız için. Aynı dünya coşku dolu hale gelebilir.

Bana soruyorsun, Bağımlılığı aştığımı, içimde beslediğim duygunun sadece kayıtsızlık olup olmadığını nasıl anlayabilirim? Eğer kendini mutlu hissediyorsan, içinde gelişenler seni memnun ediyorsa, eskisinden daha sağlam, daha merkez odaklı, daha canlı hissediyorsan o zaman balıklama dal. O zaman korkacak birşey yok. Bırak kriterin mutluluk olsun – başka hiçbir şey kriter olamaz.

Din kitaplarında yazanlar kalbini mutlulukla doldurmadıkça bir kriter teşkil edemezler. Aynı şekilde benim dediklerim de öyle. Sen doğduğun anda içine hassas bir dedektör yerleştiriliyor. Böylece sen hayatının bir parçası olarak her zaman neler olup bittiğini, mutlu olup olmadığını anlayabiliyorsun. Kimse mutlu muyum mutsuz muyum diye kendine sormuyor. Hiç kimse bu soruyu sormadı bugüne kadar. Mutsuzsan, bilirsin; mutluyken, bilirsin. Bu içinden gelen bir değerdir. Sen bunu bilirsin, dünyaya bilerek geldin, o yüzden bırak içindeki dedektör devreye girsin, o zaman hayatta yanlış yapmazsın.

- **Senin örnek toplum modelinde, tek bir büyük komün mü var, yoksa bir dizi komün mü? Birden fazla olursa birbirleriyle ilişkileri nasıl olacak? Değişik komünlerden insanların özgürce fikir ve becerilerini paylaşacaklarını düşünüyor musun?**

Bu soru çok önemli bir noktaya, karşılıklı bağımlılığa değiniyor. İnsanlar bağımlı yaşadılar ve bağımsızlık arzulayıp uğruna savaştılar, ama kimse gerçeklere bakmıyor – hem bağımlılık hem de bağımsızlık birer uç nokta.

Gerçek tam ortada; karşılıklı bağımlılık. Herşey birbirine bağımlı. En küçük çiçekten gökteki en büyük yıldıza kadar herşey birbirine bağımlı. Ekolojinin temelinde bu yatıyor. İnsanoğlu karşılıklı bağımlılık gerçeğini anlamadan hareket ettiği için yaşamın organik bütünlüğünün çoğunu mahvetti. Bilmeden kendi elini, ayağını kesmiş oldu.

Ormanlar yok oldu, her gün milyonlarca ağaç kesiliyor. Bilimadamları uyarıyorlar – ama onları dinleyen yok – eğer tüm ağaçlar yok olursa insan hayatta kalamaz. Biz derin bir karşılıklı alışveriş içindeyiz. İnsan içine oksijen çekip karbondioksit veriyor; ağaçlar karbondioksidi soluyup bize oksijen veriyor. Ne sen ağaçlar olmadan yaşayabilirsin, ne ağaçlar sensiz.

Bu basit bir örnek; yoksa yaşam binbir şekilde içiçe geçmiş bir halde. Onca ağaç yok olduğu, atmosferde çok fazla karbondioksit biriktiği için dünyanın ısısı dört derece arttı. Bu sana önemsiz gelebilir – dört derece – ama önemli işte. Yakında yükselen ısı o kadar çok buz eritecek ki okyanuslar taşacak. Böylece deniz kıyısındaki şehirler – ve tüm büyük şehirler de deniz kenarına kurulmuştur – sular altında kalacak.

Eğer ısı yükselmeye devam ederse ki bu mümkün, çünkü kimse dinlemiyor...Gereksiz nedenlerde, bilinçsizce ağaçlar kesiliyor – üçüncü sınıf gazeteler için kağıda ihtiyaç var ve böylece yaşam yok oluyor. Bir olasılığa göre Himalayalar'daki buzlar erirse ki bu geçmişte hiç yaşanmadı, o zaman tüm denizler yükselecek ve neredeyse tüm dünya sular altında kalacak. Tüm şehirler yok olacak – Bombay ve Kalküta, New York, Londra, San Fransisco. Belki dağlarda yaşayan bazı ilkel kabileler hayatta kalabilir.

Karşılıklı bağımlılık öyle birşeydir ki ilk astronotlar aya vardıklarında ilk kez dünyanın çevresinin oksijenin bir türü olan kalın bir ozon tabakası ile kaplı olduğunu farkettik. Bu ozon katmanı tüm dünyayı bir yorgan gibi örtüyor. Bu ozon tabakası sayesinde dünyada yaşam doğdu, çünkü ozon güneşten gelen öldürücü ışınları önlüyor. Sadece yaşam veren ışınlara izin veriyor ve ölüm getirenleri engelliyor; onları geri yolluyor.

Ama biz aya erişme aptallığına kapılıp bu yorganda delikler açtık. Ve çabalar sürüyor. Şimdi de Mars'a erişmeye çalışıyoruz! Bir roket dünya atmosferinden her çıktığında, yani ikiyüz mil yol aldığında, büyük delikler açıyor. Bu deliklerden öldürücü ışınlar sızmaya başladı. Şimdi bilimadamları bu ışınlar yüzünden kanser oranının yüzde otuz artacağını söylüyorlar; diğer hastalıklardan söz edilmiyor bile, onlar henüz araştırılmamış.

Ama bazı aptal politikacılar dinlemiyorlar. Üstelik onlara aptal dersen hapsi boyluyorsun, cezalandırılıyorsun; hakkında yalan yanlış suçlamalar yapılıyor. Ama ben onlara başka ne denir bilmiyorum. Aptal kendileri için sarfedilecek en kibar ve medeni sözcük gibi geliyor bana. Onu haketmiyorlar; daha kötü şeylere layıklar.

Yaşam karşılıklı bağımlılık.

Benim komün vizyonuma göre devletler yok olacak, büyük kentler yok olacak, çünkü her insan için yeterli yaşama alanı sunmuyorlar – ve her insan tıpkı diğer hayvanlar gibi kendi alanını belirleme içgüdüsü taşıyor. Büyük kentlerde insan devamlı kalabalıkların içinde hareket ediyor. Bu müthiş bir endişe, gerilim, sıkıntı yaratıyor ve kişiye gevşemek, yaşam kaynağı olan ağaçlarla veya denizle başbaşa kalmak için yer veya zaman bırakmıyor.

Benim yeni dünya vizyonumda, komünlerin dünyasında uluslara, büyük kentlere, ailelere yer yok, bunun yerine milyonlarca ufak komün dünya üzerindeki ormanlara, yeşilliklere, dağlara, topraklara yayılıyor. Bizim deneyimimize göre en ufak komünde ideal sayı beşbin oluyor ve en büyük komün ellibin kişi barındırabilir. Beşbinden ellibine – bundan fazlası idare edilemez; o zaman yine düzen ve kanun, polis, mahkemeler, bunların hepsini geri getirmek gerekir.

Ufak komünler...beşbin mükemmel sayı gibi görünüyor, çünkü biz bunu denedik. Herkes herkesi tanıyor, hepsi dost. Evlilik yok – çocuklar komüne ait. Komünde hastaneler, okullar, üniversiteler var. Komün çocuklara bakıyor; ana babaları onları ziyaret edebiliyor. Birlikte olup olmamaları hiç önemli değil. Çocuk için, ikisi de hep el altında; birbirlerini ziyaret edebilirler.

Tüm komünlerin birbirine bağımlı olmaları gerekiyor, ama arada para el değiştirmeyecek. Para tedavülden tamamen kalkmalı. İnsanlığa büyük zararı dokundu. Ona veda etme vakti geldi! Bu komünler eşyaları takas etmeli. Sende fazla süt ürünleri olacak; onları başka bir komüne vereceksin, çünkü daha fazla giysiye ihtiyacın var ve o komün sana giysi temin edebilir – basit bir takas sistemi, böylece hiçbir komün zenginleşmiyor.

Para çok tuhaf bir şey. Biriktirebilirsin; paranın en tuhaf sırrı da bu. Süt ürünlerini ya da sebzeleri biriktiremezsin. Fazla sebzen varsa bunu sebze ihtiyacı olan başka bir komünle paylaşabilirsin. Ama para biriktirilebilir. Ve eğer bir komün diğerinden zengin olursa o zaman ortaya fakirlik, zenginlik ve kapitalizm kabusu tüm haşmeti ile ortaya çıkar, sınıf farkı ve baskı kurma arzusu doğar. Zengin olunca başka komünleri boyunduruk altına alabilirsin. Para insanın düşmanlarından biridir.

Komünler takas yapacak. Radyolarından yapacakları anonslar ile herhangi bir ürünün kendilerinde bulunduğunu duyuracaklar. İhtiyaç duydukları başka ürünlere sahip birileri onlarla temasa geçebilir ve eşyalar dostça el değiştirebilir; pazarlık veya sömürü olmaz. Ama komünler fazla büyümemelidir, çünkü bu da tehlikeli olur. Bir komünün büyüklük kriteri herkesin herkesi tanıması olmalıdır; bu şekilde sınır konmalıdır. Bu sınır aşıldığında komün ikiye bölünmelidir. Tıpkı iki kardeşin ayrılması gibi, bir komün fazla büyüyünce kendini iki kardeş komüne böler.

Ve hep derin bir karşılıklı bağımlılık olacaktır, milliyetçilik ve fanatiklik gibi sahiplenmeden doğan bazı tavırlara girilmeden düşünce ve beceriler paylaşılacaktır. Ortada fanatik olacak bir şey kalmayacaktır. Bir ulusa gerek olmayacaktır.

Küçük bir grup insan yaşamdan daha fazla keyif alır, çünkü bu kadar çok dost ve tanıdığın olması başlı başına bir zevktir. Bugün büyük kentlerde aynı binada yaşıyorsun ve komşunu tanımıyorsun. Bir binada bin kişi yaşıyor olabilir, ve birbirlerine tamamen yabancı kalırlar. Kalabalıkta yaşayıp da yalnız kalmak.

Benim komün fikrime göre insana yeterli alanı sağlayan ama yakın, sıcak, sevecen ilişkiler kuracak kadar küçük gruplar halinde yaşamaktır. Çocuklarına komün bakacak, ihtiyaçlarını komün giderecek, sağlığınla komün ilgilenecek. Komün, geçmişte ailelerin yarattığı çeşitli hastalıklar olmaksızın gerçek bir aileye dönüşür böylece. Gevşek bir aile ve sürekli harekettir.

Evlilik veya boşanma diye bir şey yoktur. İki insan beraber olmak istiyorlarsa olabilirler ve eğer birgün istemezlerse bu da münkündür. Birlikte olmak onların kararıydı; şimdi başka dostlar seçebilirler. Hatta, niçin bir yaşam boyu birkaç yaşam sürülmesin? Neden bir adam tek bir kadına, bir kadın da tek bir erkeğe takılıp kalsın, tabii eğer yaşam boyu birlikte olmayı isteyecek kadar birbirlerinden keyif almıyorlarsa?

Ama dünyaya bakınca durum açıkça görülüyor. İnsanlar ailelerden bağımsız olmak istiyorlar; çocuklar ailelerden bağımsız olmak istiyorlar. Daha geçen gün California'da yaşayan küçük bir çocuk çok farklı ve özel bir şey yaptı. Dışarı çıkıp oyun oynamak istiyordu. Bu sıradan bir istek; tüm çocukların çıkıp oynamasına izin verilmelidir. Ama anneyle baba, "Hayır, çıkma; evi içinde oyna" diye ısrar etmişler. Ve çocuk annesiyle babasını tabancayla vurdu. Evin içinde oyun oynadı! Hep "hayır, hayır, hayır..." duymanın bir sınırı var.

Amerika'da ortalama eş değiştirme süresi üç yıl. Bu iş değiştirme oranı ile aynı; bu bir şehirden diğerine taşınma oranı ile aynı. Üç yıl özel bir süre olmalı! Sanki insanın dayanabilme süresi bu. Bundan fazlası dayanılmaz bir hal alıyor. O yüzden insanlar karılarını, kocalarını, işlerini, yaşadıkları yeri değiştiriyorlar.

Ama bir komünde bunlar hiç sorun olmaz. Her an elveda diyebilirsin ve hala dost kalırsın çünkü kim bilir? İki yıl sonra aynı kişiye yeniden aşık olabilirsin. İki yıl içinde tüm sorunları unutup yeniden tadına bakmak isteyebilirsin; veya belki de daha kötü bir adamın veya kadının eline düşersin ve pişman olursun, geri dönmek istersin! Böylesi daha zengin bir yaşam olacaktır; pekçok kadın ve erkek tanımış oluyorsun. Herkesin kendine özgü değerleri var.

Komünler insanları da değiş tokuş edebilirler, eğer birisi başka bir komüne geçmek istiyorsa ve karşı taraf onu kabul ediyorsa. Diğer komün diyebilir ki, "Eğer bizden birisi sizin komüne katılmak istiyorsa takas yapabiliriz – çünkü nüfusumuzu artırmak istemiyoruz." İnsanlar kendi kararlarını verir. Gidip kendini tanıtabilirsin; birisi senden hoşlanabilir, birileriyle dost olabilirsin. Belki o komünden biri sıkılmıştır ve komün değiştirmek istiyordur...

Tüm dünya tek bir insanlık olarak birleşmeli ve sadece pratik bazda ufak komünlere bölünmeli: fanatiklik yok, ırkçılık yok, milliyetçilik yok. O zaman, tarihte ilk kez, savaş fikrinden vazgeçebiliriz. Yaşamı dürüst, yaşamaya ve keyfini çıkarmaya değer kılabiliriz; eğlenceli, meditasyonla dolu, yaratıcı bir yaşamda her kadın ve her erkek potansiyellerini gerçekleştirip gelişmek için eşit fırsata sahip olur.

4. BÖLÜM

TEK BAŞINALIK

Yalnızlıktan kurtulmak için girilen her çaba
bugüne dek boşa çıktı ve bundan sonra da çıkacaktır,
çünkü hayatın temellerine aykırıdır.
Sana gereken, yalnızlığını unutturacak bir şeyler değil.
Sana gereken bir gerçeğin,
yani tekbaşınalığının farkına varmandır.
Ve bunu yaşamak öyle güzeldir ki,
çünkü bu sana kalabalıktan ve
hayatındaki kişiden özgür kalmanı sağlar.
Yalnızlık korkunu yenip
seni özgürleştirecek olan budur.

- 14 -
TEK BAŞINALIK
SENİN DOĞANDA VAR

İlk anlaman gereken şudur, istesen de istemesen de yalnızsın. Tek başınalık senin doğanda var. Bunu unutmaya çalışabilirsin, dost veya sevgili edinip kalabalığa karışarak yalnız kalmamaya uğraşabilirsin...Ama ne yaparsan yap hepsi yüzeysel olacaktır. İçinin derinliklerinde senin yalnızlığın ulaşılmaz, dokunulmaz olarak duruyor.

Her insanın başına tuhaf bir kaza gelir: Dünyaya geldiğinde bir aile ortamının içine doğar. Bunun başka yolu yoktur, çünkü insan yavrusu doğadaki en zayıf yaratıktır. Diğer hayvanlar tam gelişmiş doğarlar. Bir köpek ömrü boyunca köpek olarak kalacaktır, gelişip evrim geçirmeyecektir. Evet, yaşlanır, ama gelişmez, değişmez, farkındalığı artmaz, aydınlanmaz. Bu anlamda tüm hayvanlar aynen doğdukları noktada kalırlar; hiçbir temel özellikleri değişmez. Ölümleri ve doğumları yatay ilerler – aynı çizgide.

Sadece insanoğlunun sırf yatay değil dikey gidebilme şansı vardır. İnsanlığın çoğu diğer hayvanlar gibi hareket eder: Yaşam yaşlanmaktan ibarettir – büyümek, gelişmek yok. Büyümekle yaşlanmak çok farklı deneyimlerdir.

İnsan başka insanların içine, bir aileye doğar. İlk andan itibaren yalnız değildir; o nedenle, hep insanlarla beraber olmak gibi bir psikoloji edinir. Tek başınayken korkmaya başlar...bilinmeyen korkulardır bunlar. Neden korktuğunu tam olarak anlayamaz, ama kalabalıktan ayrılınca bir şekilde huzursuzluk duyar. Başkaları ile beraberken kendini iyi ve rahat hisseder.

Bu nedenle tekbaşınalığın güzelliğini asla tadamaz. Bir grubun içine doğduğu için hep bir grubun parçası olarak kalır ve yaşlandıkça yeni gruplar, yeni bağlar, yeni dostlar edinir. Mevcut gruplar onu tatmin etmez – ulus, din, politik parti – böylece yeni bağlar kurar, Rotary Kulüp veya Lions Kulüp gibi. Ama tüm stratejiler aslında tek bir amaca hizmet eder: asla yalnız kalmamaya.

Tüm yaşam deneyimi insanlarla birlikte olmak üzerine kuruludur. Tek başınalık neredeyse ölüm gibi gelir. Bir anlamda ölümdür; senin kalabalığın içinde yarattığın kişiliğin ölümüdür. Bu sana diğerlerinin armağanıdır. Gruptan kopunca o kişiliğinden de sıyrılıyorsun.

Bu grupta kim olduğunu tam olarak biliyorsun. Adını, akademik geçmişini, mesleğini biliyorsun; pasaportun, kimliğin için gerekli tüm bilgilere sahipsin. Peki gruptan ayrıldığında sen kimsin? Aniden isminin sana ait olmadığını farkediyorsun – bu isim sana verildi. Irkını temsil etmiyorsun – ırkın senin kendi bilincinle ne alakası var? Kalbin Hindu veya Hristiyan değil ki; varlığın bir ulusun politikası ile sınırlı değil; bilincin herhangi bir kurumun veya dinin parçası değil. Sen kimsin?

Birdenbire kişiliğin dağılmaya başlar. İşte bundan korkarsın: kişiliğin ölümü. Şimdi yeni baştan keşfetmen gerekir, ilk kez kim olduğunu sorgularsın. Ben kimim sorusu üzerine meditasyon yapman gerekir – ve hiçbir şey cevabı alacağından korkarsın. Belki sen ait olduğun grubun fikirlerinin bir karışımından ibaretsin, kişiliğin dışında hiçbir şeyin yok.

Kimse bir hiç olmak istemez. Ama aslında her birimiz birer hiçiz.

Çok hoş bir öykü var...

Alis Harikalar Diyarı'na varmıştır. Kral ile tanışmaya gider ve kral ona, "Alis, buraya gelirken yolda bir haberci ile karşılaştın mı?" diye sorar.

Alis, "Hiç kimseyi" der.

Kral der ki, "Hiç Kimse ile karşılaştıysan, neden hala buraya gelmedi?"

Alis'ın aklı fena karışır. Der ki, "Siz beni yanlış anladınız. Hiç kimse, kimse değildir."

Kral, "Hiç Kimsenin Kimse olmadığı aşikar, ama nerede kendisi? Şimdiye kadar buraya varmış olmalıydı. Bu Hiç Kimse'nin senden yavaş yürüdüğü anlamına geliyor," diye cevap verir.

Ve doğal olarak Alis pek sinirlenir ve kral ile konuşmakta olduğunu unutur. Der ki, "Hiç kimse benden hızlı yürüyemez."

Bundan sonra tüm konuşma bu "hiç kimse" ile devam eder. Kız, kralın "Hiç kimse senden yavaş yürüyemez" dediğini sanmaktadır.

"...üstelik ben hızlı yürürüm. Ben ta diğer dünyadan bu ufak dünyayı, Harikalar Diyarı'nı görmeye geldim – bir de hakaret işitiyorum." Sert bir cevap verir : "Hiç kimse benden hızlı yürüyemez!"

Kral, "Bu doğruysa o zaman neden hala gelemedi?"

Bu sohbet bu şekilde devam eder.

Herkes birer hiç kimsedir.

Arayışa geçen birinin ilk anlaması gereken tekbaşınalığın doğasıdır. Bu hiç kimselik anlamına gelir; sana toplumun armağanı olan kişiliğinden vazgeçmek anlamına gelir. Gruptan uzaklaşınca ve kendi başına kalınca bu armağanı yanına alamazsın. Tek başınalığında kendini yeniden keşfetmen gerekiyor ve hiç kimse sana orada birisini bulabileceğinin garantisini vermiyor.

Tek başınalığa erişenler orada hiç kimseyi bulurlar. Gerçekten hiç kimse demek istiyorum – isim yok, şekil yok, ama saf bir varlık, isimsiz ve şekilsiz bir hayat var. Bu tam anlamıyla yeniden dirilmektir ve hakikaten cesaret işidir. Ancak çok cesur insanlar hiç kimseliklerini, hiçliklerini sevinçle kabullenebilmişlerdir. Hiçlikleri onların saf varlıklarıdır; hem ölmektir hem dirilmek.

Daha bugün sekreterim bana çok güzel ufak bir karikatür gösterdi: Çarmıhtaki İsa, gökyüzüne bakıp diyor ki, "Keşke Tanrı Baba'nın yanısıra bir de Allah amcam olsaydı, daha iyi olurdu. Daha iyi olurdu, en azından Tanrı bana kulak vermediğinde. Allah yardımıma koşardı o zaman."

Tüm yaşamı boyunca sadece Tanrı ile yetindikten sonra "Ben Tanrı'nın tek Oğluyum" diye ilan edebilmek onu pek mutlu etmişti. Ve Tanrı'nın ailesinden, kardeşinden, karısından, diğer çocuklarından asla sözetmemişti. Sonsuzluk boyunca Tanrı neler yaptı? Vakit geçirmek için televizyonu da yoktu ki. Sinemaya da gidemedi. Peki nasıl oyalandı zavallıcık?

Şu bilinen bir gerçektir ki az gelişmiş ülkelerde nüfus patlaması yaşanmasının nedeni fakir fukaranın başka eğlencesi olmamasından kaynaklanır. Tek bedava eğlence çocuk yapmak oluyor. Bu uzun vadede çok pahalıya patlayacak, ama şimdi ellerinde ne sinema bileti var ne de başka şey...

Tanrı sonsuzluk boyunca ne yapar peki? Ortaya sadece bir erkek çocuk çıkarıyor. Şimdi de çarmıhtaki İsa farkediyor ki eğer Tanrı'nın birkaç tane kardeşi olsaydı daha iyi olacaktı. "Eğer sen beni dinlemiyorsan başka birilerinden yardım isteyebilirdim." Dua ediyor ve öfkeli ve diyor ki, "Neden beni unuttun? Beni gözden mi çıkardın?" – ama cevap alamıyor. Mucize bekliyor. Mucizeyi izlemeye gelen kalabalık yavaş yavaş dağılıyor. Hava çok sıcak ve boşuna bekliyorlar. Hiçbir şeyin olacağı yok; eğer olacak olsaydı şimdiye kadar olurdu.

Altı saat sonra sadece hala bir mucize olmasını bekleyen üç kadın orada kalmıştı. Birisi İsa'nın annesiydi – doğaldır, ne de olsa anneler evlatlarının birer dahi olduğuna inanırlar. İstisnasız her anne bir harika çocuk doğurduğunu sanır. İsa'yı seven bir diğer kadın bir fahişe olan Mary Magdalene idi. Fahişe olsa da İsa'yı sevmiş olmalı. Hristiyan tarihinde İsa'dan sonra en önemli figür olan müritlerinin onikisi birden tanınma ve yakalanma korkuları yüzünden kaçmışlardı – zira onlar hep İsa'nın yanında görülmüşlerdi. Bir güruha asla güvenemezsin : Yakalansalar belki onlar da çarmıha gerilecekti veya en azından dayak yiyecekler, ölümüne taşlanacaklardı. Ortada sadece üç kadın vardı.

Demek ki, o müritleri sırf cennete gidebilmek için İsa'nın yanında bulunmuşlardı. Yüksek yerdekilerle iyi ilişkiler kurmak her zaman iyidir ve insan Tanrı'nın yegane Oğlu'ndan daha iyisini bulamaz. Onun hemen arkasından gelip cennetin kapılarından içeri girebilirlerdi. Onların müridliği İsa'yı sömürmekten başka bir şey değildi; o yüzden cesaretleri yoktu. Yaptıkları kurnaz ve zekice idi, ama cesaretin izi yoktu.

Sadece aşk cesurdur. Sen kendini seviyor musun? Bu dünyayı seviyor musun? Bir armağan olan bu güzel hayatı seviyor musun? Bu armağan sana sen daha hazır bile değilken verildi, onu hak edecek, ona layık olacak bir şey yapmadan. Eğer bu sana yaşamını vermiş olan, her an hayat verip beslemeye devam eden bu varoluşu seviyorsan cesaretin olur. Ve bu cesaret sayesinde ulu bir çınar ağacı gibi dimdik ve yalnız yükselirsin – yükseklere, ta yıldızlara, ama tekbaşına.

Tek başınalığında egondan ve kişiliğinden kurtulacaksın

ve kendini yaşamın ta kendisi, sonsuz ve ölümsüz olarak bulacaksın. Yalnız kalma kapasiten yoksa gerçeği arayışın başarısız olmaya mahkumdur.

Tek başınalığın senin gerçeğindir. Tek başınalığın senin yüceliğindir.

Bir hocanın görevi senin kendi iki ayağının üstünde durmanı sağlamaktır. Meditasyon, senin kişiliğini, düşüncelerini, beynini, bedeninle özdeşleşmeni elinden alıp seni kendi içinde yapayalnız, sadece bir alev olarak bırakmaya yarayan bir stratejidir. Sen içindeki o alevi bulduğun zaman insan bilincinin ulaşabileceği zevkin doruğuna erişirsin.

Yaşlı kadın torununun çorbayı yanlış kaşıkla içmesini, bıçağını tersinden tutmasını, ana yemeği elleriyle yemesini ve çayı bir tabağa döküp üfleyerek içmesini izliyordu.

"Annenle baban masada sana ne yapman gerektiğini öğretmediler mi?" diye sordu.

"Evet," dedi çocuk, bir yandan ağzı açık yemeğini çiğnerken, "Asla evlenmememi."

Çok önemli bir ders almış! Yalnız kalmayı öğrenmiş.

Aslında birileriyle beraber olmak çok zordur, ama biz doğduğumuz günden itibaren buna alışırız. Mutsuzluk yaratabilir, acı çektirebilir, işkence gibi olabilir, ama biz buna alışığız; en azından iyi bildiğimiz bir şey bu. İnsan alanının dışındaki karanlığa çıkmaya ürker, ama kolektif maske alanının ardına geçmediğin sürece kendini bulamazsın.

Groucho Marx pek güzel bir söz söylemiş : "Televizyonu çok eğitici buluyorum. Ne zaman birisi televizyonu açsa hemen başka bir odaya gidip kitap okuyorum."

On yaşındakilerden oluşan bir sınıfın öğretmeni seks eğitimi dersini vermeye utanır ve böylece sınıftan bunu bir ev ödevi projesi olarak hazırlamalarını ister.

Küçük Hymie babasına sorar, o da ağzında bir leylekle ilgili bir şeyler geveler. Büyükannesi bir lahanadan çıktığını söyler, ninesi ise utançtan kızarıp çocukların büyük varoluş denizinden çıktıklarını fısıldar.

Ertesi gün küçük Hymie öğretmeni tarafından raporunu sunmak üzere tahtaya kaldırılır. Der ki, "Korkarım bizim ailede bir tuhaflık var. Besbelli üç nesildir kimse sevişmemiş!"

Aslında çok az insan gerçekten sever. Rol yaparlar, sadece başkalarını değil kendilerini de kandıran ikiyüzlüler gibi. Ancak varsan gerçek anlamda sevebilirsin. Şimdiye kadar hep kalabalığın bir parçası, makinenin bir dişlisi oldun. Nasıl sevebilirsin? – sen yoksun ki. İlk önce, var ol; ilk önce, kendini tanı.

Tek başınalığında var olmanın ne demek olduğunu keşfedeceksin. Çarşıda pazarda bile yalnız olabilirsin. Hep farkında, tetikte, uyanık olman yeterli; kendi farkındalığından ibaret olduğunu unutma. O zaman nerde olursan ol yalnız kalabilirsin. Kalabalıkta veya dağ başında olabilirsin; hiç farketmez, sen aynı bilinçsindir. Kalabalıkta insanları izlersin; dağ başında dağları izlersin. Gözlerini açıp varoluşu izlersin; gözlerini kapatıp kendini izlersin. Sen busun: bir izleyici.

Ve bu izleyicilik en önemli farkındalıktır. Bu senin buda yönün; bu senin aydınlanman ve uyanışın. Tek disiplinin bu olmalı. Aksi takdirde, seni mürit yapan nedir? Yaşamında her konuda aldatıldın. Bir hocaya inanmanın seni mürit yapacağını söylediler – bu tamamen yanlış; doğru olsa dünyadaki herkes bir mürit olurdu. Birisi İsa'ya inanır, diğeri Buda'ya, kimisi Krişna'ya inanır, başkası Mahavira'ya; herkes birilerine inanır ama kimse mürit değildir, çünkü mürit olmak bir ustaya inanmak anlamına gelmez. Mürit olmak kendin olma, gerçek benliğini yaşama disiplinidir.

Bu deneyimde yaşamın gerçek hazinesi saklıdır. Bu deneyimde ilk kez imparator olursun; yoksa kalabalıkta dilenci olarak kalırsın. İki tür dilenci vardır : fakir ve zengin, ama hepsi dilencidir. Senin krallarınla kraliçelerin bile birer dilencidir.

Ancak kendi benliklerinde, açıklıklarında, kendi ışıklarında yapayalnız kalanlar, kendi ışıklarını ve zenginliklerini keşfedenler, kendi alanlarını yuva haline getirenler – işte ancak bu birkaç kişi gerçek imparatordur. Tüm evren onlarındır. Fethetmeleri gerekmez; zaten fethedilmiştir.

Sen kendini tanıyarak onu fethettin.

- 15 -
KENDİMİZE YABANCIYIZ

Yalnız doğarız, yalnız yaşarız ve yalnız ölürüz. Tek başınalık bizim doğamızda var, ama farkında değiliz. Farkında olmadığımız için de kendimize yabancı kalırız ve tekbaşınalığımızı harika bir güzellik ve mutluluk olarak görmek yerine yanlış anlar, yalnızlık sanarız.

Yalnızlık yanlış anlaşılmış bir tekbaşınalıktır. Onu yalnızlık olarak yanlış anladığın zaman herşey değişir. Tek başınalıkta bir güzellik ve yücelik, bir olumluluk vardır; yalnızlık zavallı, olumsuz, karanlık, boğucudur.

Yalnızlık bir boşluktur. Birşeyler eksiktir, onu doldurmak için bir şeyler gerekir ve ta en başından bir yanlış anlama olduğu için hiçbir şey dolduramaz. Yaşlandıkça boşluk büyür. İnsanlar kendi başlarına kalmaktan öylesine korkarlar ki en aptalca şeyleri bile yaparlar. Kendi başına iskambil oynayanları gördüm; karşılarında kimse yoktu. Aynı insanın iki taraf için oynadığı bir oyun icat etmişler.

Tek başınalığı bilenler tamamen farklı bir şey söylüyorlar. Yalnız başına olmaktan daha güzel, daha huzurlu, daha keyifli hiçbir şey olmadığını dile getiriyorlar.

Sıradan insan yalnızlığını unutmaya çalışır, meditasyon yapan ise zamanla tekbaşınalığı ile olan dostluğunu ilerletir. Dünyayı geride bırakır; yalnız kalmak için mağaralara, dağlara, ormanlara gider. Kim olduğunu öğrenmek ister. Kalabalıkta bunu yapmak zordur; rahatsız edici unsur çoktur. Ve tekbaşınalıklarının farkında olanlar insanın yaşayabileceği en büyük mutluluğa erişirler – çünkü senin öz varlığın mutluluk doludur.

Kendi yalnız başına halin ile aynı frekansa geçtikten sonra dışarısıyla ilgilenebilirsin; o zaman ilişkilerin sana büyük keyif verecektir çünkü onları yalnızlık korkusundan kurmazsın. Tek başınalığını keşfedince yaratıcı olursun, birçok işi birden başarabilirsin, çünkü bunları yaparken kendinden kaçıyor olmazsın. Kendini ifade ediyor olursun; artık bu senin potansiyelinin dışavurumu haline gelir.

Ama en temel olanı kendi tekbaşınalığını a'dan z'ye tanımaktır.

O yüzden şunu unutma diyorum sana, yalnızlık ile tekbaşınalığı karıştırmamalısın. Yalnızlık hastalıktır; tekbaşınalık sağlığın ta kendisidir. Hayatın anlam ve önemini anlamaya yönelik ilk ve en temel adımın kendi tekbaşınalığına girmekle başlar. Bu senin tapınağın; Tanrı'nın yaşadığı yer orası ve onu başka hiçbir yerde bulamazsın.

- 16 -
YALNIZ VE SEÇKİN

İsa der ki:

Yalnız ve seçkin olanlar kutsanmıştır, çünkü krallığa sizler erişeceksiniz; ve oradan geldiğiniz için yine oraya döneceksiniz.

Aziz Thomas'ın öyküsünden; İncil.

İnsanın en derin dürtüsü tamamen özgür olmaktır. Özgürlük, moksha, hedeftir. İsa ona "Tanrı'nın Krallığı" adını veriyor – krallar gibi olmak, sadece sembolik anlamda, böylece varlığının önünde hiçbir engel kalmıyor; sonsuzlukta varoluyorsun, başka hiç kimse ile çakışmıyorsun...adeta yalnızmışsın gibi.

Özgürlük ve tekbaşınalık aynı şeyin iki farklı yüzüdür. Bu yüzden Jaina mistiği Mahavira kendi özgürlük kavramına "kaivalya" adını verir. Kaivalya başka hiç kimse yokmuş gibi tamamen yalnız olmak anlamına geliyor. Tamamen yalnız olunca sana kim zincir vurabilir? Ortada hiçbir şey yoksa eşin kim olabilir?

İşte bu nedenle özgürlük arayışına girenler kendi yalnızlıklarına erişmek zorundalar; tekbaşınalıklarını kazanmak için bir yol, bir yöntem bulmak zorundalar.

İnsan dünyanın bir parçası, toplumun ve ailenin bir üyesi, diğerlerinden biri olarak dünyaya gelir. Yalnız bir varlık olarak yetiştirilmez, sosyal bir varlık olarak yetiştirilir. Tüm eğitim ve kültür sistemi çocuğu toplumun uyumlu bir üyesi yapmak üzerine kurulmuştur. Buna psikologlar "uyum sağlamak" diyorlar. Birisi yalnız başına ise ona uyumsuz diye bakılır.

Toplum pek çok kişiden, bir kalabalıktan oluşan bir iletişim ağıdır. Orada biraz özgürlüğün olabilir – bu sana pahalıya patlar. Topluma uyar, diğerlerine boyun eğersen sana ufak bir özgürlük payı bırakırlar. Kölelik yaparsan sana özgürlük verilir. Ama bu verilen bir özgürlüktür, her an geri alınabilir. Ve bedeli çok yüksektir; diğerleri ile uyumu gerektirir, o yüzden mutlaka sınırları olacaktır.

Toplumda, sosyal yaşam içinde kimse tamamen özgür olamaz. Diğerlerinin varlığı bile sorun olacaktır. Sartre der ki, "Cehennem diğer insanlardır," ve büyük ölçüde haklıdır çünkü diğerleri sende gerilim yaratır; onların yüzünden endişelenirsin. Mutlaka bir çatışma yaşanır çünkü diğerleri özgürlük peşindedir, sen de öyle – herkesin tam olarak özgür kalmaya ihtiyacı var – ve kesin özgürlüğe ancak tek bir kişi kavuşabilir.

Senin sözde kralların bile tamamen özgür değiller, olamazlar. Özgürmüş görüntüsü verirler, ama bu yalandır. Korunmaları gerekir, başkalarına bağımlıdırlar. Özgürlükleri görüntüde kalır. Ama yine de, tamamen özgür kalma dürtüsü yüzünden, insanlar kral, imparator olmak isterler. İmparator özgür olduğu izlenimini yaratır.

İnsan çok zengin olmak ister, çünkü zenginlik de sahte bir özgürlük görüntüsü yaratır. Fakir birisi nasıl zengin olabilir ki? İhtiyaçları onu zincire vuracaktır ve bunları karşılayamayacaktır. Her gittiği yerde aşamayacağı bir duvarla karşılaşır. O nedenle zenginliğe ihtiyaç duyar. Derinlerde ise tamamen özgür olma isteği yatar, ve diğer tüm istekler buradan kaynaklanır. Ama eğer yanlış yönlere gidersen asla hedefine ulaşamazsın çünkü ta en başından yönün şaşmıştır – sen ilk adımı atladın.

Eski İbranice'de sin (günah) kelimesi çok güzel bir ifadedir. Hedefi şaşırmış biri anlamına gelir. İçinde herhangi bir suçluluk barındırmaz; günahkar birisi yoldan çıkmış, hedefi şaşırmıştır, hepsi o. Ve din hedefi ıskalamayasın diye seni doğru yola sevketmek anlamına gelir.

Hedef kesin özgürlüktür; din sadece buna ulaşmak için kullanılan araçtır. İşte bu yüzden gerçek dinin anti-sosyal bir güç olduğunu anlamalısınız. Onun doğasında anti-sosyallik var, çünkü toplum içinde kesin özgürlük elde etmek mümkün değildir.

Diğer yandan psikoloji topluma hizmet eder. Psikolog her türlü imkanını kullanıp seni tekrar toplumla uyumlu hale getirmeye uğraşır; o toplumun hizmetindedir. Politika da tabii ki toplumun hizmetindedir. Köleleşesin diye sana birazcık özgürlük tanır. Bu özgürlük bir rüşvettir sadece – her an geri alınabilir. Eğer gerçekten özgür olduğunu sanıyorsan yakında hapse atılabilirsin.

Politika, psikoloji, kültür, eğitim, hepsi topluma hizmet eder. Din tek başına isyankardır aslında. Ama toplum seni kandırıp kendi dinlerini yaratmıştır : Hristiyanlık, Hinduizm, Budizm– bunlar toplumsal hilelerdir. İsa toplumdışı birisidir. İsa'ya bir bakın – pek saygıdeğer bir adam değildi, olamazdı. Antisosyal, toplumdışı hareket ediyordu. O bir serseri idi, tuhaf birisiydi – öyle de olmalıydı, çünkü topluma kulak vermiyordu ve uyum sağlamayı reddediyordu. Alternatif bir toplum, küçük bir izleyici grubu oluşturdu.

Aşramlar anti-sosyal birer güç olarak var olurlar – ama tüm aşramlar değil, çünkü toplum size hep sahte bir şeyler yutturmaya çalışmaktadır. Eğer yüz tane aşram varsa o zaman bir tanesi gerçek aşram olabilir – ve bu da sadece belki – çünkü bu aşram topluma, isimsiz kalabalığa karşı alternatif bir toplum olarak varlığını sürdürür. Bazı okullarda toplum olmayan bir toplum yaratılmaya uğraşılır – örneğin Buda'nın Bihar'daki manastırları gibi. Sana gerçekten ve tamamen özgür kılmanın yollarını sunar – seni esir etmez, disipline sokmaz, sınır koymaz. Sana sonsuz olup bütüne katılma şansı tanır.

İsa anti-sosyaldir, Buda anti-sosyaldir – ama Hristiyanlık anti-sosyal değildir, Budizm anti-sosyal değildir. Toplum çok kurnazdır; en anti-sosyal olguları bile derhal sosyalleştirir. Yüzeysel bir görüntü yaratır, eline sahte parayı sıkıştırır ve sen de ağzına meme yerine emzik verilmiş küçük çocuklar gibi sevinirsin. Bu onları sakinleştirir; hemen uykuya dalarlar. Bir çocuk ne zaman huzursuz olsa, bunu yapmak icap eder; sahte meme vermek lazımdır. Beslendiğini sanarak emer durur. Ve sonra da emmek monoton bir sürece dönüşür; ucunda yiyecek yoktur, sadece emziği emmeye devam eder! Sonra da uykuya dalar. Canı sıkılır, uykusu gelir, uykuya dalar.

Budizm, Hristiyanlık, Hinduizm ve kurulu düzene sahip dine dönüşmüş olan tüm diğer "izm"ler birer emzik görevi görür. Sana teselli verirler, güzelce uyuturlar, bu kölelik ortamında rahatça var olmanı sağlarlar; herşeyin yolunda olduğuna dair bir his yaratırlar. Aynen trankilizan gibidirler. Birer uyuşturucudur her biri.

Sadece LSD değildir uyuşturucu olan, Hristiyanlık da öyledir – ve çok daha etkili, karmaşık bir uyuşturucudur, seni körleştirir çünkü. Neler olup bittiğini göremezsin. Hayatını nasıl boşa harcadığını hissedemezsin, bir sürü yaşam boyunca biriktirdiğin hastalığı göremezsin. Sen bir volkanın üstünde oturuyorsun ve onlar da sana herşeyin yolunda olduğunu söylüyor : "Tanrı cennette ve devlet de yeryüzünde iş başında – herşey yolunda." Ve papazlar sana devamlı şöyle diyorlar, "Senin kafa yormana gerek yok, biz buradayız. Sen herşeyi bize bırak, biz seni hem bu dünyada hem de ötekinde koruyacağız." Sen de gerçekten herşeyi onlara bırakıyorsun, bu yüzden mutsuzsun işte.

Toplum sana özgürlük veremez. Bu imkansızdır, çünkü toplum herkesi tamamen özgür kılmayı başaramaz. O zaman ne olacak? Toplum nasıl aşılacak? Bu soruyu dindarların sorması lazım. Ama imkansız gibi görünüyor. Nereye gidersen git, toplum var. Bir başka yere taşınabilirsin, ama toplum gene orada olacaktır. İstersen Himalayalar'a çık – o zaman da orada bir toplum yaratırsın. Ağaçlarla konuşmaya başlarsın, çünkü yalnız kalmak çok zordur. Kuşlarla, hayvanlarla dostluk kurmaya başlarsın ve eninde sonunda bir ailen olur. Her sabah gelip şarkı söyleyen kuşun yolunu gözler hale gelirsin.

Bağımlı olduğunu, diğerinin işin içine girdiğini anlamazsın bile. Eğer kuş gelmezse endişe duyarsın. Kuşa acaba ne oldu? Niçin gelmedi? Tansiyon yükselir ve bu karın veya çocuğun için duyduğun endişeden hiç de farklı değildir. En ufak fark yoktur, aynı tarzdadır – diğeri söz konusudur. Himalayalara bile taşınsan kendine bir toplum yaratırsın.

Bir şeyin anlaşılması gerekiyor. Toplum senin dışında değil, içinde bir yerlerde. Ve senin içindeki temel nedenleri yok olmadığı sürece nereye gidersen git toplum yeniden var olacaktır. Bir hippi komününe katılsan bile toplum işin içine girecektir; sosyal bir güç olacaktır. Bir aşrama katılırsan toplum yine orada olacaktır. Toplum seni takip etmiyor, sen onu takip ediyorsun. Sen her zaman etrafında kendi toplumunu oluşturuyorsun – sen bir yaratıcısın. İçinde var olan bir tohum her seferinde toplumu yaratıyor. Bu aslında şunu gösteriyor, sen tamamen değişmediğin sürece asla toplumu aşamazsın, hep kendi toplumunu yaratırsın. Ve tüm toplumlar aynıdır; biçimler değişebilir ama ana hatlar aynı kalır.

Neden toplumsuz yaşayamıyorsun? İşte bütün mesele bu! Himalayalarda bile birinin yolunu gözlüyorsun. Belki bir ağacın altında oturuyorsun ve yoldan geçecek olan birini, bir yolcuyu veya avcıyı bekliyorsun. Ve eğer birisi gelirse mutluluk duyacaksın. Tek başına, hüzünleniyorsun – eğer bir avcı gelecek olursa onunla dedikodu yapabilirsin. Ona, "Dünyada neler olup bitiyor? Hiç gazeten var mı?" veya "Bana son haberlerden bahset! Bunları duymayı çok özledim!" diyebilirsin.

Niçin? Bunun kökenini açığa çıkarmalı ki anlayabilesin.

Bir kere, sana ihtiyaç duyulmasına ihtiyacın var; bu konuda derin bir ihtiyaç duyuyorsun. Sana kimse ihtiyaç duymazsa kendini gereksiz, anlamsız hissedersin. Birisi sana ihtiyaç duyarsa sana değer vermiş olur; kendini önemli hissedersin. "Karımla çocuklarıma bakmak zorundayım" deyip durursun, sanki onları bir yük olarak taşıyormuşsun gibi – halbuki bu yanlış. Bu büyük bir sorumlulukmuş da sen sadece görevini yapıyormuşsun gibi konuşursun – haksızsın! Bir düşün, karın ve çocukların olmasa sen ne yapardın? Aniden yaşantının manasız hale geldiğini hissederdin, çünkü onların sana ihtiyacı vardı. Çocuklar ufak ve seni bekliyorlar, sana değer yüklüyorlar, önem kazanıyorsun. Şimdi kimsenin sana ihtiyacı olmadığına göre önemin kalmayacak. Çünkü kimsenin sana ihtiyacı kalmadığında kimse sana aldırış etmez; varmışsın yokmuşsun kimsenin umurunda olmaz.

Psikoanaliz işi tamamen dinlemeye bağlıdır. Aslında psikoanalizde pek de bir şey yoktur, ve tüm yapılan biraz hokus pokusdan ibarettir. Peki neden devam ediyor? Adamın biri tüm dikkatini sana veriyor – üstelik sıradan biri değil, ünlü bir psikiyatr, tanınmış biri, birçok kitap yazmış. Birçok ünlüyü tedavi etmiş, o yüzden kendini iyi hissediyorsun. Başka kimse seni dinlemiyor, karın bile. Kimseler seni dinlemiyor, kimsenin umurunda bile değilsin; dünyada bir hiç olarak dolaşıyorsun – ve gidip psikiyatra bir sürü para veriyorsun. Bu bir lüks, ancak zenginler faydalanabilir.

Peki bu yaptıklarını neden yapıyorlar? Bir koltuğa uzanıp konuşuyorlar ve psikoanalist dinliyor – ama o dinliyor, seni dikkatle dinliyor. Tabii bunun için para ödemen gerekiyor, ama kendini iyi hissediyorsun. Sırf adam dikkatini sana yönelttiği için kendini iyi hissediyorsun. Muayenehanesinden çıkarken yürüyüşün değişir, farklı hissedersin. Danseder gibi yürürsün, canın şarkı söylemek ister. Bu hal sonsuza dek sürmez – gelecek hafta gene gideceksindir – ama birisi seni dikkatle dinlediğinde sana şunu demiş oluyor, "Sen birisisin, dinlenmeye değersin." Canı sıkılmıyor. Belki hiçbir şey söylemiyor ama öyle bile olsa, bu sana iyi geliyor.

Sana ihtiyaç duyulmasına çok ihtiyacın var. Birileri sana ihtiyaç duymalı, yoksa yer altından kayıyor – topluma ihtiyacın var senin. Birileriyle kavga bile etsen farketmez, bu yalnız kalmak ta iyidir, çünkü en azından birisi sana önem veriyordur – düşman olsa bile onu düşünebilirsin.

Aşık olduğun zaman bu ihtiyacına dikkat et. Aşıklara bak, izle, çünkü kendin aşık olduğunda izlemen zor olur. O zaman zor olur çünkü neredeyse deliye dönersin, aklın yerinde olmaz. Ama sevgilileri izle; onlar birbirlerine "Seni seviyorum" diyorlar ama aslında sevilmek istiyorlar. İş sevmekte değil sevilmekte bitiyor – ve onlar sırf sevilebilmek için seviyorlar. Temel arzu sevmek değil sevilmek.

İşte bu nedenle sevgililer birbirlerine "Beni yeterince sevmiyorsun" diye sitem ediyorlar. Hiçbir şey yetmez, hiçbir şey asla yeterli olamaz çünkü ihtiyaç sonsuzdur. O yüzden esaret de sonsuzdur. Sevgilin ne yaparsa yapsın sen hep daha fazlasının mümkün olduğunu düşüneceksin; hala daha fazlasını hayal edebilir, daha fazlasını isteyebilirsin. Ve bu eksik kalınca da çaresizlik duyarsın. Her aşık, "Ben seviyorum, ama yeterince karşılık alamıyorum" diye düşünür ve karşısındaki de aynen böyle düşünür. Sorun nedir?

Kimse sevmiyor. Ve sen bir Buda veya İsa değilsen sevemezsin, çünkü ancak ihtiyaç duyulma ihtiyacı yok olan birisi sevebilir.

Halil Gibran, "İsa" İnsanın Oğlu, adlı o güzel eserinde hayali ama harika bir öykü anlatır – ve bazen hayal ürünü hikayeler gerçeklerden daha gerçektir. Mecdelli Meryem (Maria Magdalene) camdan dışarı bakar ve İsa'nın evinin bahçesinde bir ağacın altında oturduğunu görür. Adam güzeldir. O zamanında çok erkek tanımıştır, bir zamanlar ünlü bir fahişe idi – krallar bile kapısını çalardı, en nadide çiçekten bile güzeldi. Ama asla böyle bir adam tanımamıştı – çünkü İsa gibi adamların çevresinde onları dünya ötesi bir güzelliğe büründüren gözle görünmez bir atmosfer vardır; o bu dünyaya ait değildir. Çevresinde bir ışık, bir zerafet vardır, yürüyüşünde, oturuşunda, sanki dilenci kılığında bir imparatormuşçasına. Başka bir dünyaya aitmiş gibi görünüyordu, bu yüzden Meryem hizmetkarlarını gönderip onu içeri davet etti, ama İsa reddetti. Dedi ki, "Burada iyiyim ben. Ağaç çok güzel ve gölgesi var."

O zaman Meryem kendi gidip İsa'ya rica etmek zorunda kaldı – birilerinin onun davetini geri çevirdiğine inanamıyordu. Dedi ki, "Evime gel ve misafirim ol."

İsa dedi ki, "Ben zaten senin evine geldim. Senin misafirin oldum. Şimdi buna gerek yok."

Meryem anlayamadı. Dedi ki, "Yok, sen gel ve beni reddetme – şimdiye kadar kimse reddetmedi. Bu kadarcık bir şeyi yapamaz mısın? Misafirim ol. Bugün benimle yemek ye, bu gece benimle kal."

İsa dedi ki, "Bunu kabul ettim. Ve unutma : Seni kabul ettiklerini söyleyenler, asla etmediler; ve seni sevdiklerini söyleyenler, onların hiçbiri seni sevmedi. Ve ben sana diyorum ki, ben seni seviyorum ve seni ancak ben sevebilirim." Ama eve girmedi; dinledikten sonra çekip gitti.

Peki ne demek istedi? Dedi ki, "Seni sadece ben sevebilirim. Seni sevdiğini söyleyip duran o diğerleri, onlar sevemezler çünkü sevgi yapabileceğin bir şey değildir – o senin varlığının özünde vardır."

Sen kristalleşmiş bir ruha, bir benliğe kavuşunca sevgi gerçekleşebilir. Ego varsa asla olmaz; ego sevilmek ister çünkü bu onun gıdasıdır. İhtiyaç duyulan birisi olabilmek için seversin. Çocuk sevdiğin için değil sana ihtiyaç duyulsun diye çocuk doğurursun, öylece etrafta "Bak benim ne çok sorumluluğum var, ne çok görev üstlendim! Ben bir babayım, ben bir anayım..." diye dolaşabilirsin. Bu sayede egonu yüceltmiş olursun.

Bu ihtiyaç duyulma ihtiyacından kurtulmadığın sürece tekbaşınalığa ulaşamazsın. İstersen Himalayalara git – orada da toplum yaratırsın sen. Ve eğer bu ihtiyaç duyulma ihtiyacından kurtulursan, nerede olursan ol, pazarın ortasında ya da şehrin göbeğinde, tekbaşına olursun.

Şimdi İsa'nın sözlerini anlamaya çalış : Yalnız ve seçilmiş olanlar kutsanmıştır, çünkü krallığa kavuşurlar; ve oradan geldikleri için tekrar oraya dönerler.

Her sözcüğü derinlemesine anla. Yalnızlar kutsanmıştır... Kimdir yalnız olan? İhtiyaç duyulma ihtiyacından kurtulan; kendisiyle olduğu gibi barışık olan kişi. Kimsenin kendisine

"Sen anlamlısın" demesine ihtiyaç duymayan kişi. Onun anlamı kendi içinde saklıdır; artık başkalarında anlam aramaz. Ne anlam dilenir ne de ister – kendi anlamı kendi varlığından kaynaklanır. O bir dilenci değildir ve kendisiyle yaşayabilir.

Sen kendinle yaşayamıyorsun. Ne zaman yalnız kalsan huzursuz oluyorsun; hemen rahatsızlık ve endişe duyuyorsun. Ne yapmalı? Nereye gitmeli? Kulübe, kiliseye veya sinemaya gidebilirsin – yeter ki bir yerlere git, başkalarıyla kaynaş. Veya alışverişe çık. Zenginler için alışveriş en büyük oyundur, tek sporlarıdır; alışverişe çıkar onlar. Fakirsen mağazaya girmen gerekmez, vitrinlere bakarak sokakta yürüyebilirsin. Yeter ki git!

Yalnız olmak çok zordur, alışılagelmişin çok dışında, olağanüstüdür. Neden peki? – çünkü yalnız kalınca tüm anlamın   yokolur. Bari git de bir dükkandan bir şeyler al; en azından satıcı sana bir anlam verecektir...aldığın şey değil, çünkü gereksiz şeyler alıp duruyorsun. Sırf almak için alıyorsun. Ama satıcı veya dükkan sahibi, onlar sana kralmışsın gibi bakıyor. Sanki hayatları sana bağlıymış gibi davranıyorlar – ve sen rol yaptıklarını biliyorsun. Dükkancılar böyle davranır. Aslında satıcının sana aldırdığı yok; gülümsemesi de sahte. Herkese sırıtıyor, sana özgü bir durum değil. Ama sen asla bunlara bakmazsın. O sırıtır ve seni sevilen bir misafir gibi karşılayıp buyur eder. Kendini rahat hissedersin, sen birisisin, sana güvenen insanlar var; bu dükkancı seni bekliyordu.

Her yerde sana bir anlam verecek gözlerin arayışındasın. Bir kadın sana baktığında bir anlam vermiş oluyor. Psikologların yeni bulgularına göre bir yere girdiğin zaman – havalanında bekleme salonu, veya bir istasyon veya otel lobisi – eğer bir kadın sana iki defa bakarsa baştan çıkmaya hazır demektir. Ama sadece bir kez bakarsa unut gitsin. Bunu filme çekmişler ve izlemişler ve doğru olduğu görülmüş, çünkü bir kadın ancak bakılıp beğenilmek isterse ikinci kez bakar.

Bir adam restorana girer – kadın bir kez bakar, ama adam değmiyorsa bir daha bakmaz. Kadın avcıları bunu iyi bilirler, asırlardır hem de! Psikologlar daha yeni öğreniyorlar. Gözleri izliyorlar – kadın tekrar bakarsa ilgileniyor demektir. Şimdi herşey mümkün, kadın işareti verdi : Seninle harekete geçmeye veya aşk oyunu oynamaya hazır. Ama eğer sana tekrar bakmazsa kapı kapanmıştır; başka kapıyı çalsan iyi olur, bu kapı sana kapalıdır.

Ne zaman bir kadın sana baksa önemli olursun, değerin artar; o anda eşsizsindir. İşte bu yüzden aşk sayesinde parıldarsın; aşk sana yaşam, canlılık katar.

Ama burada bir sorun var, çünkü her gün aynı kadının sana bakması pek işe yaramaz. Bu nedenle kocalar karılarından sıkılırlar, karılar da kocalarından – çünkü aynı gözlerden aynı anlamı nasıl tekrar tekrar yakalayabilirsin ki? Buna alışırsın : O senin karın, fethedilecek bir şey değil. O yüzden bir Kazanova, bir Don Juan olma ve kadından kadına gitme ihtiyacı doğuyor.

Unutma ki bu cinsel bir istek değil, seksle hiç alakası yok – çünkü seks tek bir kadınla çok daha derin yaşanır. Bu seks değil. Kesinlikle aşk da değil, çünkü aşk aynı kişiyle daha fazla, daha içiçe olma isteği doğurur; aşk derinlere iner. Bu ne aşktır ne de seks, bu başka bir şeydir: egonun ihtiyacı. Eğer hergün yeni bir kadını elde edebilirsen kendini çok çok anlamlı hissedersin, adeta bir fatih gibi.

Ama eğer bir kadından ayrılırsan ve sonra sana kimseler bakmazsa, kimse sana bir anlam yüklemezse, sen kendini bitmiş gibi hissedersin. Bu nedenle karı kocalar öyle ruhsuz, pırıltısız görünürler. Sadece tek bir bakışla bir çiftin karı koca olup olmadığını anlayabilirsin. Değillerse farkı hissedersin; mutlu bir halde gülüyor, eğleniyor olurlar. Eğer karı koca iseler, o zaman sadece birbirlerine tahammül ediyorlardır.

Nasreddin Hoca'nın yirmibeşinci evlilik yıldönümü geldi çattı, ve o gün dışarı çıkıyordu. Karısı biraz kızmıştı, çünkü kocasının o gün bir sürpriz yapmasını bekliyordu, oysa o her zamanki gibi davranıyordu. O yüzden sordu, "Nasreddin, bugünün ne olduğunu unuttun mu?"

Nasreddin, "Biliyorum," dedi.

Kadın dedi ki, "O zaman sıradışı bir şeyler yap!"

Nasreddin düşündü ve "İki dakikalık sessizliğe ne dersin?" diye sordu.

Yaşamının tıkandığını hissettiğin zaman bu şunu gösterir, aşk sandığın şey aslında aşk değildi, egonun bir gereksinimi idi – hergün yeni birisi tarafından istenmek, ihtiyaç duyulmak, yeni insanları fethetmek gereksinimi. Eğer başarılı olursan bir süre mutluluk duyarsın çünkü sıradanlıktan çıkmış olursun. Politikacıların hırsı budur – tüm ülkenin onlara ihtiyaç duymasını isterler. Hitler ne yapmaya çalışıyordu? Tüm dünyanın ona ihtiyacı olsun istedi!

Ama bu ihtiyaç senin yalnız kalmana izin veremez. Bir politikacı dindar olamaz – onlar aksi yönde giderler. O nedenle İsa diyor ki, "Zengin bir adamın Tanrı'nın krallığına girmesi çok zordur. Bir deve iğnenin deliğinden geçebilir, ama zengin bir adam Tanrı'nın krallığına giremez." Neden? Çünkü para istifleyen birisi zenginliği ile kendini önemsetmeye çalışmaktadır. O, birisi olmak istemektedir ve her kim birisi olmak istiyorsa, krallığın kapısı ona kapalıdır.

Oraya sadece hiç kimseler girer, hiçbir şeyliklerine erişmiş kişiler, tekneleri boş olanlar; egolarının isteklerinin boş ve nevrotik olduğunu anlamış olanlar; bu istekleri iyice kavrayıp hiçbir işe yaramadığını farkedenler – sadece işe yaramadığını değil, aynı zamanda zararlı olduğunu. Egonun istekleri seni çıldırtabilir, ama asla tatmin etmez.

Tek başına olan kimdir? İhtiyaç duyulma ihtiyacı ortadan yok olmuş kişidir, senden, senin gözlerinden ve tepkilerinden bir anlam beklemeyendir. Hayır! Aşkını verirsen minnetkar olur, ama vermezsen de şikayet etmez. Vermezsen yine iyi davranır. Ziyaretine gidersen mutlu olur, ama eğer gitmezsen de mutludur o. Bir kalabalık içinde ise bunun keyfine varacaktır, ama eğer bir manastırda yaşıyorsa bundan da keyif alır.

Tek başına bir insanı mutsuz edemezsin çünkü kendisiyle yaşamayı ve mutlu olmayı öğrenmiştir. Kendi kendine yeter. Bu yüzden birbiriyle akrabalık bağı olanlar diğer kişinin dindar olmasını asla istemezler – koca meditasyona yönelirse karısı rahatsız olur. Neden? Neler olduğunun veya niçin huzursuzluk duyduğunun bile farkında olmayabilir. Ve kadın dindarlık doğrultusunda ilerleyecek olursa da kocası rahatsız olur. Niçin?

Bilince bilinçaltı bir korku yerleşir. Kişinin eşi kendine yetecek duruma gelmeye çalışmaktadır; budur korku işte. Kadına şu seçenek sunulsa, "Kocanın ayyaş mı olmasını yoksa meditasyon mu yapmasını tercih ederdin?" dense, ayyaşlığı tercih edecektir. Aynı şekilde, kocaya "Karının sanyasin olmasını mı yoksa doğru yoldan sapmasını mı tercih ederdin?" diye sorulduğunda adam ikinciyi seçecektir.

Sanyasin kendine yeten, kimseye ihtiyacı olmayan, hiçbir şekilde bağımlı olmayan kişi anlamına gelir. Ve bu korku yaratır – o zaman işe yaramaz duruma gelirsin. Önceden tüm varlığın onun sana olan ihtiyacı üzerine kurulu idi. Sen yokken o bir hiçti, sensiz bomboştu, çöl misali; ancak seninle birlikte yeşeriyordu. Ama eğer tek başına iken de çiçek açabildiğini farkedersen o zaman tatsızlık çıkar çünkü egon incinir.

Kim tekbaşınadır? İsa yalnızlar kutsanmıştır diyor...Bunlar tekbaşınayken tüm dünya yanıbaşındaymış gibi rahat yaşayıp ufak çocuklar gibi kendilerini oyalayabilen insanlardır.

Çok küçük çocuklar kendilerini oyalayabilirler. Freud'un onlar için bir terimi var: polymorphous. Ufak bir çocuk kendi kendini eğlendirir, kendi vücudu ile oynar, otoerotiktir, kendi parmağını emer. Eğer başka birisine ihtiyaç duyarsa bu bedensel bağlamdadır. Sen ona sütünü verirsin, sırt üstü yatırıp giysilerini değiştirirsin – fiziksel ihtiyaçlar. Henüz onun psikolojik pek bir ihtiyacı yoktur. İnsanların onun hakkında neler düşündüğü, güzel bulup bulmadıkları umurunda değildir. O yüzden her çocuk güzeldir – çünkü senin fikrinle hiç ilgilenmez.

Hiçbir çocuk çirkin doğmaz ve tüm çocuklar zaman içinde çirkinleşirler. Yaşlı ama güzel bir adama rastlamak çok zordur – çok nadiren bulunur öylesi. Çirkin çocuğa rastlamak da zordur – gene nadiren bulunur. Tüm çocuklar güzeldir, tüm yaşlı adamlar da çirkin. Tüm çocuklar güzel doğduğuna göre öyle de ölmeliler! Ama hayat onlara bir şeyler yapıyor...

Tüm çocuklar kendilerine yeter – bu onların güzelliğidir; kendi kendilerine ışık tutarlar. Tüm yaşlı adamlar işe yaramaz haldedir, kendilerine ihtiyaç duyulmadığını farketmişlerdir. Ve yaşları daha da ilerledikçe bu hisleri gittikçe büyür. Onlara ihtiyaç duyanlar yok olmuştur; çocukları büyümüş, kendi ailelerini kurmuşlardır. Eşleri muhtemelen ölmüştür. Artık dünyanın onlara ihtiyacı yoktur; kimse evine gelmez, kimse sokakta onları tanımaz. Eskiden büyük patron, üst düzey yönetici, banka müdürü idiler belki, ama şimdi kimse tanımıyor. Kimse özlemiyor. Bu durumda kendilerini işe yaramaz hissediyorlar; oturup ölümü bekliyorlar. Ve kimsenin umurunda olmayacak...ölseler de kimsenin umurunda olmayacak. Ölüm bile çirkinleşiyor.

Arkandan milyonlarca insanın ağlayacağını düşünürsen mutlu olacaksın – binlerce kişi sana ağıt yakacak.

Bu bir kez oldu. Amerika'da adamın biri bunu planladı – ve dünya tarihinde bunu yapan tek adamdı. Öldüğünde insanların ne tepki vereceklerini merak etti. O yüzden ölmeden önce, doktorları ölümüne oniki saat kaldığını söylediklerinde, kendi ölümünü ilan etti. Bu adamın kendi tanıtım bürosu ve reklam ajansı vardı, o yüzden bunu duyurmanın yollarını biliyordu. Sabah yardımcısı tüm basına, radyolara, televizyonlara onun öldüğünü duyurdu. Hakkında pek çok köşe yazısı yazıldı, telefon yağdı ve ortalık birbirine girdi. Ve adam hepsini duydu ve okudu; gerçekten pek hoşuna gitmişti!

Sen ölünce insanlar arkandan pek iyi davranır; hemen melek olursun çünkü öldüğün zaman hiç kimse arkandan kötü konuşmaya değeceğini düşünmez. Yaşarken kimse sana iyi bir şey söylemez. Unutma, öldüğünde sevinecekler – en azından bir hayırlı iş yapmış oldun: Sen öldün!

Herkes bu adama saygılarını sunuyordu ve gazetelerde fotoğrafları çıkıyordu – kendisi buna bayıldı. Ve sonra öldü, ardından herşeyin güzel olacağına dair içi çok rahattı.

Başkalarına yaşarken ihtiyacın yoktur – ölümde de yoktur…Ölümünü düşün: sadece birkaç kişi, hizmetkarların ve bir köpek sana veda etmeye gelecek. Başkası yok, ne gazeteciler ne de fotoğrafçılar – dostların bile orada değiller. Ve herkes bu yükten kurtulduğuna memnun. Sırf bunu düşününce bile üzülürsün. İhtiyaç duyulma ihtiyacı ölümde bile mevcut. Bu ne biçim bir hayattır? Sadece başkalarının fikirleri önemli, seninkiler değil? Senin varlığın bir anlam taşımıyor?

İsa yalnızlar kutsanmıştır dediğinde şunu kastediyor : kendiyle tamamen mutlu olan, dünya üzerinde yapayalnızken bile ruh hali değişmeyen bir insan için iklim şartları değişmez. Üçüncü dünya savaşı çıksa ve tüm dünya yok olsa – her an olabilir – ve sen tekbaşına kalsan, ne yaparsın? Hemen anında intihar etmenin dışında, ne yaparsın? Ama işte tekbaşına biri bir ağacın altına oturur ve dünyada kimse olmasa da bir budaya dönüşür. O mutlu olacaktır, dansedecek, şarkı söyleyecek ve dolaşacaktır – ruh hali değişmez. Bir tekbaşınanın ruh halini değiştiremezsin, onun içsel iklimini değiştiremezsin.

İsa diyor ki, Yalnızlar ve seçilmişler kutsanmıştır...Ve bunlar seçilmiş insanlar, çünkü bir kalabalığa ihtiyaç duyanlar hep bir kalabalığın ortasına atılacaklardır – bu onların ihtiyacı, talebi, arzusudur. Varoluş sana istediğini sunar ve sen her neysen bu senin geçmişteki arzularının vücuda gelmiş halidir. Suçu başkasına atma – bunu sen istedin. Ve unutma, bu dünyadaki en tehlikeli şeylerden biri – arzuların gerçekleşmesi.

Bir şeyi arzulamadan evvel düşün. Büyük olasılıkla gerçekleşecek ve o zaman sen acı çekeceksin. Zenginlerin başına gelen budur. Adam önce fakirdir, sonra para pul arzu eder, ister de ister, ve sonra arzusu gerçekleşir. Şimdi de mutsuzdur, ağlayıp sızlanmaktadır: "Bütün hayatım gereksiz şeyleri elde etmekle geçti ve ben mutsuzum!" Ama bu kendi arzusuydu. Bilgi arzularsan bilgiye kavuşursun. Beynin pek çok yazıyı barındıran bir kütüphaneye dönüşür. Ama o zaman da ağlayıp bağıracaksın: "Hepsi laftan ibaret, kalıcı hiçbir şey yok. Ve ben tüm hayatımı boşuna harcadım."

Bir şeyi arzularken ne istediğinin tamamıyle farkında ol, çünkü her arzun eninde sonunda yerine gelecektir. Biraz zaman alabilir çünkü hep bir sıra bekliyor olursun; senden önce birçok başka insan da arzuladı, o yüzden biraz uzun sürebilir. Bazen bu yaşamdaki arzular bir sonraki yaşamda gerçekleşir, ama eninde sonunda mutlaka gerçekleşir; bu tehlike içeren bir kuraldır. O yüzden istemeden önce düşün! Talepte bulunmadan önce iyi düşün! Unutma ki bu bir gün gerçekleşecek – ve sen o zaman acı çekeceksin.

Tek başına olan seçilmiştir; varoluşun seçtiklerinden biridir. Niçin? – çünkü tekbaşına birisi bu dünyadan asla bir şey istemez. Buna ihtiyacı yoktur. Bu dünyadan öğreneceğini öğrenmiştir zaten; bu okuldan mezun olmuştur, onu geçmiş, aşmıştır. Yalnız başına göğe yükselen bir tepenin doruğuna dönüşmüştür – o seçilmiştir, Gourishankar'a, Everest'e benzemiştir. Bir Buda, bir İsa, bunlar yüksek ve yalnız doruklardır. Onların güzelliği budur; tekbaşına var olurlar.

Tek başına olan seçilmiştir. Peki o ne seçmiştir? O, sadece kendi varlığını seçmiştir. Ve kendi benliğini seçtiğinde tüm evrenin benliğini seçiyorsun – çünkü senin ve evrenin benliği iki farklı şey değil. Kendini seçince Tanrı'yı seçiyorsun ve Tanrı'yı seçince Tanrı seni seçmiş oluyor – böylece sen seçilmiş oluyorsun.

Yalnız ve seçilmiş olanlar kutsanmıştır, çünkü krallığa kavuşurlar; ve oradan geldikleri için tekrar oraya dönerler.

Tek başına bir kişi, bir sanyasin – işte bu anlama gelir sanyasin, tekbaşına bir varlık, bir gezgin, kendi yalnızlığının içinde tamamen mutlu biri. Eğer yanında birisi yürürse itiraz etmez. Eğer birisi çekip giderse bu da tamamdır, iyidir. O asla kimseyi beklemez ve asla dönüp arkasına bakmaz. Tek başına iken bir bütündür. Bu var olmak, bu bütünlük, seni bir daire haline getirir. Burada başlangıç ile son buluşur, alfa ile omega kavuşurlar.

Tek başına bir kişi dümdüz değildir. Sen düz bir çizgisin – başlangıcınla sonun asla birleşmeyecek. Tek başına bir kişi daire gibidir, başı ve sonu kavuşur. Bu yüzden İsa oradan geldikleri için tekrar oraya dönerler, diyor – sen kaynak ile birleşiyorsun, bir daire oluşturuyorsun.

İsa'nın bir başka deyişi daha var: "Başlangıç ile son birleştiğinde sen Tanrı'laşıyorsun." Kendi kuyruğunu yiyen yılan figürü resimleri görmüş olabilirsin – bu eski Mısır'ın en eski gizli tarikatlarından birinin simgesidir. Başlangıç ile sonun birleşmesi bu anlama gelir, yeniden doğmak bu anlama gelir, çocuk gibi olmak bu anlama gelir: bir dairede hareket etmek, kaynağa geri dönmek; oraya varmak, her nereden geliyorsan.

- 17 -
ASLAN VE KOYUN

Tek başınalık en yüce gerçektir. İnsan yalnız gelir, yalnız gider; ve bu iki yalnızlık arasında sırf kendimizi kandırmak için her türlü ilişkiyi kurar ve kavgayı ederiz – çünkü yaşamda da yalnız kalmak zorundayız. Ama tekbaşınalık üzülünecek bir durum değil; aksine sevinilmesi gerekir. İki sözcük var – sözlüğe bakılırsa aynı anlama geliyorlar, ama varoluş onlara tamamen birbirinin zıddı anlamlar yüklüyor. Bunlardan birisi yalnızlık, diğeri tekbaşınalık. Bunlar eşanlamlı değil.

Yalnızlık olumsuz bir durumdur, karanlık gibi. Yalnızlık birisini aradığın anlamına gelir; boşsun, ve bu koskoca evrende korkuyorsun. Tek başınalığın tamamen farklı bir anlamı var : Birisini aradığın anlamına gelmiyor, kendini bulduğun anlamına geliyor. Bu kesinlikle olumlu bir durum.

Kendini bulan insan yaşamın anlamını, önemini, güzelliğini, neşesini de bulur. Kendini bulmak insan yaşamındaki en önemli keşiftir, bu buluş ancak tekbaşına iken gerçekleşebilir. Bilincin birşey veya bir kimse tarafından meşgul edilmediğinde, tamamen boşken – bu boşlukta, bu hiçlikte, bir mucize olur. Ve bu mucize tüm dindarlığın temelini oluşturur.

Mucize şudur, bilincin bilincine varılacak bir şey olmadığı zaman kendi içine döner. Bir daire oluşturur. Önünde hiçbir engel olmayınca kendi kaynağına döner. Ve daire tamamlandığı anda sen artık sıradan bir insan değilsin; varoluşu sarıp sarmalayan tanrısallığın bir parçası oldun. Sen artık kendin değilsin; tüm evrene aitsin – kalbin evrenle beraber atıyor.

İşte binlerce yıldır mistiklerin yaşam boyu peşinde koştukları deneyim budur. Daha keyifli, daha mutluluk verici bir deneyim daha yoktur yeryüzünde. Bu deneyim senin tüm bakış açını değiştirir : Eskiden karanlık iken şimdi ışık vardır; eskiden mutsuzluk varken şimdi mutluluk vardır; eskiden öfke, nefret, kıskançlık olan yerde sadece güzel bir aşk çiçeği açmaktadır. Artık olumsuz hislere negatif enerji harcanmamaktadır; o olumlu ve yaratıcı bir yöne doğru akmaktadır.

Bir yandan eskisi gibi değilsindir; diğer yandan, hayatında ilk kez, gerçek benliğine kavuşmuşsundur. Eski gitmiş, yerine yenisi gelmiştir. Eski ölmüştür; yenisi sonsuzluğa aittir, ölümsüzlüğe aittir.

Bu deneyim yüzünden Upanishad'ın kahinleri insanın amritasya putrah olduğunu ilan ettiler – "ölümsüzlüğün kızları ve oğulları."

Kendini bütünün bir parçası, sonsuz bir varlık olarak görmediğin sürece ölümden korkacaksın. Kendi sonsuz yaşam kaynağının farkında olmadığın için ölümden korkuyorsun. Kendi varlığının ölümsüzlüğünü kanıksadığın zaman ölüm varoluşun en büyük yalanına dönüşüyor. Ölüm asla olmadı, olmaz, olmayacak, çünkü var olan herşey her zaman olacaktır – farklı biçimlerde, farklı boyutlarda, ama kesintisiz. Geçmişin ve geleceğin sonsuzluğu sana ait. Ve şu içinde bulunduğun an iki sonsuzluğun kesişmesi oluyor: biri geçmişe, diğeri geleceğe uzanıyor.

Senin tekbaşınalığını hatırlaman sırf beyne özgü bir olay değil; varlığının her bir hücresi bunu anımsamalı – bir sözcük olarak değil, derin bir his şeklinde. Kendini unutmak tek günah ve kendini hatırlamak da tek erdemdir.

Gautama Buda kırkiki yıl boyunca sabah akşam devamlı aynı sözcüğün üzerinde durdu; bu sözcük sammasati – "doğru hatırlama" anlamına geliyor. Pek çok şey hatırlayabilirsin – beynin ansiklopediye dönebilir; dünyadaki bütün kütüphanelerdeki bilgileri beyninde depolayabilirsin – ama bu doğru hatırlama olmaz. Bir tek doğru hatırlama vardır – kendini hatırladığın an.

Gautama Buda bu inancını eski bir hikaye ile süslerdi. Dişi bir aslan tepeden tepeye atlıyordu ve iki tepe arasındaki vadide büyük bir koyun sürüsü otlanıyordu. Aslan hamileydi ve atlarken doğum yaptı. Yavrusu koyunların arasına düştü, koyunlar tarafından büyütüldü ve doğal olarak, kendini koyun sandı. Bu biraz tuhaftı çünkü o çok büyük, çok farklıydı – ama belki de doğanın bir hatası olduğunu düşünüyordu. Vejeteryen olarak yetiştirildi.

Aslancık büyüdü ve bir gün yiyecek arayan yaşlı bir aslan koyun sürüsüne yaklaştı – ve gözlerine inanamadı. Orada koyunların arasında nefis bir genç aslan dolaşıyordu ve koyunlar ondan korkmuyordu. Yaşlı aslan yiyeceği falan unuttu; koyun sürüsünün peşine takıldı...ve olay gittikçe tuhaflaştı, çünkü koyunlarla birlikte genç aslan da ondan kaçıyordu. Sonunda genç aslana yetişti. O ağlıyor ve yaşlı aslana yalvarıyordu . "Lütfen, bırak kendi halkımla kalayım."

Ama yaşlı aslan onu yakındaki göle sürükledi – dümdüz yüzeyi olan sessiz, cam gibi bir göldü bu – ve gölde kendi görüntüsüne bakmaya zorladı, yanında da yaşlı aslan duruyordu. Ani bir değişim oldu. Genç aslan kim olduğunu gördüğü anda müthiş bir kükreme oldu – tüm vadi genç aslanın kükremesi ile yankılandı. Daha önce hiç kükrememişti çünkü bir koyundan başka bir şey olduğunu düşünmemişti.

Yaşlı aslan, "Ben görevimi yaptım," dedi. "Şimdi iş sana

düşüyor. Sürüne dönmek istiyor musun?"

Genç aslan güldü. Dedi ki, "Kusura bakma, ben kim olduğumu tamamen unutmuşum. Ve bana bunu hatırlattığın için sana sonsuz minnet duyuyorum."

Gautama Buda derdi ki, "Ustanın görevi sana kim olduğunu hatırlatmaktır." Sen bu sıkıcı dünyanın bir parçası değilsin; senin yerin Tanrısal olanın yanı. Sen unutkanlığının içinde kaybolmuşsun; içinde Tanrı'nın saklandığını unutmuşsun. Asla içeri bakmıyorsun – herkes dışarı baktığı için sen de dışarı bakıp duruyorsun.

Tek başına olmak büyük bir fırsattır, bir armağandır, çünkü tekbaşına iken kendine rastlarsın ve hayatında ilk kez kim olduğunu hatırlarsın. Kutsal varlığın bir parçası olduğunu bilmek ölümden, mutsuzluktan, endişeden kurtulmak anlamına gelir; birçok yaşam boyunca kabusun olan herşeyden kurtulursun.

Derin tekbaşınalığında daha merkez odaklı ol. İşte meditasyon budur: kendi tekbaşınalığında merkeze odaklanmak. Bu tekbaşınalık öylesine saf olmalı ki tek bir düşünce, tek bir duygu bile onu rahatsız etmemeli. Tek başınalığın eksiksiz hale geldiği anda onunla yaşadığın deneyim senin aydınlanmana dönüşecek. Aydınlanma dışarıdan gelen bir şey değil; senin içinde gelişen bir şey.

Yeryüzündeki tek günah kendini unutmaktır. Ve bütün güzelliği ile kendini hatırlamak tek erdem, tek dindir. Hindu olmana, Musevi olmana, Hristiyan olmana gerek yok – dindar olmak için kendin olman yeterli.

Ve aslında, bizler ayrı değiliz, şimdi bile – hiç kimse ayrı değil; tüm yaradılış organik bir bütün. Ayrılık fikri unutkanlığımızdan kaynaklanıyor. Bu bir ağacın her bir yaprağının diğerlerinden apayrı olduğunu düşünmesine benziyor...ama aslında hepsi aynı kökten besleniyor. Ağaç tektir; pekçok yaprağı olabilir. O tek bir varlıktır; kendini pek çok şekilde gösterebilir.

Kendini tanıyınca bir şey açıklığa kavuşur. Hiç kimse bir ada değildir – biz bir kıtayız, kocaman bir kıta, sınırları olmayan uçsuz bucaksız bir varlık. Herşeyde aynı hayat akıyor, her kalbi aynı sevgi dolduruyor, her varlığın içinde aynı keyif sürüyor. Biz bir yanlış anlama yüzünden ayrı olduğumuzu sanıyoruz.

Ayrılık fikri bizim yanılgımız. Teklik fikri bizim için en yüce gerçeğin deneyimi olacak. Biraz daha zekaya ihtiyaç var ve o zaman bu mutsuzluktan, bunalımdan, tüm insanlığın içine düştüğü bu cehennemden çıkabilirsin. Bu cehennemden çıkmanın sırrı kendini hatırlamakta yatıyor. Eğer tekbaşına olduğun fikrini anlarsan o zaman bu hatırlama sürecini yaşaman mümkün olacak.

Elli yıldır eşinle yaşıyorsun belki de; yine de iki ayrı kişisiniz. Karın tekbaşına, sen tekbaşınasın. "Biz yalnız değiliz," "Biz bir aileyiz," "Biz bir toplumuz," "biz bir uygarlığız," "Biz bir kültürüz," "Biz bir dine mensubuz," "Biz bir politik partiye mensubuz" gibi sözlerle bir görüntü yaratmaya çalışıyorsun. Ama tüm bu yanılgılar bir işe yaramıyor.

İlk başta her ne kadar canını yaksa da "Ben yabancı bir ülkede bir yabancıyım" fikrine alışman gerekiyor. Bunu kanıksamak ilk seferinde canını acıtabilir. Tüm yanılgılarını alıp götürüyor – halbuki o yalanlar seni teselli ediyordu. Ve o acının hemen ardında dünyanın en büyük nimeti saklı : Kendini tanımaya başlıyorsun.

Sen varoluşun zekasısın; sen varoluşun bilincisin; sen varoluşun ruhusun. Sen kendini binlerce şekilde gösteren bu uçsuz bucaksız tanrısallığın parçasısın : ağaçların, kuşların, hayvanların, insanların...bunlar aynı bilincin farklı evrim basamaklarıdır. Ve kendini tanıyıp da heryerde arayıp durduğu Tanrı'nın kendi kalbinde yaşadığını hisseden insan evrimin en üst basamağına ulaşır. Bundan ötesi yoktur.

Bu ilk kez yaşamına bir anlam katar, din aşılar. Ama sen bir Hindu olmayacaksın, Hristiyan da olmayacaksın ve Musevi de olmayacaksın; sadece dindar olacaksın. Hindu veya Hristiyan ya da Budist olunca dindarlığın saflığını mahvediyorsun – onun sıfatlara ihtiyacı yok.

Aşk aşktır – sen hiç Hindu aşkı diye bir şey duydun mu? Müslüman aşkı? Bilinç bilinçtir – Hint bilinci veya Çin bilinci diye birşey var mı? Aydınlanma aydınlanmadır; beyaz veya siyah bir bedende, yaşlı veya genç bir adamda, kadında ya da erkekte olması farketmez. Aynı deneyim, aynı tat, aynı güzellik yaşanır.

Zeki olmayan tek insan dünyanın dört bir yanında bir şeyler arayıp da ne aradığını bilemeyendir. Belki para olduğunu sanıyor, belki güç, belki prestij, bazen de belki saygınlık.

Zeki olan insan dışarıda yolculuğa çıkmadan önce ilk olarak kendi benliğini arar. Bu basit ve mantıklı gözüküyor – bütün dünyayı arayıp taramadan önce kendi evini bir gözden geçiriver. Ve istisnasız olarak kendi içine her bakan kişi aradığını bulmuştur.

Gautama Buda, Budist değildir. Buda sözcüğü aydınlanmış, uyanmış biri anlamına gelir. Jaina Mahavira da, bir Jaina değildir. Jaina sözcüğü fethetmiş anlamına gelir – kendini fethetmiş. Dünyanın her bireyin kendi dinini kendi içinde bulacağı köklü bir devrime ihtiyacı var. Dinler organize oldukları anda tehlikeli hale geliyorlar; sahte bir din maskesi ardında politikaya dönüşüyorlar. İşte bu yüzden dünyadaki tüm dinler daha fazla insanı kendi saflarına çekmeye uğraşıyorlar. Bu bir sayı politikası; kimde daha fazla sayı varsa o daha çok güç elde eder. Ama hiç kimse milyonlarca bireyi kendi benliğine döndürmekle ilgilenmiyor.

Benim buradaki görevim seni tüm organize çabalardan soyutlamaktır – çünkü gerçek asla organize edilemez. Bu yolculuğa tek başına çıkmalısın, çünkü kendi içine doğru gideceksin. Yanına başkasını alamazsın. Ve başkalarından öğrendiğin herşeyi unutman gerekiyor, çünkü tüm o önyargılar vizyonunu çarpıtacaktır – o zaman kendi varlığının çıplak gerçeğini göremezsin. Kendi varlığının çıplak gerçeği Tanrı'yı bulmak için tek şansındır.

Tanrı senin çıplak gerçeğin – hiçbir sıfat veya süsleme olmaksızın. Bu senin bedeninle, soyunla, renginle, cinsiyetinle, ülkenle sınırlı değil. Aslında hiçbir şeyle sınırlı değil. Ve çok ulaşılabilir, çok yakında:

İçeri tek bir adım atarsan ulaşmış olursun.

Sana binlerce yıldır Tanrı'ya giden yolun çok uzun olduğu söylendi. Yolculuk uzun değil, Tanrı uzakta değil. Tanrı senin nefesinde, kalp atışında, kanında, iliğinde, kemiğinde – tek yapman gereken gözlerini kapatıp kendi içine doğru bir adım atmak.

Biraz zaman alabilir çünkü eski alışkanlıklardan kurtulmak zordur. Gözlerini kapasan bile düşünceler peşini bırakmayacaktır. Bu düşünceler dış dünyadan geliyor ve dünyadaki tüm büyük kahinlerin kullandığı basit yöntem şudur, düşüncelerini izlemek – onlara seyirci kalmak. Onları lanetleme, haklı çıkarmaya çalışma, mantıkla açıklamaya uğraşma. Tarafsız kal, ilgisiz kal, bırak gelip gitsinler – gideceklerdir de.

Ve beyninin tamamen sessiz kaldığı, hiçbir gürültü olmadığı gün seni Tanrı'nın tapınağına taşıyacak ilk adımı atmış olacaksın.

Tanrı'nın tapınağını senin bilincin oluşturuyor. Oraya dostlarınla, karınla, çocuklarınla, ebeveynlerinle gidemezsin.

Oraya herkes yalnız gitmek zorunda.

SORULAR

• **Asla bir yere ait olmadım, bir "gruba" katılmadım, kimseyle "bütünleşmedim." Acaba niçin hayatım boyunca tek takıldım?**

Yaşam bir gizemdir, ana sen onu bir soruna indirgeyebilirsin. Ve bir gizemi soruna dönüştürdüğün anda zorluğa düşersin, çünkü çözümü olamaz. Gizem gizem olarak kalır;

çözümü yoktur – o yüzden adına gizem diyorlar.

Yaşam bir sorun değildir. Ve bu hepimizin hep yaptığı temel hatalardan birisi : Hemen bir soru işareti koyuyoruz. Eğer bir gizeme soru işareti koyacak olursan tüm yaşamın boyunca cevabını arar durursun ve asla bulamazsın ve bu doğal olarak seni fena halde bunaltır.

Benim soruyu soran kişi hakkındaki gözlemim kendisinin doğuştan meditasyona yatkın olduğudur. Bunu bir sorun haline getireceğine keyfini çıkar! Hiçbir yere ait olmamak, yaşamın en büyük deneyimlerinden biridir. Tamamen yabancı kalmak, asla bir şeylerin parçası olmamak nefis bir deneyimdir, herşeyi aşarsın.

Amerikalı bir turist bir Sufi ustasını görmeye gitti. Yıllardır onun hakkında pekçok şey işitmişti, sözlerine ve mesajına aşık olmuştu. Sonunda gidip onu görmeye karar verdi. Odaya girdiğinde şaşırdı – oda tamamen boştu! Usta oturuyordu; odada hiç mobilya yoktu! Amerikalı eşyasız bir yaşam alanını hayal bile edemiyordu. Hemen sordu : "Mobilyalarınıza ne oldu, efendim?"

Yaşlı Sufi gülerek, "Peki seninkiler nerede?" diye sordu.

Amerikalı dedi ki, "Ama ben burada turistim. Mobilyalarımı yanımda taşıyamam ki!"

O zaman yaşlı adam, "Ben de aynen öyleyim, birkaç günlüğüne buradayım ve sonra gideceğim, tıpkı senin gibi," diye cevap verdi.

Bu dünya bir yolculuktan ibaret – çok önemli bir yolculuk, ama ait olunacak, parçası haline gelinecek bir yer değil. Bir nilüfer yaprağı olarak kalmalı.

İnsan beyninin başına gelen felaketlerden birisi de bu : Herşeyi sorun haline getiriyoruz. Bunun sana müthiş keyif vermesi lazım. Kendine "tek tabanca" sıfatını yapıştırma. Yanlış terim kullanıyorsun, çünkü bu sözler bir suçlama içeriyor. Sen tekbaşınasın ve "tekbaşınalık" çok güzel bir söz-cük. Aslında yalnız bile değilsin sen. Yalnız olmak bir baş-kasına ihtiyacın olduğu anlamını taşıyor; tekbaşınalık ise ta-mamen kendi içine döndüğün, kendine odaklandığın anla-mına geliyor. Sen kendi kendine yetiyorsun.

Sen henüz varoluşun bu armağanını kabul etmemişsin, o yüzden gereksiz yere acı çekiyorsun. Benim izlenimlerime göre, milyonlarca insan gereksiz yere acı çekiyor.

Olaya başka bir perspektiften bak. Ben sana bir cevap sunmuyorum, ben asla cevap vermiyorum. Ben sana sadece yeni bakış açıları sunuyorum.

Sen kendini doğuştan meditasyona karşı eğilimi olan, yalnız kalabilecek kadar güçlü, başka birine ihtiyaç duyma-yacak kadar kendine odaklı birisi olarak düşün. Evet, baş-kaları ile iletişim kurabilirsin, ama bu asla bir ilişkiye dö-nüşmez. İletişim kurmak gayet iyidir. İkisi de tekbaşına olan iki insan iletişim kurabilir ama bir ilişkiye giremezler.

İlişkiye asla yalnız kalamayanlar ihtiyaç duyar. İki yalnız insan bir ilişkinin içine düşer. İki tekbaşına insan iletişim kurup görüşürler, ama yine de tekbaşınalıklarını korurlar. Tek başınalıkları bozulmaz, saf ve bakir kalırlar. Başı bulut-lara değen Himalaya tepeleri gibidirler. İki tepe asla biraraya gelmez, ama yine de rüzgarın, yağmurun, nehirlerin, güneşin ve yıldızların sayesinde birbirleriyle iletişim kurarlar. Evet, bir buluşma yaşanır; pek çok diyalog geçer aralarında. Bir-birlerine fısıldarlar, ama tekbaşınalıkları asla bozulmaz, as-la ödün vermezler.

Gökyüzüne yükselen tepeler gibi ol. Neden ait olacağım diye uğraşasın? Sen bir eşya değilsin! Eşyalar bir yerlere ait olurlar!

Sen diyorsun ki, "Asla ait olmadım, bütünleşmedim."

Buna gerek yok ki! Bu dünyada birileriyle bütünleşmek

kaybolmakla eşdeğerdir. Dünyaya ait olanlar bütünleşirler; bir Buda hep dışarıda kalacaktır. Tüm Budalar birer yabancıdır. Kalabalığın ortasında bile yalnızdırlar. Çarşıda bile olsalar orada değildirler. İletişim kursalar bile ayrı dururlar. Ortada hep belli belirsiz bir mesafe vardır.

Ve bu mesafe özgürlüktür, büyük bir neşedir, senin kendine ait alanındır. Ve sen kendine tek mi diyorsun? Kendini başkalarıyla karşılaştırıyor olmalısın : "Birçok ilişkiye giriyorlar, aşk yaşıyorlar. Birbirlerine ait oluyorlar, gruba dahiller – ve ben tekim. Neden?" Gereksiz yere üzüntü ve sıkıntı yaratıyorsun.

Benim her zamanki yaklaşımım şöyle: Varoluşun sana sunduğu herşey ruhunun bir gereksinimidir, aksi halde sana sunulmazdı zaten.

Sen tekbaşınalık üzerine daha fazla düşün. Tek başınalığın tadına var, kendi saf alanınında yaşa ve böylece kalbinden bir şarkı yükselsin. Bu bir farkındalık ve meditasyon şarkısıdır. Uzaklarda tekbaşına şakıyan bir kuş gibi – belli birine seslenmiyor, sadece şakıyor çünkü kalbi dolup taşıyor, çünkü bulut nem yüklü ve yağmak istiyor, çünkü çiçek dopdolu ve yaprakları açılıyor ve bir koku yükseliyor...talep olmasa bile. Bırak tekbaşınalığın bir dansa dönüşsün.

Ben senden çok memnunum. Sen kendine sorun çıkarmayı bırakırsan...Ben ortada bir sorun göremiyorum. Tek sorun şu, insanlar sorun yaratıp duruyor! Sorunlar asla çözülmüyor, sadece eriyip gidiyorlar. Ben sana bir bakış açısı, bir vizyon sunuyorum. Sorununu erit gitsin! Onu büyük bir minnetle Tanrı'nın bir nimeti olarak kabul et ve onunla yaşa. Ve şaşıracaksın : Bu ne değerli bir armağanmış ve sen daha keyfine varamadın bile. Böylesine değerli bir armağan hiç açılmadan kalbinin bir köşesinde öylesine duruyor.

Tek başınalığında danset, şarkı söyle, onu dolu dolu yaşa!

Ben sana sevme demiyorum. Hatta aslında ancak tekbaşına olabilen bir insanda sevme kapasitesi bulunur. Yalnız insanlar sevemezler. Onların ihtiyacı öyle büyüktür ki sadece yapışırlar – nasıl sevebilirler ki? Yalnız insanlar sevemez, ancak sömürürler. Yalnız insanlar aşık rolü yaparlar; aslında sadece sevgi almaktır dertleri. Verecek sevgileri yoktur, verecek hiçbir şeyleri yoktur. Sadece tekbaşına ve keyifli olmayı becerebilen bir insanın içi öylesine sevgiyle doludur ki onu paylaşabilir. Sevgisini yabancılarla paylaşabilir.

Ve unutma ki herkes yabancıdır. Karın, kocan, çocukların, hepsi birer yabancıdır. Bunu asla unutma! Sen kendi eşini tanımıyorsun. Çocuğunu bile tanımıyorsun; dokuz ay karnında taşıdığın çocuk sana yabancı.

Tüm bu yaşam yabancı bir ülke gibidir; bizler buraya bilinmeyen bir kaynaktan geliyoruz. Aniden buradayız ve bir gün aniden gidiyoruz, esas kaynağa dönüyoruz. Bu birkaç günlük bir yolculuk sadece; elinden geldiğince keyfini çıarmak lazım. Ama biz tersini yapıyoruz – mümkün olduğunca sevimsiz bir hale getiriyoruz. Bütün enerjilerimizi gittikçe daha mutsuz olma yolunda harcıyoruz.

- **Neden üzüntüm mutluluğumdan daha gerçekmiş gibi geliyor? Ben gerçek ve otantik olmayı öyle çok istiyorum ki, asla maske takmak istemiyorum, ama bu başkaları tarafından büyük ölçüde dışlanmak anlamına geliyor. Bu derece bir tekbaşınalık mümkün mü?**

Bunu anlamak önemli. Çoğu insanın durumu aynı. Elbette üzüntün daha gerçek çünkü sana ait, otantik. Mutluluğun sığ kalıyor; sana ait değil, bir başkasına bağımlı. Ve seni bağımlı kılan herşey, birkaç dakikalığına mutlu etse bile, çok kısa bir süre sonra sona erecektir – beklediğinden çok daha kısa süre sonra.

Sen sevgilin yüzünden mutlusun. Ama o da bir birey; her konuda seninle hemfikir olmayabilir. Aslında çoğu kez bir eşin beğendiğini diğeri hiç sevmez. Tuhaftır...çünkü bu neredeyse evrensel. Bir mantığı var. Aslında birbirlerinden nefret ediyorlar, bunun nedeni de basit, çünkü mutluluk için birbirlerine bağımlılar ve kimse bağımlı olmayı sevmez. Kölelik insanların doğal bir arzusu değildir. Bir erkek veya kadın sana keyif veriyorsa ve sen ona bağlanırsan, aynı zamanda içinde derin bir nefret doğar – bağımlılık yüzünden. Kadını terkedemezsin çünkü seni mutlu ediyordur ve kadına olan nefretinden vazgeçemezsin çünkü o seni bağımlı kılmaktadır.

O yüzden tüm sözde aşk ilişkileri çok tuhaf, karmaşık fenomenlerdir. Aşk-nefret ilişkisidir bunlar. Nefretin bir şekilde dile gelmesi gerekmektedir. O yüzden karın neden hoşlanıyorsa sen hiç sevmezsin; kocan her neden zevk alıyorsa sen nefret edersin. Karı-kocalar her ufacık şey için kavga ederler. Hangi sinemaya gitmeli? – ve hemen büyük bir kavga çıkar. Hangi lokantada yemek yemeli? – ve hemen tartışma başlar. İşte bu, mutluluk kisvesi altında dolanıp duran nefretin ifadesidir. Mutluluk sığ ve çok yüzeysel kalır; üstünü biraz kazırsan altından tam tersi çıkar.

Ama üzüntü daha otantiktir, çünkü kimseye bağımlı değildir. Senindir, tamamen senin – bu sana bir fikir vermeli, düşün ki kederin sana mutluluğundan daha yararlı oluyor. Sen kedere hiç yakından bakmadın. Ondan pek çok şekilde kaçınıyorsun. Üzüntülüysen sinemaya gidiyorsun; mutsuzsan televizyonu açıyorsun. Kederliysen arkadaşlarınla oyun oynuyorsun, bir kulübe gidiyorsun. Mutsuzluğu görmemek için hemen bir şeyler yapmaya başlıyorsun. Bu doğru bir yaklaşım değil.

Üzüntün varsa, bu çok önemli bir olaydır, kutsaldır, sana ait bir şeydir. Onunla yüzleş, derinine in ve şaşıracaksın. Sessizce otur ve üzüntünü yaşa. Kederin kendine özgü güzellikleri var.

Üzüntü sessizdir, senindir. Onu yaşarsın çünkü tekbaşınasındır. O sana tekbaşınalığının derinine inmen için bir fırsat verir. Bir sığ mutluluktan diğerine atlayacağına ve yaşamını boşa harcayacağına, kederi meditasyon aracı olarak kullanmak daha iyi olur. Ona tanık ol. O senin dostun! O sana sonsuz tekbaşınalığın kapılarını açıyor.

Tek başına olmamanın yolu yok. Kendini kandırabilirsin, ama gerçekte bunu başaramazsın. Ve bizler her şekilde kendimizi kandırıyoruz – ilişkiyle, hırsla, ünlü olmakla, şunu ya da bunu yapmakla. Yalnız olmadığımıza, kederli olmadığımıza dair kendimizi ikna etmeye çalışıyoruz. Ama, eninde sonunda, masken düşüyor – o sahte, sonsuza dek kalamaz – ondan sonra yeni bir maske takmak zorunda kalıyorsun. Ufacık bir hayat boyunca, kaç tane maske değiştireceksin? Ve bunların kaçı silindi gitti, değişti? Ama eski huyundan vazgeçmiyorsun.

Otantik bir birey olmak istiyorsan kederini kullan; ondan kaçma. O büyük bir lütuf. Sessizce otur onunla, keyfini çıkar. Üzgün olmak kötü bir şey değil. Ve üzüntü ve nüansları ile haşır neşir oldukça şaşıp kalacaksın – bu büyük bir rahatlama, nefis bir dinlenme, ve sen içinden tazelenmiş, gençleşmiş, hayat dolu olarak çıkacaksın. Ve bir kez tadına vardın mı o güzel keder anlarını tekrar tekrar yaşamak isteyeceksin. Onları bekleyeceksin, kucaklayacaksın, ve onlar sayesinde tekbaşınalığın yepyeni kapıları sana açılacak...

Tek başına doğar, tekbaşına ölürsün. Bu iki tekbaşınalığın arasında kendini tekbaşına olmadığına, bir eşin, çocukların, paran, gücün olduğuna dair kandırabilirsin. Ama bu ikisi arasında sen gerçekten tekbaşınasın. Herşey bunun farkına varmamak adına kendini oyalaman için yapılıyor.

Ben ta çocukluğumdan beri insanlarla hiç muhatap olmadım. Ailem çok endişeleniyordu : Diğer çocuklarla oynamıyordum, asla da oynamadım. Öğretmenlerim endişeliydi : "Diğer çocuklar oyun oynarken sen ne yapıyorsun? Kendi başına ağacın altında oturuyorsun." Bende bir gariplik olduğunu düşünüyorlardı.

Ben de onlara diyordum ki, "Endişelenmenize gerek yok. Gerçek şu ki garip olan sizlersiniz ve bütün bu çocuklar. Ben tekbaşına kalmaktan gayet memnunum."

Yavaş yavaş benim böyle olduğumu kabullendiler; bu konuda hiçbir şey yapılamazdı. Yaşıtım olan diğer çocuklarla kaynaşmam için ellerinden geleni yapmaya uğraştılar. Ama ben tekbaşına olmaktan o kadar hoşnuttum ki futbol oynamak neredeyse nevrotik bir davranış gibi geliyordu.

Ve öğretmenime dedim ki, "Ben bunda bir mana bulamıyorum. Neden bir topu gereksiz yere oradan oraya iteyim ki? Bu çok manasız. Ve gol atsan ne farkeder ki? Bundan ne elde ediliyor? Ve eğer bu insanlar gol atmaktan bu kadar hoşlanıyorlarsa o zaman bir değil onsekiz tane topla oynasınlar. Herkese bir top verilsin ve istediği kadar gol atsın, kimse ona engel olmasın. Bırakın keyfince gol atsın herkes! Bu şekilde iş çok zor oluyor – neden gereksiz yere zorlaştırılıyor?"

Öğretmenim dedi ki, "Sen şunu anlamıyorsun, eğer herkese bir top verilir ve herkes istediği kadar gol atarsa bu bir oyun olmaktan çıkar. Bu hiç işe yaramaz."

Ben dedim ki, "İnsanların önüne engel koymayı anlamıyorum...Düşüyorlar ve oralarını buralarını kırıp duruyorlar. Sırf bu da değil – maç olduğu zaman binlerce insan toplanıp onları izliyor. Bana öyle geliyor ki bu kişiler hayatın ne kadar kısa olduğun anlamıyorlar – ve oturup bir futbol maçını izliyorlar! Çok heyecanlanıyorlar, bağırıp çağırıyorlar – bu bana tamamen nevrotikçe geliyor. Ben ağacımın altında oturmayı tercih ederim."

Okul binasının arkasında çok güzel bir ağacım vardı. Bunun benim ağacım olduğu duyulmuştu, o yüzden kimse oraya gitmiyordu. Oyun zamanı geldiğinde ben gidip orada oturuyordum – veya herhangi bir başka "ders dışı etkinlik" söz konusu olduğunda. Ve o ağacın altında öyle çok şey buldum ki kasabama geri gittiğimde asla okul müdürünü ziyaret etmiyordum – ofisi ağaca yakındı; ağaç hemen ofisinin dışındaydı – ama her seferinde ağaca gidip ona teşekkür ediyor, minnetimi dile getiriyordum. Müdür dışarı çıkıp bana şöyle derdi: "Bu çok tuhaf. Buralara geliyorsun – ama asla beni ziyaret etmiyorsun, okulu ziyaret etmiyorsun, ama her seferinde şu ağaca geliyorsun."

Benim cevabım şöyleydi: "Ben bu ağacın altında senin ve okulundaki deli öğretmenlerin rehberliğinin altında öğrendiğimden çok daha fazla şey öğrendim. Onlar bana hiçbir şey vermedi – hatta, verdiklerinden kurtulmak zorunda kaldım. Ama bu ağacın bana verdikleri hala içimde duruyor."

Ve buna şaşıracaksınız – iki kez başıma geldi, yani tesadüf olamaz. 1970'de kasabama gitmekten vazgeçtim, çünkü büyükanneme bir söz vermiştim: "Sen hayatta kaldığın sürece burayı ziyaret edeceğim. Senden sonra buraya gelmem için hiçbir nedenim kalmayacak." Bana dediler ki ben kasabaya gitmekten vazgeçtikten sonra o ağaç ölmüştü. Bunun bir rastlantı olduğunu düşündüm, benimle bir alakası olamazdı. Ama bu iki kez oldu...

Üniversitede profesör olduğumda bir sıra güzel ağaç vardı. Arabamı oradaki bir ağacın altına park ediyordum. Ve benim bir ayrıcalığım vardı – nedenini bilmiyorum – ne zaman profesörlere ait salonda otursam başka hiç kimse benim oturduğum koltuğa oturmazdı. Benim biraz tehlikeli olduğumu düşünüyorlardı.

Hiç dostu olmayan, garip fikirleri olan, her türlü dine ve geleneğe karşı duran, Mahatma Gandi gibi tüm ülkenin taptığı insanlara tek başına muhalefet eden bir adam – şöyle düşünüyorlardı, "En iyisi bu adamdan uzak duralım. İnsanın aklına tuhaf fikirler sokabilir, bu da başını belaya sokar."

Arabamı hep aynı ağacın altına bırakıyordum. Başka kimse o yere arabasını koymuyordu; ben o gün okula gitmesem bile yerim boş duruyordu. Diğer tüm ağaçlar öldü, bir tek benim ağacım – artık benim ağacım olarak tanınıyordu – nefis duruyordu.

Üniversiteden istifamdan bir yıl sonra rektör yardımcısı bana şöyle dedi, "Çok tuhaf; o ağaç öldü. Sen okula gelmeyi bıraktıktan sonra bir şeyler oldu."

Senkronize bir durum olduğunu sanıyorum. Bir ağaç ile sessizce oturursan...ağaç sessiz, sen sessizsin...ve iki sessizlik ayrı kalamaz, onları bölmenin yolu yoktur.

Hepiniz burada oturuyorsunuz. Eğer hepiniz bir şeyler düşünüyorsanız, ayrısınız. Ama eğer herkes sessizse, o zaman kolektif ruh gibi bir şey oluşuyor.

Belki de o iki ağaç beni özledi. Başka kimse onlara yaklaşmadı, iletişim kuracak kimse çıkmadı. Öldüler çünkü kimse onlara sıcaklık göstermedi. Ben o ağaçlara karşı büyük bir sevgi ve saygı besliyordum.

Kederli olduğun zaman bir ağacın altında, bir nehrin ke-

OSHO

narında, bir taşın üstünde otur ve hiç korku duymadan üzüntünü hisset. Gevşedikçe kederin güzelliklerini daha fazla yaşayacaksın. O zaman keder şekil değiştirecek; senin dışında birilerinden kaynaklanmayan sessiz bir neşeye dönüşecek. Bu elinden hemen kayıp gidecek bir mutluluk olmayacak.

Ve tekbaşınalığını derinlemesine yaşarken, bir gün sırf neşeye kavuşmayacaksın – neşe yolun sadece yarısı. Mutluluk çok yüzeysel, başkalarına bağımlı; neşe tam ortada, kimseye bağlı değil. Ama daha derine inince büyük bir saadete kavuşacaksın – ben buna aydınlanma diyorum.

Herhangi birşeyi kullanırsan aydınlanmaya ulaşırsın – ama sana ait, otantik birşey kullan. O zaman yirmidört saat sürecek bir saadete kavuşursun. Bu senden dışarı taşar. Artık onu paylaşabilirsin, her istediğine sevgi verebilirsin. Ama bu kayıtsız şartsız bir armağandır. Ve kimse seni mutsuz edemez.

Benim çabam hep bu yönde, seni bağımsız olarak mutlu kılmaya uğraşıyorum. Bu dünyayı elinin tersiyle iteceğin anlamına gelmiyor. Karından, sevgilinden, yemek yeme zevkinden vazgeçeceğin anlamına gelmiyor – dondurmadan bile; bununla hiç alakası yok. Her ne yapıyorsan yap, mutluluğun seninle olacak. Her yaptığını zenginleştirecek, güzelleştirecek. Aşkın bambaşka bir lezzete dönüşecek. Artık içinde nefret barındırmayacak; sadece aşk olacak. Sana karşılığında bir şeylerin verilmesine dair bir beklentin de olmayacak. Senin hiçbir şeye ihtiyacın yok. Vermek en büyük armağan, başka şeye gerek yok. Senin için öylesine zengin ki başka hiçbir şey sana bir şey katamaz.

Ve mutluluğunu paylaşabilirsin. Onu paylaştıkça çoğalacaktır, o yüzden asla fakirleşmezsin. Bu benim bildiğim en büyük mucize.

• **Meditasyonda derine indikçe ve gerçekte kim olduğumu keşfettikçe, herhangi bir ilişkiyi yürütmekte gittikçe zorlanıyorum. Bu normal mi, yoksa bir yerlerde hata mı yapıyorum?**

İçsel bir yolculuğa çıkınca evvelden dışarı akan enerjiler içine döner ve aniden bir adaya dönüştüğünü görürsün. Sen kendin olmaya henüz tam olarak alışmadığından bu zorluğu yaşarsın ve tüm ilişkiler sana bağımlılık, kölelik gibi gelmeye başlar. Ama bu geçici bir evredir; kalıcı bir tutuma dönüştürme. Eninde sonunda kendi içinde barışı sağladığında enerji ile dolup taşacaksın ve yeniden bir ilişkiye hazır olacaksın.

Bu nedenle beyin meditasyona yeni başladığında aşk kölelik gibi gelir. Ve bu bir bakıma doğru, çünkü meditasyon halindeki bir beyin aşık olamaz. O aşk yalandır, hayalidir – aşktan ziyade tutkudur. Ama gerçek aşk karşına çıkana dek elindekini kıyaslayacağın bir şey yoktur, o yüzden meditasyona başladığında hayali aşk yavaş yavaş silinir, yokolur. Cesaretin kırılmasın. Ve bunu bir huy haline getirme; bunlar elindeki iki seçenek.

Eğer aşk hayatın yok oluyor diye cesaretini yitirirsen ve ona tutunmaya çalışırsan, bu içsel yolculuğuna engel olacaktır. Bunu kabullen – şimdi enerjin farklı bir yön arayışında ve birkaç gün için dışa dönük faaliyetlere uygun olmayacak.

Eğer insan yaratıcı ise ve meditasyon yapıyorsa bu süre zarfında tüm yaratıcılığı yok olacaktır. Eğer ressamsan aniden kendini sanatına veremez hale gelirsin. Devam edebilirsin, ama zamanla enerjin ve hevesin kaybolacak. Şairsen yazamayacaksın. Eğer aşık bir adamsan, o enerji yok olup gidecek. Eğer bir ilişkide kalmak, eskisi gibi olmak konusunda ısrar edersen bu zorlama çok ama çok tehlikeli olur. O zaman ters bir iş yapmış olursun : Bir yandan içeri girmeye, bir yandan dışarı çıkmaya çalışıyorsun. Bu araba kullanırken hem frene hem gaza basmaya benzer. B̶ ̶ ̶lakete yol açacaktır çünkü birbirinin zıddı iki şeyi aynı anda yapmaya çalışıyorsun.

Meditasyon sahte aşka karşıdır. Sahtesi yok olacaktır ve bu gerçeğinin ortaya çıkmasının ön koşuludur. Sahte olan gitmeli, seni tamamen terk etmelidir; ancak o zaman gerçeğine hazır olursun. O nedenle birkaç günlüğüne bütün ilişkilerine ara ver.

İkincisi, ki o da çok büyük bir tehlike, bunu bir yaşam tarzı haline getirmendir. Bu çok kişinin başına geldi – yaşlı keşişler, bir aşk ilişkisinde olmayı yaşam biçimi haline getirmeyen ortodoks anlayışta dindar kişiler. Onlar aşkın meditasyona, meditasyonun da aşka karşı olduğunu sanıyorlar – bu doğru değil. Meditasyon sahte aşka karşıdır, ama gerçek aşkı tamamen destekler.

Sen kendi içinde hazır olduğunda, iç merkezine ulaştığında, gidecek yerin kalmadığında, o zaman odaklanmış olursun. Birdenbire enerjin olacak fakat şimdi de gidecek yer yok. Meditasyona başladığında dış dünyadaki yolculuğun sekteye uğradı ve şimdi içsel yolculuğun tamamlandı. Artık tamamsın, evine ulaştın. Bu enerji dolup taşmaya başlayacak. Bu tamamen farklı bir hareket tarzı olacak, kalitesi farklı olacak çünkü hiçbir motivasyonu olmayacak. Önceden, bir motivasyon sayesinde diğerlerine doğru gidiyordun; artık bu yok. Diğerlerine yöneleceksin çünkü paylaşacak onca şeyin var.

Daha önce dilenci gibiydin, artık imparator gibisin. Birilerinden mutluluk beklentisi içinde değilsin – ona zaten sahipsin. Şimdi fazlasıyla mutluluk var, bulut yağmura dönüşmek istiyor. Çiçek sonuna kadar açıp kokusunu tüm dünyanın dört bir tarafına yaymak istiyor. Bu bir paylaşım, yeni bir ilişki biçimi doğuyor. Buna ilişki demek de doğru değil çünkü artık ilişki olmaktan çıkmış durumda; daha çok bir yaşam tarzına dönüşüyor. Sen aşık değilsin, aşkın ta kendisisin.

O yüzden cesaretini yitirme ve bunu bir huy haine getirme; bu geçici bir evre. Dünyayı reddetmek gelip geçici bir durum – esas amaç dünyanın keyfini çıkartmak. Reddetmek yalnızca bir araç. Bazen reddetmen gerekiyor, tıpkı hasta olduğunda doktorun perhiz vermesi gibi. Perhiz senin yaşam biçimin olmayacak. Yemek yemeyi kes ve sağlığını kazanınca yeniden başla – ve bu sefer eskisinden çok daha fazla keyif alacaksın. Perhizi huy edinme – bu sadece geçici bir durumdu, gerekliydi.

Yalnızca aşka ve ilişkilere bir süreliğine ara ver ve yakında göreceksin ki yeniden harekete geçeceksin, dolup taşacaksın ve motivasyon olmaksızın davranacaksın. O zaman aşk güzeldir. Ve bundan önce asla güzel olamaz; hep çirkindir. Ne kadar denersen dene, her seferinde ekşir. İki insan birden ondan bir güzellik yaratmaya çalışıyor olabilir, ama bu işin doğasına aykırı; mutlaka bir çirkinlik başgösterir. Her aşk macerası hüsranla sonuçlanır. Bekle de gör...

BİR UYARI:
İKİ KADIN VE BİR KEŞİŞ

Bir Zen öyküsü:

Çin'de yirmi yıldır bir keşişin tüm ihtiyaçlarını karşılayan bir kadın vardı. Onun için bir kulübe yapmıştı ve meditasyon yaparken onu besliyordu.

Günün birinde bunca zaman sonra adamın nasıl bir ilerleme kaydettiğini öğrenmeye karar verdi.

Tutku dolu bir genç kızdan yardım istedi ve ona dedi ki, "Git ona sarıl ve sonra aniden sor, 'Peki şimdi ne olacak?'"

Kız keşişe gitti ve hemen onu okşamaya başladı ve şimdi bu konuda adamın ne aksiyon alacağını sorguladı.

"Kışın taşın üzerinde yaşlı bir ağaç yetişir," dedi keşiş hafif şairane bir tavırla, "hiçbir yerde sıcaklık yoktur."

Kız gidip kadına bu sözleri aktardı.

"Düşün ki ben bu adamı yirmi yıldır besliyorum!" diye haykırdı yaşlı kadın öfke içinde. "Senin ihtiyacına hiç aldırmadı, durumunu açıklamak için hiçbir çaba sarfetmedi. Tutkuyla cevap vermesi gerekmezdi, ama en azından biraz şefkat gösterebilirdi."

Hemen keşişin kulübesine gitti ve orayı ateşe verip yaktı.

Eski bir atasözü der ki, Bir düşünce ek, bir aksiyon biç. Bir aksiyon ek, bir huy biç.Bir huy ek,bir kişilik biç. Bir kişilik ek, bir kader biç.

Ben de sana diyorum ki: Hiçbir şey ekme ve meditasyon veya aşk biç.

Hiçbir şey ekmemek – işte meditasyon budur. Ve doğal sonucu aşktır. Eğer, meditasyon yolculuğunun sonunda, aşk çiçeği açmamışsa o zaman tüm yolculuk boşuna yapılmış demektir. Bir yerde bir şeyler ters gitmiştir mutlaka. Yola çıktın ama asla varamadın.

Aşk bir sınavdır. Meditasyon yolu için, aşk bir sınavdır. Bunlar bir madalyonun iki yüzü, aynı enerjinin iki yönüdür. Birisi varsa diğeri de olmalıdır. Eğer birisi yoksa o zaman diğeri de olmaz.

Meditasyon, konsantrasyon değildir. Konsantre olan birisi aşka erişemeyebilir; hatta, erişemez aslında. Konsantre olan birisi şiddete daha yatkındır çünkü konsantrasyon gergin olmaya yönelik bir öğretidir, beyni dar bir yola sokma çabasıdır. Bilincine derin bir şiddet uygularsın. Ve eğer kendi bilincine karşı şiddet gösteriyorsan bunu başkalarına da yapacaksın demektir. Kendine karşı nasılsan başkalarına da öylesindir.

Bu yaşamının en temel kurallarından biri olsun : Kendine nasıl davranırsan başkalarına öyle davranırsın. Kendini seviyorsan başkalarını da seversin. Kendi içinde coşkuyla dolup taşıyorsan ilişkilerinde de böyle yaparsın. İçin buz gibi donmuşsa dışın da öyledir. İçin dışına benzeme eğilimindedir; için dışına vurur.

Konsantrasyon, meditasyon değildir; konstantrasyon bilimsel bir metoddur. Bir bilimadamının derin konsantrasyon disiplinine ihtiyacı vardır, ama bir bilimadamından şefkatli olması beklenmez. Buna gerek yoktur. Hatta, bilimadamı gün geçtikçe doğaya karşı daha acımasız olur – tüm bilimsel ilerlemeler doğaya karşı şiddete dayalıdır. Bilim yıkıcıdır çünkü, herşeyden önce, bilimadamı kendi bilincine karşı şiddet uygulamaktadır. Bilincini açacağına onu kısıtlar, tek bir konuya odaklanmaya zorlar. Bu bir şiddet gösterisidir.

Bu yüzden unutma sakın, meditasyon, konsantrasyon değildir – ama meditasyon derin düşünce de değildir. Düşünce hiç değildir. Belki Tanrı hakkında düşünüyor olabilirsin – bu bile düşünceye girer. "Hakkında" düşündüğün bir şey olduğu sürece bu düşünmeye girer. Para veya Tanrı hakkında düşünüyor olman bir şeyi değiştirmez – temelde bir fark yoktur. Düşünce devam eder, sadece objeler değişir. O yüzden eğer dünya veya seks hakkında düşünüyorsan kimse buna derin düşünce demeyecektir. Tanrı, erdem veya İsa, Krişna, Buda hakkında düşünüyorsan insanlar buna derin düşünce veya tefekkür diyecektir. Ama Zen bu konuda gayet serttir – bu gene de meditasyon sayılmaz, düşünceye girer. Sen hala kendi dışında bir şey veya birileri ile meşgulsündür.

Derin düşüncede diğeri oradadır, ama tabii konsantrasyonda olduğu kadar yoğun değil. Derin düşünce konsantrasyona kıyasla daha akıcıdır. Konsantrasyonda beyin tek bir noktaya yönlenir; derin düşüncede bir noktaya değil bir konuya odaklanır. O konuda düşünebilirsin, konuyla haşır neşir olabilirsin, ama gene de, genelde konu aynıdır.

Peki meditasyon nedir? Meditasyon kendi varlığından son derece mutlu olmaktır; kendi benliğin ile mutluluk duymaktır. Gayet basittir –hiçbir şey yapmazsın ve bilincin tamamen rahatlar, gevşer. İşin içine aksiyon girdiği anda gerilirsin; hemen endişeler başlar. Ne yapmalı? Nasıl yapmalı? Nasıl başarmalı? Şimdiden geleceğe gitmiş oluyorsun böylece.

Eğer derin düşünce içindeysen, ne düşünüyor olabilirsin? Bilinmeyeni nasıl derinlemesine düşünebilirsin? Bilinemez olan hakkında nasıl derin düşüncelere dalacaksın? Sen sadece bilineni derinlemesine düşünebilirsin. İstediğin kadar düşün, ama sonuçta o bilinendir. Eğer İsa hakkında bir şeyler biliyorsan bu konuda düşünüp durabilirsin; Krişna hakkında bir şeyler biliyorsan da düşünüp durabilirsin. Değiştirebilir, süsleyebilirsin – ama bu seni bilinmeyene götürmeyecektir. Ve Tanrı'dır bilinmeyen.

Meditasyon var olmaktır, hiçbir şey yapmadan – ne bir hareket, ne bir düşünce, ne de bir duygu. Sen sadece varsın ve bu çok büyük bir keyif. Hiçbir şey yapmazken bu keyif de nereden çıkıyor? Hiçbir yerden – veya, her yerden. Nedeni yok, çünkü varoluşun ana maddesi neşedir, keyiftir. Bunun bir nedeni olması gerekmez. Eğer mutsuzsan bunun bir sebebi vardır; mutluysan mutlusundur işte – illa ki bir nedeni olmaz. Beynin bir neden bulmaya çalışır çünkü sebepsiz olanı kontrol altına alamaz – sebepsiz olunca, beyin tüm gücünü yitirir. O yüzden beyin neden aramaya devam eder. Ama ben sana şunu söylemek istiyorum, ne zaman mutlu olsan, sepebsiz yere mutlusundur; ne zaman mutsuz olsan, mutsuz olmak için bir nedenin vardır – çünkü mutluluk senin hammadden. O senin varlığın, kökeninde o var. Senin içinde neşe var.

Ağaçlara bak, kuşlara bak, bulutlara bak, yıldızlara bak...ve eğer gözlerin bozuk değilse tüm varoluşun neşe dolu olduğunu görürsün. Herşey mutludur işte. Ağaçların mutlu olması için bir neden yok; onlar başbakan veya cumhurbaşkanı olmayacaklar ve zengin de olmayacaklar ve asla bankada bir hesapları olmayacak. Çiçeklere bak – hiçbir neden yok. Çiçeklerin mutluluğu inanılmaz bir boyutta.

Tüm varoluş, neşe denen hammaddeden oluşuyor. Hindular buna satchitanand, ananda, yani neşe diyorlar. İşte bu yüzden bir neden gerekmiyor. Eğer kendinle kalabiliyorsan, hiçbir şey yapmadan kendi varlığının keyfini çıkarabiliyorsan, var olduğun, nefes aldığın, kuşları duyabildiğin – ortada neden yokken – için mutlu olabiliyorsan o zaman sen meditasyon halindesin. Meditasyon şimdi burada olmaktır. Ve insan neden yokken mutluysa, o mutluluk içinde kalamaz. Başkalarına yayılır, paylaşılır. Onu içinde tutamazsın, öyle çoktur ki, sonsuzdur. Elinde tutamazsın, yayılmasına izin vermen gerekir.

İşte bu da sevecen olmaktır. Meditasyon kendin ile birlikte olmaktır ve bu birliktelikten sevecenlik doğar. Eskiden tutkuya yönelen enerji, şimdi sevecenliğe dönüşüyor. Aynı enerji bedene veya beyne yönleniyordu. Aynı enerji ufak deliklerden sızıp gidiyordu.

Seks nedir? Bedendeki ufak bir delikten sızan enerjidir sadece. Hindular buna – tam olarak – delik derler. Sen akıp giderken, dolup taşarken, bir yerlerden sızıntı yapmazken, tüm duvarlar yok olur. Sen bütüne dönüşürsün. Sıra senin yayılmana gelmiştir. Bu konuda hiçbir şey yapamazsın.

Mesele sevecen olman gerektiği değil, hayır. Meditasyon halinde sevecenliğin ta kendisi olursun. Sevecenlik tutku kadar sıcaktır. Aslında içinde büyük tutku vardır ama bu tutku harekete geçmez, ve tatmin arayışında değildir. Tüm süreç tersine dönmüştür. Önceleri bir yerlerde biraz mutluluk peşinde koşuyordun – şimdi onu buldun ve dile getiriyorsun. Tutku bir mutluluk arayışıdır; sevecenlik bir mutluluk ifadesidir. Ama sıcaktır, tutkuludur ve onu anlamak için çabalaman gerekir çünkü içinde bir paradoks vardır.

Bir şey ne kadar büyükse o kadar çelişkili olur ve bu meditasyon ve sevecenlik ikilisi olabilecek en yüksek doruklardan birisidir. O yüzden paradoks olması doğaldır.

Paradoks şudur, meditasyon yapan birisi gayet sakindir ama soğuk değildir; hem sakindir hem de sıcak, fakat ateşli değil. Tutku fazla sıcaktır, ateşlidir. Ölçersen ateşini görürsün. Sevecenlik sakindir ama sıcaktır, kucak açar, kabul eder, paylaşmaktan mutludur, paylaşmaya hazırdır, paylaşmayı bekliyordur. Eğer meditasyon yapan birisi soğuklaşırsa olayı kaçırmış olur. O zaman herşeyi bastıran bir adama dönüşür. Tutkunu bastırırsan soğuklaşırsın. Tüm insanlık işte böyle soğuklaştı – herkesin içindeki tutku bastırılmış durumda.

Ta çocukluktan beri tutkuların sekteye uğratılıp bastırılıyor. Ne zaman tutkulu davransan birileri – annen, baban, öğretmenin, polisler – hemen senden şüphelendi mutlaka. Tutkun bastırıldı: "Sakın yapma!" Hemen kendi içine kapandın. Ve zamanla öğrendin ki hayatta kalabilmek için en iyisi etrafındakilere kulak vermek olacak. Bu daha emniyetli bir davranış.

Peki ne yapmalı? Tutku hissediyorsa, içi enerjiyle doluyorsa, hoplayıp zıplamak istiyorsa ve bu sırada babası gazete okuyorsa bir çocuk ne yapabilir? Aslında çok saçma ama adam gazete okuyor ve o çok önemli bir adam, kendisi evin reisi oluyor. Ne yapmalı? Çocuk harika bir şey yapıyor – içinde dansetmeye hazır Tanrı var – ama babası gazete okuyor o yüzden sessizlik hüküm sürmeli. Dans edemez, koşamaz, bağıramaz.

Enerjisini bastıracaktır; soğuk, kendine hakim, kontrollü olmaya çalışacaktır. Kontrol çok önemli bir değer sayılır hale geldi, ve aslında hiçbir değeri yok.

Kontrollü insan ölü insandır. Kontrollü insan illa ki disiplinli insan demek değildir; disiplin tamamen farklıdır. Disiplin farkındalıktan doğar; kontrol ise korkudan kaynaklanır. Çevrendeki insanlar senden daha güçlüdür, seni cezalandırabilirler, mahvedebilirler. Kontrol etmek, yozlaştırmak, bastırmak için yeterli güçleri vardır. Ve çocuk diplomatik olmak zorunda kalır. Seks enerjisi ortaya çıkınca çocuk zor duruma düşer. Toplum buna karşıdır; toplum bu enerjinin başka yere yönlendirilmesi gerektiğini söyler – ve çocuğun içinden dolup taşıyordur – kesilmesi lazımdır.

Okullarda biz ne yapıyoruz? Aslında okullar bilgi vermekten çok kontrol aracı görevi yapıyorlar. Günde altı, yedi saat boyunca çocuk bir hapis ortamında oturuyor ve enerjisi gittikçe düşüyor. Çocuk bastırılmış, dondurulmuş oluyor. Akıcılık kalmıyor, enerji gelmiyor, en az düzeyde yaşıyor – biz buna kontrol diyoruz. Çocuk asla en yükseğe çıkamıyor.

Psikologlar arayıp taradılar ve insan kaderindeki önemli bir şanssızlığı keşfettiler – şöyle ki, sıradan insanlar sadece yüzde on yaşıyor. Yüzde on yaşıyor, yüzde on nefes alıyor, yüzde on seviyor, yüzde on keyif alıyorlar – yaşamlarının yüzde doksanına izin yok. Bu tam bir israf! İnsan yüzde yüz kapasite ile yaşamalı, ancak o zaman verimli olabilir.

Meditasyon kontrol değil, bastırmak da değil. Eğer bir şekilde yanlış fikre kapıldıysan ve kendini baskı altında tutuyorsan o zaman aşırı kontrollü hale geleceksin – ama o zaman buz gibi olursun. O zaman gittikçe ilgisiz kalacaksın. İlgisiz, sevgisiz, mutsuz – neredeyse intihar etmiş gibi olacaksın. En alt düzeyde yaşıyor olacaksın. Nabzın belli belirsiz atacak. Hiç ateşin olmayacak, alevin sönük kalacak. Pek çok duman çıkacak ama neredeyse hiç ışık olmayacak.

Bu meditasyon yoluna girenlerde görülür – Katoliklerde, Budistlerde – ve soğuklaşırlar, çünkü o zaman kontrol etmek kolaylaşır. Farkındalık epey zahmetlidir. Kontrol ise çok kolaydır çünkü kontrol için sadece bazı alışkanlıkların oluşturulması yeterlidir. Alışkanlıkları oluşturursun, sonra o alışkanlıklar seni ele geçirir ve endişelenmene gerek kalmaz. Alışkanlıklarına devam edersin,   mekanikleşirsin ve robot gibi yaşarsın. Buda gibi görünebilirsin ama olamazsın. Ölü taş bir heykelden ibaret kalırsın.

Eğer içinde sevecenlik yoksa o zaman kayıtsızlık başgösterir. Bu da tutku eksikliği demektir; sevecenlik tutkunun değişimidir. Git Katolik , Budist keşişleri izle ve ne kadar kayıtsız olduklarını gör – donuk, aptal, ışıltısız, içine kapanık, korkmuş, devamlı endişeli.

Kontrollü insanlar hep tedirgindir çünkü içlerinde hala ciddi bir çalkantı saklıdır. Kontrolsüz, canlı, akıcı isen o zaman sinirli olmazsın. Sinirli olmanın anlamı yoktur – iş olacağına varır. Gelecekten bir beklentin yoktur. O zaman niçin sinirli olasın? Katolik veya Budist keşişlere bakacak olursan çok sinirli olduklarını görürsün – belki manastırlarında o kadar tedirgin değillerdir, ama onları insan içine çıkaracak olursan çok, çok huzursuz olduklarını görürsün çünkü her adımda karşılarına baştan çıkarıcı bir şey çıkıyor.

Meditasyon yapan insan artık baştan çıkaracak hiçbir şeyin kalmadığı bir noktaya gelir. Bunu anlamaya çalış. Günaha davet asla dışardan gelmez; bunu yaratan bastırılmış arzu, enerji, öfke, seks, açlıktır. Günaha davet senin içinden kaynaklanır, dışarısı ile hiç ilgisi yoktur. Bir şeytan gelip de seni ayartmaz, senin kendi baskı altındaki beynin şeytanlaşır ve öç almak ister. Bu beyni kontrol altına almak için insan öyle donuk ve soğuk olmak zorunda kalır ki bedenine, uzuvlarına hiçbir yaşam enerjisi akmaz olur. Eğer enerjiye hareket izni verilirse o baskı altındakiler yüzeye çıkar.

İşte bu yüzden insanlar nasıl soğuk durulacağını, insanlara nasıl dokunmadan dokunulabileceğini, insanlara bakıp da görmemeyi öğrenirler. İnsanlar klişelerle yaşıyor – "Merhaba, nasılsın?" Bu laf hiçbir anlam taşımıyor, bu sözcükler iki insanın gerçekten biraraya gelmesinden sakınmak için sarfediliyor. İnsanlar birbirinin gözlerinin içine bakmıyor, elele tutuşmuyor, enerjisini hissetmeye çalışmıyor. Birbirine akmaya izin verilmiyor. Çok korkuyorlar, ama idare ediyorlar. Soğuk ve ölü bir halde. Deli gömleği giymiş olarak.

Meditasyon yapan birisi en uç noktada enerji dolu olmayı öğrenir. Zirvede yaşar, yuvasını zirveye kurar. Elbette bir sıcaklığı vardır, ama ateşli değildir, bu bir yaşam belirtisidir. Ateşi yoktur, serinkanlıdır, çünkü arzuların onu sürüklemesine izin vermez. Öyle mutludur ki artık mutluluk peşinde koşması gerekmez. O kadar kendisiyle barışık ve huzuludur ki bir yerlere koşmaz, kaçıp kovalamaz...gayet serinkanlıdır.

Latince bir söz vardır: agere sequitur esse – yapmak var

olmanın peşinden gelir; aksiyon var olmayı takip eder. Hareketlerini değiştirmeye çalışma – varlığını keşfetmeye çalışırsan ardından aksiyon gelecektir. Aksiyon ikinci plandadır; ön planda olan var olmaktır. Aksiyon yaptığın bir şeydir; var olmak ise olduğun birşeydir. Aksiyon senden çıkar, ama sadece bir parçadır. Tüm aksiyonların biraraya toplansa bile varlığına eşit olamazlar çünkü biraraya toplanmış tüm aksiyonların senin geçmişini oluşturur. Peki ya geleceğin? Varlığın geçmişini, geleceğini, bugünü kapsar; varlığın senin sonsuzluğunu kapsar. Aksiyonların biraraya toplansa bile geçmişe ait olacaktır. Geçmiş sınırlıdır, gelecek ise sınırsız. Olup bitmiş olan sınırlıdır; tarif edilebilir, zaten olmuştur. Henüz yaşanmamış olan sınırsızdır, tarifsizdir. Varlığın sonsuzluğu, aksiyonların ise sadece geçmişini kapsar.

O nedenle bugüne kadar günahkar olan birinin aniden bir azize dönüşmesi mümkündür. Bir insanı asla hareketlerinden dolayı yargılama, benliğinden dolayı yargıla. Günahkarlar aziz olmuştur, azizler ise kötü yola düşüp günahkara dönüşmüştür. Her azizin bir geçmişi, her günahkarın bir geleceği vardır.

Bir insanı asla hareketlerine bakıp da yargılama. Ama başka yolu da yok, çünkü sen daha kendi benliğini bile tanımıyorsun – başkalarınınkini nasıl göreceksin? Kendi benliğini tanıdığın zaman dilini de öğreneceksin, başkasının benliğini tanımak için gerekli ipuçlarına sahip olacaksın. Başkalarını ancak kendini görebildiğin kadar görebilirsin. Kendini derinlemesine görüyorsan, başkalarını da görebilirsin demektir.

O yüzden, o güzel hikayeye girmeden önce birkaç bir şey söyleyeyim.

Eğer meditasyonlarının sonucunda soğuklaşıyorsan – dikkat et. Eğer meditasyon seni daha sıcak, sevecen, akıcı yapıyorsa – bu iyi, doğru yoldasın. Daha az sevecen oluyorsan, merhametin gittikçe azalıyorsa ve içine kayıtsızlık çöküyorsa – o zaman yönünü ne kadar çabuk değiştirirsen o kadar iyi olur. Yoksa duvara benzersin.

Duvar gibi olma. Kanlı canlı kal, dolup taş, akıcı ol, eri. Sorunlar olacak elbette. İnsanlar neden duvarlaşıyor? Çünkü duvarlar belirlenebiliyor. Sana bir sınır çizip belli bir şekil veriyorlar – Hinduların nam roop dedikleri, yani isim ve biçim. Eğer eriyip akıyorsan sınırların yoktur; nerede olduğunu, nerede bittiğini ve diğerinin nerede başladığını bilmezsin. İnsanlarla o kadar çok birlikte olursun ki zamanla tüm sınırlar birer hayale dönüşür. Ve bir gün yok olurlar.

Gerçekler böyle işte. Gerçekler sınırsızdır. Sen nerede durduğunu sanıyorsun? Kendi derinin içinde mi? Normalde şöyle düşünürüz, "Elbette öyle, biz kendi derimizin içinde yaşarız ve derimiz bizim sınırımız, duvarımızdır." Ama eğer çevresinde hava olmasa deri yaşayamazdı. Çevreden gelen oksijeni devamlı içine çekmese senin derin hayatta kalamazdı. Havasız kalırsan ölürsün. Üstünde tek bir çizik olmasa bile ölürsün. Yani kısacası bu senin sınırın olamaz.

Dünyanın çevresinde ikiyüz millik bir atmosfer var – bu mu senin sınırın? Bu da olamaz. Bu oksijen ve bu atmosfer ve sıcaklık ve yaşam güneş olmasa var olamazdı. Eğer bir gün güneşin varlığı tükense, ölüverse...Bu bir gün gerçekleşecek. Bilimadamları güneşin bir gün soğuyacağını ve öleceğini söylüyorlar. O zaman aniden bu atmosfer de ölecek. Birdenbire sen de öleceksin. Peki senin sınırın güneş mi? Ama şimdi fizikçilerin dediğine göre güneş bizim bulamadığımız ama varlığından şüphelendiğimiz başka bir enerji kaynağına bağlı – çünkü hiçbir şey bağımsız değildir.

Peki sınırımızın nerede olduğuna nasıl karar veriyoruz? Ağaçtaki bir elma sen değildir. Sonra sen onu yersin ve o sana dönüşür. Yani orada durmuş sen olmayı bekliyor. Potansiyel olarak o elma sensin, o senin gelecekteki halin. Sonra bağırsaklarını boşaltıyorsun ve posayı bedeninden dışarı atıyorsun. Bir dakika evvel elma sendin. Peki nasıl karar vereceksin? Ben nefes alıyorum – nefes benim içimde, ama bir dakika önce o belki de senin nefesindi. Öyle olmalı çünkü ortak bir atmosferde nefes alıyoruz. Birbirimizin nefesini alıyoruz; birbirimize aitiz. Bazı insanların yanında kendini capcanlı hissedersin, onlar enerjiyle dolup taşarlar. Ve karşılığında sana bir şeyler olur, ve sen de fıkır fıkır olursun. Bir de bazı insanlar vardır...yüzlerine bir bakarsın, hemen moralin bozulur! Varlıkları bile zehir gibidir. Zehirlerini sana akıtırlar adeta. Sen mutlu ve güleryüzlü bir haldeyken birisiyle karşılaşınca birden kalbin heyecanla çarpıyorsa o adam senin içine bir şeyler akıtıyor demektir.

Hepimiz birbirimizin içine bir şeyler akıtıyoruz. Bu nedenle Doğu'da satsang çok, çok önemli hale geldi. Bilen birisiyle beraber olmak, sadece varlığını paylaşmak yeterlidir – çünkü o varlığını devamlı sana akıtmaktadır. Farkında olmayabilirsin. Hemen anında anlamayabilirsin, ama eninde sonunda o tohumlar çiçek açacaktır.

Hepimiz birbirimizin içine bir şeyler akıtıyoruz. Hiçbirimiz birer ada değiliz. Soğuk insanlar ada gibidir ve bu büyük talihsizlik çünkü koskoca bir kıta olabilirdin ve onun yerine ada olmaya karar verdin. İstediğin kadar zengin olabilecekken fakir kalmaya karar verdin.

Duvarlaşma ve asla bastırmaya çalışma, yoksa sen duvarın ta kendisi haline gelirsin. Bastırılmış insanların yüzlerinde maske vardır. Başka biriymiş gibi rol yaparlar. Bastırılmış insan içinde seninle aynı dünyayı taşıyor – sadece bir fırsat, bir kışkırtma gerekiyor ona ve o zaman gerçek ortaya çıkacak. Keşişler bu yüzden dünyadan el etek çekiyorlar – çünkü etrafta çok fazla kışkırtıcı unsur var. Kendi içlerinde kalıp tutunmaları zor oluyor. O yüzden Himalayalara veya mağaralara gidiyorlar, dünyayı geride bırakıyorlar, böylece düşünceler, arzular, dürtüler devreye girse bile onları hayata geçirme imkanları olmuyor.

Ama bu bir değişim yöntemi değil.

Soğuklaşan insanlar eskiden çok sıcaktılar. Bekaret yemini eden insanlar eskiden cinsel açıdan fazlasıyla aktiftiler. Beyin bir uç noktadan diğerine kolaylıkla dönebiliyor. Benim gözlemime göre yemeye aşırı düşkün insanlar bir gün geliyor kafayı rejimle bozuyorlar. Bu böyle olmalı çünkü aynı uç noktada uzun süre kalamazsın. Onu tüketiyorsun, yakında bıkacaksın. O zaman da hiç yolu yok, mutlaka diğer uca gitmek zorunda kalacaksın.

Keşiş olan insanlar aslında dünyevi zevklere çok düşkündüler. Piyasa fazla geldi, çok fazla ortada dolandılar, sonra ibreleri tam ters yönü gösterdi. Açgözlü insanlar dünyadan el etek çekerler. Bu içine kapanma anlayıştan kaynaklanmaz – sadece tersine dönmüş bir açgözlülüktür. Önceleri tutunup duruyorlardı...şimdi birdenbire bunun anlamsızlığını, boşluğunu gördüler ve ellerinden atıverdiler. Başta tek bir kuruş kaybetmekten korkuyorlardı, şimdi ellerinde tek bir kuruş tutmaktan korkuyorlar, ama sonuçta korku devam ediyor. İlk önce bu dünyaya karşı fazlasıyla açgözlü idiler, şimdi de diğer dünyaya karşı öyleler ve sonuçta açgözlülük aynen devam etmekte. Bu insanlar eninde sonunda bir manastıra kapanırlar – o zaman herşeyden ellerini eteklerini çekerler. Ama bu onların doğasını değiştirmez.

Farkındalık dışında hiç ama hiç bir şey insanı değiştiremez. O yüzden rol yapmaya çalışma. Olmayan bir şey, olmamıştır. Bunu anla ve rol yapma ve başkalarını da kandırmaya çalışma, çünkü bu kandırmacada senin dışında kimse kaybetmeyecek.

Kendilerini kontrol altına almaya çalışan insanlar çok aptalca bir yol seçiyorlar. Kontrol gerçekleşmiyor, kendileri soğuyor. İnsan kendini ancak böyle kontrol edebilir – enerjisi ortaya çıkamayacak kadar donarak. Bekaret yemini edenler fazla bir şey yemezler; hatta, kendilerini aç bırakırlar. Bedende daha çok enerji olursa o zaman seks enerjisi de artar ve o zaman bununla ne yapacaklarını bilemezler. Bu nedenle Budist keşişler günde sadece bir kez yemek yerler – o zaman da az yerler. Ancak bedensel gereksinimlerini karşılayacak kadar yerler, en düşük seviyede, böylece hiç enerjileri kalmaz. Bu tip bekaret, bekaret sayılmaz. İçin enerji ile dolup taştığında ve enerji sevgiye dönüştüğünde, o zaman bir cinsel perhiz, bir brahmacharya, ki çok güzeldir, gerçekleşir.

Tatlı yaşlı kadın dükkana geldi ve bir paket güve ilacı aldı. Ertesi gün gelip beş paket daha aldı. Bir gün geçti ve gelip bir düzine daha aldı.

"Çok güve var galiba," dedi satıcı.

"Evet," dedi kadıncağız, "üstelik üç gündür bunları üstlerine fırlatıp duruyorum ve sadece bir tanesine isabet ettirebildim!"

Kontrol sayesinde bir tane bile isabet ettiremezsin! Bu doğru yöntem değil. Sen yapraklarla, dallarla mücadele ediyor, kesip biçiyorsun. Arzu ağacını bu şekilde yok edemezsin; köklerini kesmen gerekir. Ve bu kökler de ancak arzunun temeline inersen kesilebilir. Yüzeyde sadece dallar budaklar vardır – kıskançlık, öfke, kin, nefret, şehvet. Bunlar yüzeyseldir. Derinlere inersen anlarsın : Hepsi tek bir kökten geliyorlar ve bu kök de farkında olmama durumu.

Meditasyon farkındalıktır. Kökünden halleder. O zaman ağaç kendiliğinden yok olur. O zaman tutku sevecenliğe dönüşür.

Doksanaltı yaşında neredeyse kör olan ve artık ne ders verebilen ne de manastırda çalışabilen yaşlı Zen ustasının öyküsünü duymuştum. Yaşlı adam ölme vaktinin geldiğine karar verdi çünkü artık kimsenin işine yaramıyordu. O yüzden yemek yemeyi kesti.

Keşişler neden yemeğini geri çevirdiğini sorduklarında artık yaşlılıktan bir işe yaramadığını ve herkese yük olduğunu söyledi.

Ona dediler ki, "Şimdi ölürsen," – Ocak ayıydı – "hava böyle soğukken, herkes cenazende çok üşüyecek ve sen daha da fazla başbelası olacaksın. O yüzden lütfen yemek ye."

Bu ancak bir Zen manastırında yaşanabilir, çünkü müritler yaşlı ustayı o kadar çok sevip sayarlar ki formaliteye gerek yoktur. Dediklerine bir bak. Diyorlar ki, "Şimdi ölürsen, hava böyle soğukken, herkes cenazende çok üşüyecek ve sen daha da fazla başbelası olacaksın. O yüzden lütfen yemek ye."

Bunun üzerine yemeye başladı. Ama havalar ısınınca yemeyi kesti ve kısa bir süre sonra düşüp öldü.

Böylesine bir merhamet! O zaman insan merhamet için yaşıyor; o zaman insan merhamet için ölüyor. Ölmek için doğru zamanı seçmeye bile hazır, böylece hiç kimsenin rahatı kaçmayacak ve kimsenin başına bela olmayacak.

Ölmek üzere olan başka bir Zen ustasının öyküsünü duydum.

"Ayakkabılarım nerede? Onları getirin," dedi.

Birisi sordu, "Nereye gideceksin? Doktorlar öleceğini söylüyor."

Dedi ki, "Mezarlığa gidiyorum."

"Ama niçin?"

Dedi ki, "Kimseyi zora sokmak istemiyorum. Aksi takdirde beni oraya kadar omuzlarınızda taşımak zorunda kalacaksınız."

Mezarlığa yürüdü ve orada öldü.

Müthiş bir sevecenlik! Bu nasıl bir adamdır ki kimseye bu kadarcık bile dert yaratmak istemez? Ve bu insanlar binlerce insana yardım ediyor. Binlerce kişi onlara minnet duyuyor, sayelerinde ışık ve sevgi ile doluyor. Yine de kimseyi rahatsız etmek istemiyorlar. Eğer işe yarıyorlarsa yaşayıp yardım etmek istiyorlar, işe yaramıyorlarsa artık gitme zamanı gelmiş demektir.

Şimdi gelelim hikayeye.

Çin'de yirmi yıldır bir keşişin tüm ihtiyaçlarını karşılayan bir kadın vardı. Onun için bir kulübe yapmıştı ve meditasyon yaparken onu besliyordu.

Bu Doğu'da gerçekleşen bir mucize – Batı bunu hala anlayamıyor. Doğu'da meditasyon yapan kişi asırlar boyunca başkaları tarafından beslenmiştir. Onun meditasyon yapması yeterli idi. Kimse onun topluma yük olduğunu düşünmüyordu – "Biz niye onun için çalışalım?" Meditasyon yapıyor olması yeterli idi, çünkü Doğu zamanla şunu anlamıştı, eğer tek bir insan bile meditasyonda verimli olursa, enerjisini herkes paylaşır; eğer tek bir insan bile meditasyonda verimli olursa, onun parfümü bütün topluma yayılır. Sonuçta kazanç öyle büyüktür ki Doğu asla "Orada oturup meditasyon yapma. Seni kim besleyecek, kim giydirecek ve kim sana ev bark verecek?" demedi. Binlercesi – Buda yanında onbin tane sanyasin taşıyordu, ama insanlar onları beslemekten, giydirmekten, ihtiyaçlarını karşılamaktan memnundu çünkü meditasyon yapıyorlardı.

Şimdi, Batı'da bu şekilde düşünmek tamamen imkansızdır. Bu iş Doğu'da bile zorlaşıyor. Çin'de manastırlar kapandı, meditasyon merkezleri hastane veya okula dönüştürüldü. Büyük ustalar ortadan yok oldu. Zorla tarla veya fabrikalarda çalıştırıldılar. Kimsenin meditasyon yapmasına izin verilmiyor, çünkü büyük bir anlayış kayboldu gitti – herkesin aklı materyalizm ile dolu, sanki var olan tek şey mal mülk imiş gibi.

Bir şehirde tek bir insan aydınlansa tüm şehir bunun hayrını görür. Onu desteklemek israf değildir. Hiçbir şey karşılığında müthiş bir hazineye kavuşacaksın! İnsanlar yardım etmekten mutluluk duyuyorlardı.

Yirmi yıl boyunca bu kadın devamlı meditasyon yapan ve bunun dışında hiçbir şey yapmayan bir keşişe yardım etti. Zazen pozisyonunda oturuyordu. Kadın onun için bir kulübe yaptı, ona baktı, her türlü ihtiyacını karşıladı. Artık çok yaşlandığında ve ölüme yaklaştığında meditasyonun işe yarayıp yaramadığını, yoksa adamın boşuna mı oturup durduğunu anlamak istedi. Yirmi yıl uzun bir zaman, kadın yaşlanıyordu ve ölecekti, o yüzden gerçek bir meditasyon ustasına mı yoksa bir şarlatana mı hizmet etmiş olduğunu bilmek istedi.

Günün birinde...

Kadının kendisi de çok anlayışlı olmalı çünkü denediği yöntem büyük bir anlayışın eseri idi.

Günün birinde bunca zaman sonra adamın nasıl bir ilerleme kaydettiğini öğrenmeye karar verdi.

Eğer meditasyon işe yarıyorsa bunun tek kriteri sevgidir, merhamettir.

Tutku dolu bir genç kızdan yardım istedi ve ona dedi ki, "Git ona sarıl ve sonra aniden sor, 'Peki şimdi ne olacak?'"

Üç tane olasılık var. Bir: Eğer yirmi yıldır güzel bir kadına dokunmadıysa ilk olasılık şudur, baştan çıkacak, şeytana uyacak, meditasyonu unutup bu kızla sevişecektir. Diğer olasılık ise soğuk, kontrollü durması ve kıza hiç merhamet göstermemesidir. Taş kesilip kendisini geri çekecektir ki baştan çıkamasın. Ve üçüncü olasılık şudur, eğer meditasyon işe yaradıysa, adam sevgi, anlayış merhamet dolu olur ve kızı anlayıp ona yardımcı olmaya çalışır. Kız bu olasılıklar için bir sınavdı.

Eğer birinci olasılık gerçekleşirse o zaman bütün yaptığı meditasyon boşunaydı. İkinci olasılık gerçekleşirse bir keşiş olmanın sıradan kriterlerini yerine getirmiş ama gerçek bir meditasyon ustasının kriterlerini ıskalamış olacaktı. Bu durumda aslında sadece davranışlarını kontrol altında tuttuğu anlaşılacaktı.

Rus davranış bilimci Pavlov'un adını duymuş olmalısın. Ona göre ne insanda ne hayvanda ne de başka yerde bilinç yoktur – herşey bir mekanizmadan ibarettir. Beynin mekanizmasını eğitebilirsin ve o şekilde çalışır – herşey bir şartlanma meselesidir. Beyin şartlı refleks olarak çalışır. Köpeğin önüne yiyecek koyarsan hemen ağzının suları akar ve koşarak gelir. Salyaları akar. Pavlov bunu denedi. Köpeğe her yemek verdiğinde bir zil çalıyordu. Zamanla zil ve yemek bir oldu. Sonra bir gün sadece zili çaldı ve köpek dili dışarda, salyaları akarak, koşarak geldi.

Şimdi bu oldukça tuhaf, hiçbir köpeğin bugüne kadar zil sesine böyle tepki verdiği görülmemiştir. Zil yiyecek değildir. Ama aralarında kurulan ilişki beyni şartlamıştır. Pavlov insanın da aynı şekilde değişebileceğini söyler. İçinden seks yükselecek olursa git kendini cezalandır. Yedi gün oruç tut, kendini kırbaçla, bütün gece soğukta dikil dur ve zamanla beden bir hileye başvuracaktır. Ne zaman seks isteği duysan otomatik olarak beden bunu bastırır çünkü cezalandırılmaktan korkar. Ödül ve ceza – eğer Pavlov'u izlersen beyni bu şekilde şartlandırabilirsin.

Bu keşiş de aynısını yapmış olmalı – çok kişi öyle yapıyor. Manastırda yaşayanların neredeyse yüzde doksandokuzu böyle yapıyorlar, beyinlerini ve bedenlerini yeniden şartlandırıyorlar. Ama bilincin bununla hiçbir ilgisi yok. Bilinç yeni bir alışkanlık değil; bilinç herhangi bir alışkanlığa bağlı kalmadan, bir mekanizmaya boyun eğmeden – tüm mekanizmaların üstünde kalarak – hayatı farkındalık içinde yaşamaktır.

Ve ona dedi ki, "Git ona sarıl ve sonra aniden sor, 'Peki şimdi ne olacak?'"

Aniden sözcüğü herşeye bir ipucu teşkil ediyor. Eğer biraz zaman verecek olursan beyin hazırlıklı olduğu şekilde şartlanmış olarak devreye girer. O yüzden hiç zaman tanıma : Gece yarısı tek başına meditasyon yaparken git yanına. Kulübeye gir – şehrin dışında tek başına yaşıyor olmalı – içeri gir ve onu okşamaya, kucaklamaya, öpmeye başla. Ve sonra hemen sor, "Peki şimdi ne olacak?" Tepkisini izle, ona neler oluyor, ne diyor, yüzü ne renk alıyor, gözleri ne diyor, sana nasıl bir tepki veriyor.

Kız keşişe gitti ve hemen onu okşamaya başladı ve şimdi bu konuda adamın ne aksiyon alacağını sorguladı.

"Kışın taşın üzerinde yaşlı bir ağaç yetişir," dedi keşiş hafif şairane bir tavırla, "hiçbir yerde sıcaklık yoktur."

Köpeğini şartlandırmış; beden-beynini şartlandırmış. Yirmi yıl şartlandırma için uzun bir zaman. Bu ani saldırı bile alışkanlığını bozmaya yetmiyor. Kontrolü elden bırakmıyor. Müthiş kontrollü bir adam olmalı. Hiçbir enerji kıvılcımı sergilemeden buz gibi durdu ve dedi ki, "Kışın taşın üzerinde yaşlı bir ağaç yetişir." Sadece kontrollü ve soğuk değildi – öyle kontrollü, öyle soğuktu ki böyle tehlikeli, baştan çıkarıcı, kışkırtıcı bir durumda bile şairane bir cevap yetiştirebiliyordu.

"Kışın taşın üzerinde yaşlı bir ağaç yetişir," dedi keşiş hafif şairane bir tavırla, "hiçbir yerde sıcaklık yoktur."

Tek söylediği buydu.

Kız gidip kadına bu sözleri aktardı.

"Düşün ki ben bu adamı yirmi yıldır besliyorum!" diye haykırdı yaşlı kadın öfke içinde.

Meditasyon bir işe yaramamıştı. Adam soğuk ve ölü haldeydi, ceset gibi; ne aydınlanmış ne de buda olmuştu.

"Senin ihtiyacına hiç aldırmadı..."

Sevecen, merhametli bir adam hep seni, senin ihtiyaçlarını düşünür. Bu adam tamamen kendine dönüktü, buz gibiydi. Kendisi hakkında bir şeyler söyledi –

"Kışın taşın üzerinde yaşlı bir ağaç yetişir, hiçbir yerde sıcaklık yoktur." Kız hakkında tek bir kelime etmedi. "Neden geldin? Nedir ihtiyacın? Ve onca insan arasından niçin beni seçtin? Otur bakalım," demedi. Kızı dinlemeliydi. Mutlaka büyük bir sorunu vardı. Kimse gecenin bir yarısı yirmi yıldır meditasyon halinde oturan yaşlı, pörsümüş bir keşişe gelmez. Neden gelmişti? Kıza hiçbir ilgi göstermedi.

Sevgi hep karşısındakini düşünür; ego yalnızca kendini düşünür. Aşk hep düşüncelidir; ego tamamen düşüncesizdir. Egonun tek bir dili vardır, o da kendine aittir. Ego karşısındakini hep kullanır; aşk kullanılmaya hazırdır, aşk hizmete hazırdır.

"Senin ihtiyacına hiç aldırmadı, durumunu açıklamak için hiçbir çaba sarfetmedi."

Sevecen bir adama gittiğinde ve o sana baktığında, kalbinin derinliklerini görür. Sorununun ne olduğunu, neden bu durumda olduğunu, yaptığın her neyse niçin yaptığını anlamaya çalışır. Kendini unutur. Ona gelmiş olan insana odaklanır – o insanın ihtiyacı, sorunu, endişesi onun derdi olur. Yardımcı olmaya çalışır. Elinden geleni yapacaktır.

"Tutkuyla cevap vermesi gerekmezdi..."

Bu doğru. Sevecen bir insan tutkulu bir tepki veremez. Soğuk değildir, ama serinkanlıdır. Sana sıcaklığını sunar, ama seni ateşleyemez. Onda ateş yoktur. Ateşli bir bedenle sıcak bir beden arasındaki farkı unutma. Tutkulu olunca insanlar ateşli olur. Tutkulu iken hiç kendini izledin mi? Neredeyse manyak gibi olursun, deli gibi, çılgın gibi, neden yaptığını bilmeden – ve ateşin vardır, bütün bedenin titrer, adeta fırtınanın gözündesindir.

Sıcak bir insan sağlıklıdır. Tıpkı annenin çocuğunu göğsüne bastırdığında çocuğun onun sıcaklığını hissetmesi gibi – sıcaklıkla çevrili, onunla besleniyor, kucaklanıyor. O yüzden sevecen bir insanın aurasına girdiğinde kendini ana kucağındaki gibi bir sıcaklığın, çok besleyici bir enerji alanının içinde bulursun. Hatta, sevecen bir insana geldiğinde, tutkun yok olur gider. Onun sevecenliği, anlayışı o kadar güçlü, sıcaklığı o kadar büyüktür ki, sevgisi seni öylesine sarıp sarmalar ki, sen de serinlersin, ayağın yere basar.

"Tutkuyla cevap vermesi gerekmezdi, ama en azından biraz şefkat gösterebilirdi."

Hemen keşişin kulübesine gitti ve orayı ateşe verip yaktı.

Bu, orada meditasyonla geçen yirmi yılının – ki kadın bunun verimli olacağını umuyordu – boşa gittiğini vurgulayan bir jestten ibaretti.

Yüzeysel olarak keşiş olmak yetmez, keşişler soğuk ve bastırılmıştır – soğukluk derin bir bastırılmışlığın ifadesidir.

O yüzden sana söyleyip duruyorum : Eğer meditasyona geçersen sevgi ve merhamet kendiliğinden, otomatikman gelecektir. Onlar meditasyonu gölge gibi izler. O yüzden bir sentez için endişe duyman gerekmez – sentez olacaktır. Kendiliğinden gelir, senin getirmen gerekmez. Sen bir yol seçersin. İstersen aşk, sevgi, dans yolunu seçer ve kutsal olana karşı duyduğun aşkın içinde erirsin. Bu erime yoludur, farkındalık gerekmez. Tanrı ile tamamen sarhoş olman, bir sarhoşa dönüşmen gerekir. Veya, meditasyon yolunu seçersin. Orada bir şeylerin içinde erimen gerekmez. Gayet net, uyanık, farkında, bütünleşmiş olmana gerek vardır.

Aşk yolunu izle ve bir gün, aniden, içinde meditasyon çiçekleri açtığını göreceksin – binlerce beyaz nilüfer çiçeği. Ve sen onlar için birşey yapmadın, başka şeyler yapıyordun ve onlar kendiliğinden açtı. Aşk veya sevgi doruğa ulaştığında meditasyon çiçek açar. Aynı şey meditasyon yolunda da yaşanır. Sen aşkı, sevgiyi unut. Farkında ol, sessizce otur, benliğinin keyfini çıkar – hepsi bu. Kendinle ol, yeter. Tek başına olmayı öğren – hepsi bu. Ve unutma, tekbaşına olmayı bilen insan asla yalnız kalmaz. Tek başına olmayı bilemeyen insanlar, işte onlar yalnızdır.

Meditasyon yolunda tekbaşınalık aranır, arzulanır, ümitle beklenir, bunun için dua edilir. Tek başına ol. Öyle ki diğerinin hareketinin bir gölgesi bile bilincine düşmesin. Aşk yolunda öyle eri ki sadece diğeri gerçek olsun ve sen bir gölge haline gel ve zamanla yokol. Aşk yolunda Tanrı vardır, sen yok olursun; meditasyon yolunda Tanrı yok olur, sen ortaya çıkarsın. Ama sonuç aynıdır. Harika bir sentez oluşur.

Başta sakın bu iki yolu birleştirmeye kalkışma. Onlar sonunda, dorukta birleşirler, tapınakta birleşirler.

Haham Moşe'nin müritlerinden birisi çok fakirdi. Berbat haldeydi ve bunun öğrenmesine ve dua etmesine engel olduğundan yakınıyordu.

"Bu günkü günde," dedi Haham Moşe, "en büyük ibadet, öğrenmek ve dua etmekten de büyük, dünyayı aynen olduğu gibi kabullenmektir."

Meditasyon veya sevgi yoluna giren insan dünyayı olduğu gibi kabul ederse yararını görür. Dünyevi insanlar asla dünyayı olduğu gibi kabul etmezler – devamlı onu değiştirmeye uğraşırlar. Hep başka bir şey yapmaya uğraşırlar, bir şeylerin düzenini değiştirmek isterler, dışarılarda bir şeyler yapmak peşindedirler. Dindar insan dışarıda olup bitenleri olduğu gibi kabul eder. Dışarısı onu rahatsız etmez, aklını karıştırmaz. Onun bütün işi içerisi ile ilgilidir. Biri aşk, diğeri meditasyon yolunda ilerler ama ikisi de içeride yol alırlar. Dindar insan içindeki dünyaya aittir. Ve içi, ötesidir.

Latince'de sin (günah) iki anlama gelir : birisi "hedefi ıskalamak" demektir, diğeri ise daha bile güzeldir – "dışarısı" anlamını taşır. Günah,dışarıda olmaktır, kendi dışına çıkmaktır. Erdem içeride olmaktır – kendi içinde olmak.

Haham Moşe öldükten kısa bir süre sonra Kotyk'li Haham Mendel müritlerinden birine sordu, "Hocan için en önemli şey neydi?"

Mürit düşündü ve sonra şöyle cevap verdi, "O anda her ne yapıyorsa oydu."

An en önemli şeydir.

SONSÖZ:
PARADOKSU
KUCAKLAMAK

Tek başınalık güzeldir, aşık olmak, insan içine karışmak da güzeldir. Ve bunlar birbirini tamamlar, çelişki yaratmazlar. Başkaları ile birlikte iken bunun keyfini çıkar, hem de sonuna kadar; tek başınalığı kafaya takmanın alemi yok. Ve başkalarından sıkılınca o zaman tek başınalığa geç ve bunun da sonuna dek keyfini sür.

Seçmeye çalışma – seçmeye kalkışırsan zor duruma düşersin. Her seçim sende bir tür ikilem yaratacaktır. Neden seçesin ki? İkisine birden sahip olabilecekken niçin birini seçeceksin?

Benim tüm öğretilerim iki kelimeden oluşuyor, "meditasyon" ve "sevgi." Sonsuz sessizliği hissedebilmek için meditasyon yap ve sev ki yaşamın bir şarkıya, bir dansa, bir kutlamaya dönüşebilsin. İkisi arasında gidip gelebilmelisin ve bunu rahatça yapabilirsen, kendini zorlamadan bunu başarabilirsen, hayattaki en önemli şeyi öğrendin demektir.

Bu asırlardır en önemli sorunlardan biri olmaya devam ediyor: meditasyon ve aşk, tek başınalık ve ilişki, seks ve sessizlik. Sadece sıfatlar farklı, sorun aynı. Ve asırlardır bu sorun doğru anlaşılmadığından insanlar acı çekiyorlar – insanlar seçim yapıyorlar.

İlişkiyi seçenlere dünyevi zevklere meraklı deniyor ve tek başınalığı seçenlerin adı keşiş oluyor, onlar diğer dünyaya aitler. Ama her iki grup da acı çekiyor çünkü yarım kalıyorlar ve bu da mutsuzluk getiriyor. Bütün olmak demek, mutlu ve sağlıklı olmaktır; bütün olmak kusursuz olmaktır. Yarım kalmak mutsuzluktur çünkü diğer yarı hep sabotaj halindedir, öç almaya her an hazırdır. Diğer yarı asla tamamen ortadan kalkmaz çünkü o senin diğer yarındır! Senin temel bir parçandır; kaldırıp atabileceğin bir şey değildir.

Bu bir dağın "Çevremde vadi olsun istemiyorum" demesine benzer. Vadiler olmazsa dağlar da olmaz. Vadiler dağın varlığının parçasıdır; vadiler olmadan dağ var olamaz; birbirlerini tamamlarlar. Eğer dağ vadisiz var olmak istiyorsa o zaman ortada dağ kalmaz. Eğer vadi dağ olmadan var olmak istiyorsa o zaman da ortada vadi kalmaz. Veya, rol yaparsın – dağ hiç vadi yokmuş gibi davranır. Ama vadi oradadır – onu saklayabilirsin, bilinçaltının derinliklerine atabilirsin, ama orada kalır, inatçıdır, varlığının parçasıdır, yok edemezsin. Hatta, nasıl dağ ile vadi bir bütünse aşk ve meditasyon, tek başınalık ve ilişki de öyledir. Tek başınalık dağı ancak ilişki vadilerinden yükselebilir.

Aslında, ilişkinin tadına varamıyorsan tekbaşınalığın keyfini de süremezsin. İlişki sayesinde tekbaşınalık ihtiyacı duyarsın, bu bir ritimdir. Birisiyle derin bir ilişkiye girdiğinde tekbaşına kalmak için büyük bir ihtiyaç duyarsın. Kendini yorgun, tükenmiş, bitmiş hissedersin – mutluluk yorgunusundur, ama her heyecan çok yorucudur. Beraber olmak müthiş güzeldi, ama şimdi tekbaşına kalıp kendini toplamak istiyorsun, böylece yeniden dolup taşabileceksin, yeniden ayakların yere basacak.

Aşkta başkasının benliğine girdin, kendinle ilişkini kopardın. Boğuldun, sarhoş oldun. Şimdi tekrar kendini bulman gerekiyor. Ama tekbaşına kalınca yine aşk ihtiyacın doğuyor. Bir süre sonra öylesine dolacaksın ki bir başkasının içine doğru taşmak, ona kendini vermek isteyeceksin.

Aşk tekbaşınalıktan doğar. Tek başınalık seni dolup taşırtır, aşk bu fazlalığı armağan olarak kabul eder. Aşk seni boşaltır, böylece yeniden dolma şansın olur. Ne zaman aşk tarafından boşaltılsan tekbaşına kalarak beslenir, yeniden bütünleşirsin. Ve bu bir ritimdir.

Bu iki şeyi birbirinden ayrı olarak düşünmek insanın başına gelen en tehlikeli aptallıktır. Bazı kişiler dünya nimetlerine fazla düştüler – onların pili bitti, tükendiler, boşaldılar. Kendilerine ait bir alanları yok. Kim olduklarını bilmezler; asla kendileriyle tanışamıyorlar. Başkalarıyla, başkaları için yaşıyorlar. Bir kalabalığın parçası onlar; birer birey değil hiçbiri. Ve unutma : Aşk yaşamlarında tatmine ulaşmayacaklar – yarım kalacak ve bir yarım asla tatmin etmez. Sadece bütünlük tatmine yol açar.

Sonra bir de diğer yarıyı seçen keşişler var. Manastırlarda yaşıyorlar. Keşiş ("monk") sözcüğü yalnız yaşıyor anlamına geliyor; monogami, monoton, manastır, monopoli sözcükleri ile aynı kökü paylaşıyor. Tek, yalnız demek oluyor.

Keşiş yalnız olmayı seçen kişidir – ama bir süre sonra dolup taşar ve kendini nereye akıtacağını bilemez. Nereye akacak? Aşka, ilişkiye izin veremez; gidip insanlarla tanışamaz, onlarla kaynaşamaz. Enerjileri ekşileşmeye yüz tutar. Akamayan her enerji acılaşır. Nektar bile durduğu yerde zehre dönüşür – ve tam tersi; zehir bile akacak olursa nektara dönüşür.

Akmak, nektarın ne olduğunu anlamaktır ve durgun kalmak zehri tanımaktır. Zehir ve nektar iki ayrı şey değil, aynı enerjinin farklı halleridir. Akarsa nektar olur; donarsa zehir olur. Ortada bir enerji varsa ama boşalacak yeri yoksa ekşileşir. Bozulur, acılaşır, çirkinleşir. Sana bütünlük ve sağlık vereceğine seni hasta eder. Tüm keşişler hastadır; tüm keşişler mutlaka patolojiktir.

Dünyaya fazla bağlı kişiler boşluk içinde, sıkkın, bıkkındırlar, görev, aile, ülke adına – hepsi birer kutsal inek bunların – kendilerini ölüme doğru sürükler dururlar, ölümün gelip kendilerini kurtarmasını beklerler. Ancak mezarlarında rahat ederler. Yaşamda başka yerde huzur bulamazlar – ve içinde huzur olmayan hayat aslında hayat sayılmaz. İçinde sessizlik olmayan müziğe benzer – o zaman mide bulandırıcı bir gürültüden ibaret olur; insanı hasta eder.

Gerçek müzik sessizlik ile ses arasındaki sentezdir. Bu sentez ne kadar başarılı olursa müzik de o kadar derin olur. Ses, sessizlik yaratır ve sessizlik sesi algılamak için ortam yaratır ve bu böyle sürer gider. Ses daha fazla müzik sevgisi, daha çok sessizlik kapasitesi yaratır. İyi müzik dinlerken içinde yüce duygular oluşur. Bütünleşirsin. Özüne dönersin. Yer ve gök birleşir, artık birbirinden ayrı değildirler. Bedenle ruh karşılaşıp birleşir, tek bir bütün olurlar.

Ve işte bu o büyük andır, mistik birleşme anı.

Bu çok eski bir çatışma ve tamamen aptalca, o yüzden lütfen dikkat et: Seks ve sessizlik arasında çatışma yaratma. Yaratırsan seks çirkinleşir, hastalanır ve sessizliğin sıkıcı ve ölü hale gelir. Bırak seks ve sessizlik birleşip bütünleşsin. Aslında en güzel sessizlik anları aşkın doruklarına ulaştıktan sonra yaşanır. Ve aşkın doruklarını hep harika sessizlikler ve tekbaşınalıklar izler. Meditasyon aşka yol açar. Aşk meditasyona yol açar. Ortaktırlar. Onları ayırmak imkansızdır. Bu bir sentez yaratma meselesi değil – onları ayırmak imkansızdır. Bu bir anlayış, görüş meselesidir. Sentez zaten vardır, oracıktadır. İkisi birdir! Aynı madalyonun iki yüzü.

Onları sentezlemen gerekmez, asla ayrı var olmadılar ki. İnsanoğlu bunu çok denedi ama yapamadı.

Dindarlık henüz dünyaya yayılmadı; hayati önem taşıyan bir güç haline gelmedi. Peki sebep nedir? – işte bu ayrım. Ya bu dünyaya ait olacaksın, ya da öbürüne, seç bakalım! Ve seçtiğin anda bir şeyleri ıskalarsın. Ne seçersen seç kaybedeceksin.

Ben diyorum ki, seçme. Ben diyorum ki, ikisini beraber yaşa. Elbette bunu yapabilmek beceri gerektirir. Birini seçip ona göre yaşamak kolaydır. Her aptal bunu yapabilir – hatta, sadece aptallar böyle yapar. Bazı aptallar bu dünyaya, bazı aptallar da öbür dünyaya ait olmayı seçiyorlar. Zeki insan ikisini birden yapmak ister. İşte sanyas bu anlama gelir. Her ikisine de sahip olabilirsin – bu zekadır.

Uyanık, farkında, zeki ol. Ritmi algıla ve onunla hareket et, seçim yapmadan. Seçimsiz halde farkında ol. Her iki uç noktayı da yaşa. Yüzeyde çelişkili gibi duruyorlar, ama değiller. Aslında birbirlerini tamamlıyorlar. Aynı ibre bir sağa, bir sola gidiyor. Onu sağda veya solda fikslemeye kalkma; öyle yaparsan aleti bozarsın. İşte şimdiye kadar yapılan budur.

Yaşamı tüm boyutları ile kabullen.

Ve ben sorunu anlıyorum; sorun basit ve tanıdık. Sorun şu ki ilişki içine girdiğinde nasıl tekbaşına olacağını bilmiyorsun – bu zeka eksikliği gösteriyor. Mesele ilişkinin yanlış olması değil, mesele senin hala yeterince zeki olmaman, o yüzden ilişki sana fazla geliyor, tekbaşına kalacak yer bulamıyorsun, yorulup bitkin düşüyorsun. Sonra günün birinde ilişkinin kötü ve anlamsız olduğuna karar veriyorsun: "Ben keşiş olmak istiyorum. Himalayalar'da bir mağaraya kapanıp orada kendi başıma yaşayacağım." Ve harika yalnızlık rüyaları görüyorsun. Ne harika olurdu – kimse özgürlüğünü kısıtlamıyor, seni idareye kalkışmıyor; bir başkasını düşünmen gerekmiyor.

Jean-Paul Sartre, "Cehennem başkalarıdır," der. Bu şunu gösteriyor, kendisi aşk ve meditasyonun birbirini tamamlama özelliğini anlayamamış. "Cehennem başkalarıdır" – evet, eğer sen arada sırada tekbaşına olmayı öğrenmezsen bir başkası cehenneme dönüşebilir. Her türlü ilişkide diğeri cehennem gibi olmaya başlıyor. Sıkıcı, yorucu, bunaltıcı oluyor. Diğeri tüm güzelliğini yitiriyor çünkü artık onu tanıyorsun. İyice tanışıyorsunuz; artık hiçbir sürpriz kalmadı aranızda. Sen bu toprakları iyi biliyorsun; öyle uzun zamandır buralardasın ki bir sürprizle karşılaşman imkansız. Sonuçta fena halde bıktın.

Ama bir yandan da bağlandın ve diğeri de sana bağlandı. O da mutsuz, çünkü sen de onun cehennemisin. İki kişi birbiri için cehennem yaratıyor ve birbirine tutunuyor, kaybetmekten korkuyor çünkü...herşey, hiçbir şeyden iyidir. En azından tutunacak bir şey var ve insan her zaman yarın işlerin daha iyiye gideceğini ümit edebilir. Bugün hiçbir şey iyi değil, ama yarın olacaktır. İnsan çaresizlik içinde yaşar ve umut beslemeye devam eder.

Sonra, eninde sonunda yalnız kalmanın daha iyi olacağını düşünürsün. Ama eğer yalnız kalırsan, ilk birkaç gün harika geçecektir – tıpkı diğeri ile geçirdiğin ilk günler gibi. Tıpkı ilişkilerdeki balayı dönemi gibi meditasyonda da böyle aşama vardır. Birkaç gün boyunca kendini müthiş özgür hissedersin, kendin dışında kimsenin senden bir beklentisi veya talebi olmaz. Sabah erken kalkmak istersen kalkarsın; sabah kalkmak istemiyorsan uyumaya devam edersin. Bir şeyler yapmak istiyorsan, ne ala; istemiyorsan seni zorlayacak kimse yok. Birkaç gün boyunca müthiş mutlu olursun – ama sadece birkaç gün. Dolup taştığında sevgini alacak kimse olmaz. Olgunlaşmışsındır ve enerjinin paylaşılması gerekir. Birisinin enerjini almasını, kucaklamasını istersin. Yükünü boşaltmak istersin. Bu durumda tekbaşınalık sana yalnızlık gibi gelecektir. Bir değişimin vakti gelmiştir – balayı sona erdi çünkü. Tek başınalık yalnızlığa dönüşüyor. Diğerini bulmak için büyük bir arzu duyarsın. Onu rüyalarında görürsün. Git keşişlere ne rüya gördüklerini sor. Hep kadın görürler rüyalarında; başka bir rüya bilmezler. Yüklerini paylaşacak birisini düşlerler. Git rahibelere sor – sırf erkek görürler rüyalarında. Bu durum patolojik hale dönüşebilir. Rahibe ve keşişler gözleri açıkken bile rüya görmeye başlarlar. Rüya öylesine elle tutulur bir gerçeğe dönüşür ki geceyi beklemek gerekmez. Gün içinde rahibe öylesine otururken kendisiyle sevişmeye çalışan şeytanı görür. Buna şaşırma: Ortaçağ'da böyle şeyler çok yaşandı, hatta şeytanla seviştiklerini söyledikleri için bir sürü rahibe diri diri yakıldı. Bunu kendileri itiraf ettiler üstelik ve şeytanla sevişmekle kalmayıp bir de ondan hamile kalanlar oldu – sahte hamilelikti bunlar, karınları hava ile dolmuştu ve büyüdükçe büyüdüler. Psikolojik bir hamilelik. Ve şeytanı en ince ayrıntısına dek tarif ettiler – o şeytanı kendileri yaratmıştı. Ve şeytan gece gündüz peşlerindeydi...Keşişler için de aynısı sözkonusu idi.

Bu yalnızlık seçimi çok hasta bir insanlık yarattı. Bu dünyada yaşayan insanlar mutlu değil ve keşişler de mutsuz – kimse mutlu değil. Bütün dünyayı bir mutsuzluk sarmış ve sen seçebilirsin – bu dünyadaki veya diğerindeki mutsuzluğu seçebilirsin, ama sonuçta hepsi mutsuzluk. Birkaç gün için kendini iyi hissedersin.

Ben sana yeni bir mesaj getiriyorum. Buna göre artık seçmen gerekmiyor – hayatında seçim yapmadan farkında ol ve durumları değiştireceğine akıllı ol. Psikolojini değiştir,daha zeki ol. Mutlu olmak için zeka gerekiyor! Ondan sonra ilişki içinde tekbaşınalığı yaşayabilirsin.

Eşinin de bu ritmin farkına varmasını sağla. İnsanların anlaması gerekiyor ki kimse günün yirmidört saati aşk yaşayamaz; arada dinlenmek gerekir. Ve kimse ısmarlama sevemez. Aşk spontan bir olgudur. Olunca olur ve olmazsa da olmaz. Bu konuda hiçbir şey yapamazsın. Yapmaya çalışırsan sahte bir olgu, bir rol yaratmış olursun.

Gerçek, zeki aşıklar birbirlerini bu olguya karşı uyarırlar: "Yalnız kalmak istiyorsam bu seni reddediyorum anlamına gelmiyor. Aslında ben senin aşkın sayesinde tekbaşınalığı yaşayabiliyorum." Böylece eşin bir süreliğine yalnız kalmak istediğinde incinmezsin. Geri çevrildiğini, aşkının reddedildiğini iddia etmezsin. Onun birkaç gün tekbaşına kalma ihtiyacına saygı gösterirsin. Hatta, mutlu olursun! Aşkın öyle büyüktü ki o şimdi kendini bomboş hissediyor; dinlenip tekrar dolması gerekiyor.

Bu zekadır.

Normalde reddedildiğini düşünürsün. Sevgiline gidersin ve o seninle birlikte olmak istemiyorsa veya pek sevecen davranmıyorsa, kendini berbat hissedersin. Egon incinir. Bu ego pek zeki bir şey değildir – bütün egolar salaktır. Zeka ego tanımaz; zeka sadece olguyu görür, sevgilinin niçin seninle olmak istemediğini anlamaya çalışır. Seni reddettiğinden değil – seni ne kadar çok sevdiğini biliyorsun, ama şu anda yalnız kalmak istiyor. Sen de onu seviyorsan onu yalnız bırakırsın; ona işkence yapmazsın, seninle sevişmeye zorlamazsın. Adam yalnız kalmak istiyorsa kadın, "Artık benimle ilgilenmiyor, belki de başka bir kadına ilgi duyuyor" diye düşünmez. Akıllı kadın erkeği yalnız bırakır ki tekrar kendini toplayabilsin, yeniden paylaşacak enerjisi olsun. Ve bu ritim gece ve gündüz gibidir, yaz ve kış gibi; değişir durur.

Eğer iki insan gerçekten saygılıysa – ve aşk hep saygılıdır, diğerini el üstünde tutar; bir tapınma söz konusudur – o zaman yavaş yavaş birbirini daha iyi anlarsın ve hem kendi ritminin, hem onunkinin farkına varırsın. Kısa zamanda görürsün ki aşk ve saygı sayesinde ritimleriniz gittikçe birbirine yaklaşıyor. Sen sevmek istediğinde o da istiyor; bu böyle yer eder. Bu senkronize durum kendiliğinden oluşur.

Bunu hiç izledin mi? Eğer iki gerçek aşığa rastlarsan, ikisinde de pek çok ortak nokta görürsün. Gerçek aşıklar adeta kardeş gibidir. Buna şaşarsın – kardeşler bile o kadar benzemezler. İfadeleri, yürüyüşleri, konuşmaları, mimikleri – iki sevgili hem çok benzeşir hem de çok farklıdır. Bu doğal olarak gerçekleşir. Birlikte olunca, yavaş yavaş aynı frekansa geçerler. Gerçek aşıkların konuşması gerekmez – birbirlerini hemen anlarlar, içgüdüsel olarak anlarlar.

Kadın üzgünse, bunu dile getirmese bile erkek onu rahatsız etmez. Erkek üzgünse kadın aynısını yapar – onu bir bahane bulup kendi haline bırakır. Aptal insanlar tam tersini yaparlar. Birbirlerine hiç rahat vermezler – devamlı beraberdirler, birbirlerini yorar ve sıkarlar, birbirlerine nefes alacak kadar bile yer bırakmazlar.

Aşk özgürlük verir ve aşk diğerine kendisi olması için yardımcı olur. Aşk paradoks dolu bir olgudur. Bir yandan seni iki bedende tek ruh haline getirir; bir yandan da sana benzersizlik, bireysellik sunar. Ufak tefek benliklerinden kurtulmanı sağlar ama aynı zamanda en yüce benliğine kavuşmana neden olur. O zaman sorun yok: Aşk ve meditasyon birer kanat ve birbirlerini dengeliyorlar. Ve sen bu ikisinin arasında gelişiyorsun, ikisi arasında bütünleşiyorsun.

Yazar Hakkında

Osho'nun öğretileri, bireysel anlam arayışından bugün toplumun yüzleştiği en önemli sosyal ve siyasi sorunlara kadar her şeyi ele alarak kategorilendirmeye karşı geliyor. Sadece kitaplarla kalmıyor, aynı zamanda 35 yılı aşkın bir süredir tüm dünyada uluslararası dinleyicilerle yaptığı doğaçlama konuşmalarının sesli ve görsel kayıtları hazırlanıyor. Osho, Londra'da Sunday Times tarafından "20. Yüzyılın 1000 Yaratıcı İnsani" arasında gösterildi ve Amerikalı yazar Tom Robbins tarafından, "İsa'dan beri en tehlikeli insan" olarak nitelendirildi.

Kendi çalışması hakkında Osho, yeni bir insanlık türünün doğumu için gerekli koşulların hazırlanmasına yardımcı olduğunu söylüyor. Bu yeni insanı "Zorba Buda" olarak tanımlıyor; hem Yunanlı Zorba'nın dünyevi zevklerinin tadını çıkarabilecek hem de bir Gautam Buda'nın sessiz dinginliğine sahip olabilecek. Osho'nun çalışmalarındaki tüm yönleri bir ip gibi işlemek, Doğu'nun ebedi bilgeliğini, Batı bilim ve teknolojisinin en yüksek potansiyeliyle buluşturan bir vizyondur.

Osho aynı zamanda, modern yaşamın hızlandırılmış temposunu anlayan meditasyona farklı yaklaşımı ve içsel dönüşüm bilimine yaptığı evrimsel katkılarıyla ünlüdür. Onun eşsiz "Aktif Meditasyonları," öncelikle beden ve zihinde biriken stresin serbest bırakılması için tasarlanmıştır, böylece düşünceden muaf, rahatlamış bir meditasyon halini deneyimlemek çok daha kolaydır.

Yazarın iki otobiyografi çalışması mevcuttur:

Autobiography

Glimpses of a Golden Childhood

OSHO ULUSLARARASI
MEDİTASYON MERKEZİ

OSHO Uluslararası Meditasyon Merkezi, tatiller için harika bir alan ve insanların daha uyanık, rahatlamış ve mutlu bir şekilde sürdürebileceği yeni bir yaşam tarzını kişisel olarak deneyimleyebilecekleri bir yerdir. Hindistan, Pune'de, Mumbai şehrinin 160 km. güneydoğusunda yer alan merkez, her yıl tüm dünyada en az 100 ülkeden gelen binlerce ziyaretçiye, çeşitli programlar sunar. İlk olarak Maharaja'lar ve zengin İngiliz kolonileri için yazlık bir bölge olarak planlanan Pune, şimdi pek çok üniversiteye ve yüksek teknoloji endüstrisine ev sahipliği yapan modern bir şehirdir. Meditasyon Merkezi, Koregaon Park olarak bilinen bir banliyöde 17 hektarlık alana yayılmıştır. Kampus, yeni "Guesthouse" ile sayısız misafire ev sahipliği yapmaktadır, aynı zamanda çevrede, birkaç gün ya da aylarca kalabileceğiniz pek çok otel ve özel daireler mevcuttur.

Meditasyon Merkezi programları, Osho'nın, hem günlük yaşama yaratıcı bir şekilde katılım gösterebilecek hem de sessizlik ve meditasyon ile rahatlayabilecek yeni bir insan türü vizyonuna dayanmaktadır. Programların çoğu modern, havalandırmalı tesislerde yapılmakta ve yaratıcı sanatlardan holistik tedavilere, kişisel dönüşüm ve terapilerden ezoterik bilimlere, spor ve eğlenceye "Zen" yaklaşımından ilişki sorunlarına ve erkek ve kadınlar için önemli yaşam değişimlerine kadar her şeyi kapsayan bireysel seanslar, kurslar ve çalışmalar içermektedir. Bireysel seanslar ve grup çalışmaları, tam gün meditasyon programı ile birlikte yıl boyunca verilmektedir. Merkez alanı içindeki cafe ve restoranlarda, hem Hint mutfağı, hem de uluslararası lezzetler sunulmakta, tüm yemekler, merkezin kendi çiftliğinde yetiştirilen organik sebzelerle hazırlanmaktadır. Kampusun kendine ait güvenli, filtre edilmiş özel su kaynağı mevcuttur. www.osho.com/resort.